한중 청년 학자 14인의 양국 관계 분석과 발전 제안

한중 미래의 접점 찾기

探 寻 中 韩 未 来 的 交 汇 点

한중 청년 학자 14인의 양국 관계 분석과 발전 제안

한중 미래의 접점 찾기

探 寻 中 韩 未 来 的 交 汇 点

황재호 엮음

이담북스

서문 ❖

　중국과 인연이 있는 이들은 매년 8월 24일이 다가올수록 한중수교
를 먼저 떠올릴 것이다. 한중수교일을 기억하고 축하하는 것은 매우
중요한 형식이자 메시지이다. 올해도 글로벌전략협력연구원은 예년
처럼 한중수교를 기념하는 행사를 준비하였고, 키워드를 '미래'와 '청
년'으로 잡았다. 본 책자의 제목처럼, 2024년 9월 5일(목) 한국외국어
대학교 서울캠퍼스에서 〈32주년 수교 기념 한중 청년학자대화〉를 개
최했다. 한중 양국 각각 7명씩 총 14명의 신진학자들이 한반도 평화
정착에서 경제와 산업, 그리고 청년과 고령화 문제에 이르기까지 한
중 양국이 직면한 다양한 문제들을 토론하고 미래 방향을 제언하는
시간을 가졌다.

　최근 몇 년 한중관계는 국내외 정세의 급변으로 인해 갈등적 상황
이 조성되었던 것이 사실이다. 그러나 점차 양국 관계의 개선이 이뤄
지고 있다. 본 연구원은 비가 내린 후 땅이 굳듯 양국 관계가 더 굳건
하기 위한 미래 방향 설정과 충분한 소통에 기반한 올바른 접점 도
출이 필요한 시점이라고 보았다. 이에 상기 14인의 발표에 기초한 책
작업을 추가적으로 기획하였다. 본 책자는 14편의 논문을 한중관계

의 역사적 발전과 시대적 협력, 한중관계의 본질적 이해와 기능적 협력, 한중관계의 분야별 비교와 다면적 협력, 한중 양국의 평화 인식과 한반도 협력 등 총 총 4개의 파트로 나누어 한중 미래의 접점을 찾고자 했다.

제1부에서는 지역주의 담론을 통해 역내 다자적, 양자적 협력의 필요성과 당위성을 크게 아시아 지역, 동북아 지역, 한중 양자 차원에서 한중관계의 역사적 발전과 시대적 협력을 평가 조망했다. 신의찬 박사는 "아시아 지역통합과 한중관계: 아시아 지역통합의 미래 구상"에서 한중 양국은 '아시아 공동 번영'을 위한 담론을 구축하고, 협력·동반자 관계를 구체화하며, 정부, 학계, 시민사회 등 다양한 주체들의 참여에 기반한 미래 비전을 제시했다. 량미화 박사는 "중국의 '동북아 운명공동체'와 한중관계: 개념적 검토와 실천적 방안"에서 현재 중국이 제기한 동북아 운명공동체 구상은 아직 초기 단계이지만 '신냉전' 움직임을 억제할 뿐만 아니라 미래지향적 관계로 한걸음 더 나아가기 위한 매개체로 활용될 수 있다고 주장했다. 황지에 박사는 "한중관계의 고찰과 평가: 인문교류의 역사, 현황, 전망을 중심으로"에서 양국의 인문교류 발전 과정 고찰을 통해 향후에도 지역 및 글로벌 차원의 문화협력 및 지속 가능한 발전을 추진할 수 있을 것이라고 전망했다.

제2부에서는 한중관계의 대칭적이고 균형적인 발전을 위해 이론

과 현실을 결합하는 동시에 양국 관계 개선을 견인하기 위한 민간 차원의 기능적 협력에 주목하였다. 왕러 박사는 "한중관계의 비대칭성: 권력과 상호의존이론 분석을 중심으로"에서 권력과 상호 의존성의 관점에서 한중 관계의 본질을 분석하고, 양국 간 갈등 원인을 규명함으로써 향후 관계의 긍정적 방안을 모색하였다. 판빈빈 박사는 "한중 관계의 불균형성: 정치경제 균형 발전을 위한 제언"에서 양국은 정치와 경제관계가 각각 독립적 작동 논리와 규칙을 가지고 있어 균형적 발전의 어려움이 있지만 과도한 정치화를 경계하고 민간의 감정 대립 감소를 위한 노력을 지속한다면 관계 개선의 희망이 충분히 있다고 보았다. 이은주 박사는 "중국의 공공외교: '매력외교' 강화와 실천적 플랫폼 마련"에서 중국 정부가 해외 유학생 유치와 문화 교류를 위한 플랫폼을 적극 마련하고 있음에 주목하면서, 한중 양국이 인문사회 교류에 기반한 공공외교를 더욱 활성화해야 할 것이라고 강조했다.

제3부에서는 청년문화, 문화산업, 인구정책, 산업정책 등 한중관계의 분야별 비교 연구를 통해 문제점과 해결책을 함께 모색하였다. 추이루루 박사는 "한중 청년문화의 비교: '갓생'을 중심으로"에서 양국은 청년 문화에 대한 다양한 사회문화적 이해가 필요하며, 정부와 사회의 적극적 해결 노력과 대응을 제안했다. 김하나 박사는 "한중 문화산업의 비교: 웹소설의 IP화를 중심으로"에서 양국이 상이한 IP(지적재산권) 밸류체인을 가지고 있지만 여전히 문화산업에 있어 협업

의 여지가 있다고 보았다. 위뤄잉 박사는 "한중 인구정책 비교: 저출산·고령화 문제를 중심으로"에서 양국은 빠른 고령화와 심각한 저출산으로 인구구조 변화와 지역 격차가 두드러지지만, 지역 특성화 개발, 지역 경제 활성화, 스마트 기술 활용 등 경험적 협력이 가능하다고 보았다. 신지선 박사는 "한중 산업정책의 비교: 조선산업을 중심으로"에서 양국 조선산업이 발전국가 모델과 개혁개방 동력으로서 각각 발전해 왔으며, 양국이 경쟁을 관리하면서도 협력의 기회를 모색하는 것이 중요하다는 점을 강조했다.

제4부에서는 한중관계의 근본적 발전을 위해서는 특히 외교·안보 분야 협력이 중요한데, 상호 이해 증진을 위한 양국 정부의 정책적 협력과 민간 소통을 강조하였다. 조현주 박사는 "한국인이 바라보는 한중관계: 주변국 설문조사(2007~2023)를 중심으로"에서 양국 현실로 인해 대중(對中) 경계 인식이 계속 증가하고 있지만 다수의 한국인은 여전히 한중관계의 중요성과 협력의 필요성을 인식하고 있음을 소개했다. 황상필 박사는 "북한의 대중(對中) 인식과 정책: 자주와 편승에서 자율성 확보로"에서 한국이 중국의 대북(對北) 딜레마와 이해관계를 융통성 있게 접근함으로써 중국의 건설적 대북정책 참여를 유도하는 동시 한·중 간 불신을 해소할 수 있을 것이라 주장했다. 민루이 박사는 "한중관계에 영향을 미치는 제3변수: 세계화 쇠퇴, 강대국 경쟁, 핵심 이익"에서 미중경쟁이라는 국제적 흐름에서도 양국은 경제협력에서 나아가 비전통적 안보 협력처럼 양국의 교집합을 점

차 넓혀 나갈 것을 제안하였다. 고승화 박사는 "동북아 평화를 위한 한중 협력: 북한 문제를 중심으로"에서 한중은 북한 문제의 직접 관련국인 만큼 상호 협력이 필연적으로 전제되어야 하며, 미중경쟁 구도로 인해 발생할 수 있는 양국 간 오해와 정책적 간극을 최소화해야 할 것이라고 주장했다.

본 책 작업은 2024년 9월 5일(목) 개최된 한중수교 32주년 기념 청년학자대화가 시발점이 되었다. 이 행사가 가능하도록 도와주신 여러분께 이 지면을 빌어 감사드리고자 한다. 먼저 한중수교 32주년 기념 청년학자대화의 축사를 해주신 두 분께 감사드린다. 수교 채널로서 역사 현장에 계셨으며 이후에도 한중관계 발전을 위해 항상 방향을 제시하시고 방법론을 고민하시는 권병현 전주중한국대사님, 이러한 학술행사의 중요성을 누구보다 중시해 바쁜 일정 중에서도 자리에 직접 와주셨고 한중외교의 현장에서 관계 개선을 위해 최선을 다하시는 팡쿤 주한중국대리대사님께 감사드린다. 또한 적극적으로 토론과 조언을 해주신 이민자(서울디지털대), 민귀식(한양대), 이문기(세종대), 이현태(서울대), 양상평(링난대), 장리리(한국외대) 교수님, 이동규(아산정책연구원) 박사님 등 한중 양국의 학계 전문가분들께 감사드린다. 무엇보다도 이 책의 주인공은 14명의 청년 학자들이다. 미래 한중관계의 발전적 도약을 위한 이들의 진정성이 가득한 참여가 없었다면, 이 책 작업은 가능하지 않았다. 박사학위를 한 후 각자의 나라에서 교육과 연구에 매진 중인 14분의 청년 전문가들에게 감사드린다.

회고하면, 1992년 수교 이후 양국 관계는 순기능이 역기능보다 더 크고 많았다. 최근 한중관계의 긍정적인 조짐들이 조금씩 엿보이는 가운데, 새로운 한중관계의 안정적 재출발을 위해 모든 이들의 지혜를 모아야 할 지점이다. 이번 책 작업에서 제안한 청년 학자들의 건설적인 제언들이 새로운 한중관계의 진일보에 기여했으면 하는 바람이다. 본 글로벌전략협력연구원은 한중관계가 안정하든 불안정하든 언제나 해야 할 일을 한다는 의지와 의욕을 가지고 있다. 이러한 상호 소통 기회를 통해 양국의 상호 이해가 심화되면서 상대에 대한 배려가 생길 것이라 기대한다. 나아가 양국의 상호 접점이 더 많아지고 미래는 더 밝아질 것이라 기대한다.

2024년 12월 31일

황재호 글로벌전략협력연구원 원장

序言 ❖

对于许多与中国有着深厚渊源的韩国人来说，每年8月24日的临近总是让人首先想到中韩建交纪念日。这一天不仅是中韩两国人民共同庆祝的重要时刻，也是两国传递友谊信息的重要契机。如同往年，全球战略合作研究院在今年也举办了纪念中韩建交的活动，并将"未来"和"青年"作为此次活动的核心主题。正如本书标题所示，我们于9月5日，在韩国外国语大学首尔校区举办了纪念中韩建交32周年的青年学者对话会。来自中韩两国的14位年轻学者（中韩各7位）就朝鲜半岛的和平稳定、产业经济、青年与老龄化等共同关心的问题进行了深入讨论，并对未来的发展方向提出了宝贵的建议。

近年来，中韩关系受到了国内外形势变化的影响，经历了一些冲突和摩擦。然而，目前两国关系正在逐步回暖。正如韩国俗语所说，"雨后地更实"，现在正是中韩两国确定未来方向、通过充分沟通找到正确契合点，使两国关系更加稳固的关键时刻。因此，全球战略合作研究院在14位学者的发言基础上，策划并编辑了这本书。本书包含14篇论文，分为四个部分：中韩关系的历史发展与时代合作、中韩关系的本质理解与功能性合作、中韩关系的领域比较与多方合作、以及中韩两国的和平认知与朝鲜半岛合作。

　　第一部分通过区域主义的视角，从亚洲地区、东北亚地区、中韩双边关系层面评估了区域多边、双边合作的必要性和适宜性。申宜溁博士在"亚洲地区一体化与中韩关系：亚洲地区一体化的未来构想"中提出，韩中两国应构建"亚洲共同繁荣"的话语体系，具体化合作伙伴关系，并提出基于政府、学界和公民社会等多方参与的未来愿景。梁美花博士在"东北亚命运共同体与中韩关系：概念审视与实践方案"中指出，中国提出的东北亚命运共同体构想虽然处于初期阶段，但它不仅可以抑制"新冷战"势头，还可以成为中韩两国迈向未来导向关系的媒介。黄杰博士在"中韩关系的考察与评价：以人文交流的历史、现状、展望为中心"中，通过对两国人文交流发展过程的考察，探讨中韩两国未来在地区和全球领域开展文化合作与可持续发展的可能性。

　　第二部分重点讨论了通过理论与实践的同步结合，促进中韩关系对称均衡发展，以及通过在民营领域开展功能性合作，推动双边关系改善的方法。王乐博士在"中韩关系的不对称性：权力与相互依赖理论分析"中，从相互依赖和权力的视角分析了中韩关系的本质，通过厘清两国间冲突的原因，为中韩未来关系的积极发展寻求方案。潘彬彬博士在"中韩关系的不均衡性：对政治经济均衡发展的建议"中指出，尽管两国的政治和经济关系各自具有独立的运作逻辑与规则，存在均衡发展的困难，但只要警惕过度政治化，持续努力减少民间情感对立，中韩关系改善就大有希望。李恩周博士在

"中国的公共外交：增强魅力外交与实践平台建设"中关注到中国政府正在积极为吸引海外留学生和增进中韩文化交流搭建平台，强调中韩两国应进一步推动基于人文社会交流的公共外交。

第三部分通过青年文化、文化产业、人口政策、产业政策等领域的比较研究，探讨了中韩关系中的问题及其解决方案。崔茹茹博士在"中韩青年文化的比较：以'God生'文化为中心"中提出，两国在青年文化方面需要有多元的社会文化理解，并建议政府和社会积极努力解决相关问题。金恩惠博士在"中韩文化产业的比较：以网文的IP化为中心"中指出，虽然两国的IP（知识产权）价值链不同，但在文化产业方面仍有合作的空间。于若莹博士在"中韩人口政策的比较：以少子化与老龄化问题为中心"中分析指出，两国都面临因快速老龄化和少子化引发的人口结构变化与地区差异问题，但中韩两国可以在地区特色化发展、地区经济振兴、智能技术应用等方面开展合作。申智善博士在"中韩产业政策的比较：以造船业为中心"中强调，韩国的造船业发展成为发达国家的典范，中国的造船业是牵引改革开放的引擎，中韩两国应在管控竞争的同时寻求合作机会。

第四部分强调了中韩关系根本性转变中，外交安全领域合作的重要性，两国政府在增进相互理解方面的政策合作和民间交流。赵贤珠博士在"韩国人眼中的中韩关系：以周边国家问卷调查（2007-2023）为中心"中介绍道，尽管由于现实原因，韩国对华警惕意识持续上升，但大多数韩国人认为对华认识仍有很大机会改善。黄常弻博士在"朝鲜对华认知与政策：从自主与依附到自主保障"中认为，韩国应灵活处理中国的对朝政策困境和利益关系，从而引导中国建设性地参与对朝政策，同时消除中韩之间缺乏信任的问题。闵锐博士在"影响中韩关系的第三变量：全球化衰退、大国竞争、核心利益"中建议，在中美竞争的国际大背景下，两国应在经济合作的基础上，逐步扩大在非传统安全合作方面的交集。高升华博士在"东北亚和平与中韩合作：以朝鲜问题为中心"中主张，作为朝鲜问题的直接相关国，中韩应以合作为前提，努力减少因中美竞争格局引发的误解和政策间隙。

本书的编撰源于2024年9月5日举办的纪念中韩建交32周年青年学者对话会。在此，我要感谢所有促成此次活动的各界人士。首先要感谢的是为纪念中韩建交32周年青年学者对话会致贺辞的两位嘉宾：韩国前驻华大使权丙铉，他作为中韩建交的亲历者，一直为中韩关系的发展指明方向、思考方法；以及中国驻韩代办方坤大使，他非常重视此类学术活动，在百忙之中亲临现场，他活动在中韩关系一线，为改善关系不遗余力。感谢积极参与讨论和建言的中韩两国学界专家：李民子（首尔数字大学）、闵贵植（汉阳大学）、李文基（世宗大学）、李贤泰（首尔大学）教授，杨向峰（岭南大学）、张丽丽（韩国外国语大学）教授，以及李东奎（峨山政策研究院）博士等。最后要特别感谢本书的主角—14位青年学者。这14位中韩青年，在获得博士学位之后，继续活跃在教育与研究领域。如果没有他们为推动中韩关系发展而做出的真诚努力，这本书就不可能完成，感谢他们。

回顾1992年建交以来的中韩关系，两国之间的积极因素远大于负面因素。当前中韩关系呈现积极向好的迹象，我们需要集众人之智，一同夯实中韩关系稳定的新起点。希望本书中，青年学者们所提出的建设性建议能够为推进中韩关系发展做出贡献。无论中韩关系处于稳定还是不稳定时期，我们全球战略合作研究院将会始终不忘初心，尽可能推动中韩相向而行。我们期待通过这样的互动交流机会，加深两国间的相互理解，形成对彼此的关照与包容。我们期待中韩两国找到更多的共同点，开创更加光明的未来。

2024年12月31日

黄载皓 全球战略合作研究院院长

❖ 목차

제3부 한중관계의 분야별 비교와 다면적 협력

제4부 한중 양국의 평화 인식과 한반도 협력

제1부

한중관계의 역사적 발전과
시대적 협력

제1장

아시아 지역통합과 한중관계: 아시아 지역통합의 미래 구상

신의찬(申宜燦)

Ⅰ. 아시아 지역통합의 시대적 요구와 연구의 필요성

21세기 들어 아시아 지역의 경제적, 정치적 중요성이 급격히 증대되면서, 지역통합과 협력에 대한 관심 또한 높아지고 있으며 이러한 변화의 배경에는 다음과 같은 요인들이 작용하고 있다.

먼저 아시아 지역은 세계 경제 성장의 주요 동력으로 부상하면서 경제적 역동성이 증가하고 있다. 특히 중국의 급속한 경제 성장과 더불어 인도, ASEAN 국가들의 꾸준한 성장세가 이어지면서, 세계 경제에서 아시아가 차지하는 비중이 크게 증가하였다.[1] 또한 이와 관련하여 미중 경쟁이 심화되면서 아시아 지역은 새로운 지정학적 각축장

---

1   Myoda et al., 2024, pp.1~2; 1960년 기준, 아시아는 세계 GDP의 12.7%를 차지했으나 2023년 기준, 세계 GDP의 40.1%를 차지하며 세계 최대의 경제권을 형성하고 있다.

으로 부상하고 있고, 지정학적 중요성이 증대함에 따라 역내 국가들 간의 전략적 협력과 견제의 필요성이 증대되고 있다.[2] 또한 환경 오염, 전염병, 테러리즘 등 개별 국가 차원에서 해결하기 어려운 초국가적 문제들이 증가하면서 지역 차원의 협력 필요성이 높아지고 있다.

이러한 맥락에서 한국과 중국은 아시아 지역에서 중요한 경제 및 정치 행위자로서, 양국의 협력 관계가 지역통합 및 협력에 미치는 영향은 지대하다. 한국은 중견국으로서 지역 내 다양한 국가들 사이에서 가교 역할을 할 수 있는 잠재력을 가지고 있다. 특히 한국의 경제 발전 경험, 문화적 영향력, 그리고 민주주의 체제는 아시아 지역 내에서 독특한 위치를 점하게 해준다. 중국은 세계 2위의 경제 대국이자 지역 내 최대 국가로서 지역통합의 방향성에 결정적인 영향을 미칠 수 있는 위치에 있다. '일대일로(BRI)' 구상, 아시아인프라투자은행 (AIIB) 설립 등 중국의 지역 전략은 아시아 지역통합의 새로운 동력이 되고 있다.[3]

물론 아시아 지역은 다양한 문화, 정치 체제, 경제 발전 수준을 가진 국가들로 구성되어 있어, 단기간에 유럽연합(EU)과 같은 높은 수준의 제도화된 통합을 기대하는 것은 현실적으로 어렵다. 그러나 경제적 상호 의존성의 증대, 초국가적 문제의 증가 등으로 인해 지역통합과 협력의 필요성은 계속해서 제기되고 있으며 아시아 지역통합 및 협력의 현주소를 진단하고, 한중 협력 관계의 발전을 통한 향후 방향성을 연구하는 것은 중요한 과제이다.

---

2   Ikenberry, 2020, p.135.

3   Goh, 2019, p.632.

한편, 아시아 지역통합에 관한 선행 연구들은 주로 경제적 측면에서의 협력 가능성에 초점을 맞추어 왔다.[4] 그러나 최근에는 정치, 안보, 문화 등 다양한 측면에서의 통합 가능성을 탐구하는 연구들이 증가하고 있다. 한중 관계에 관한 연구 역시 양국 간 경제 협력에서 시작하여 점차 포괄적인 전략적 협력 관계로 연구 범위가 확대되고 있는 추세이다.[5] 또한 지역 정체성 형성의 측면에서 '아시아적 가치', '동아시아 공동체' 등의 담론을 통해 지역 차원의 정체성이 형성되고 있으며, 이는 지역통합의 문화적, 이념적 기반으로 작용하고 있다. 이와 관련하여 특히 담론적 제도주의의 관점에서 이를 분석하는 작업 역시 중요한데 예를 들어, Wiener(2018)는 유럽 통합 과정에서 담론의 역할을 분석하였으며,[6] 이러한 접근법은 아시아 지역통합 연구에도 일정 수준 적용이 가능하다.

이에 따라, 본 연구는 담론적 제도주의의 관점을 기반으로 이를 통해 본 연구는 아시아 지역통합의 현주소를 진단하고, 향후 발전 방향에 대한 통찰을 제공할 것이다. 특히 아시아 지역통합 과정에서 한중 협력 관계의 역할과 영향을 조명하고, 한중 협력이 지역통합에 미치는 영향과 잠재적 갈등 요인을 분석하며 결론적으로 아시아 지역통합 촉진을 위한 한중 협력의 발전 방향을 제시하고자 한다.

---

4   Petri et al., 2011, p.7.

5   Chung, 2018, p.74.

6   Wiener, 2018.

Ⅱ. 담론적 제도주의와 아시아 지역통합의 이론적 고찰

담론적 제도주의는 제도의 변화와 지속성을 이해하는 데 있어 담론의 역할을 강조하는 이론이다. 이 이론의 핵심은 행위자들의 아이디어와 이를 표현하고 전달하는 과정인 담론이 제도의 형성과 변화에 중요한 역할을 한다는 것이다.[7] 담론적 제도주의는 아이디어 (ideas)의 본질적 내용과, 담론(discourse)을 통해 아이디어가 전달되고 교환되는 상호 작용의 과정을 설명하는 정치학의 방대한 작업을 위한 일종의 포괄 개념(umbrella concept)이다.

이를 바탕으로 담론적 제도주의는 내용적 차원과 과정적 차원으로 구분된다. 내용적 차원은 인지적 아이디어(무엇을 해야 하는가)와 규범적 아이디어(무엇이 좋고 나쁜가)로 나뉘며, 과정적 차원은 조정적 담론(정책 결정자들 간의 아이디어 교환)과 소통적 담론(정책 결정자와 대중 사이의 아이디어 교환)으로 구분된다.[8]

이러한 구분은 아시아 지역통합 연구에 유용한 분석 틀을 제공한다. 예를 들어, '아세안 방식(ASEAN Way)'이라는 개념은 규범적 아이디어로, 동남아시아 국가들 간의 협력 방식에 대한 공유된 이해를 반영한다. 이는 주권 존중, 내정불간섭, 합의에 의한 의사결정 등의 원칙을 포함하며, ASEAN 국가들의 지역 협력 방식을 형성하는 데 중요한 역할을 해왔다. 또한, '동아시아 공동체' 담론은 1997년 아시아 금융위기 이후 지역 협력의 필요성을 강조하는 과정에서 형성되

---

7   Schmidt, 2008, pp.303~315.

8   Schmidt, 2010, pp.10~15.

었다. 이 담론은 ASEAN+3와 같은 제도적 틀의 형성으로 이어졌으며, 동아시아 국가들 간의 경제적, 정치적 협력을 강화하는 데 기여했다.[9]

이러한 측면에서 지역통합과 협력은 글로벌화된 세계에서 국가들이 공동의 이익을 추구하며 문제를 해결하는 중요한 메커니즘이다. 특히 앞서 언급한 것처럼 아시아 지역에서는 경제적 상호 의존성 증대, 초국가적 문제의 증가 등으로 인해 지역통합 및 협력의 중요성이 더욱 부각되고 있다. 아시아의 지역주의는 '개방적 지역주의(open regionalism)'의 형태를 취하고 있다. 이는 아시아 국가들이 지역 내 협력을 강화하면서도 동시에 역외 국가들과의 관계도 중시한다는 것을 의미한다.[10]

이러한 접근은 아시아태평양경제협력체(APEC)나 역내포괄적경제동반자협정(RCEP) 등의 광역 경제협력체 형성으로 나타났다. 한국의 경우, 중견국으로서 다양한 지역 협력 메커니즘에 참여함으로써 자국의 이익을 극대화하려는 전략을 취하고 있으며 ASEAN+3, 동아시아정상회의(EAS), RCEP 등 다양한 지역 협력 체제에 적극적으로 참여하며, 이를 통해 경제적 이익 확보와 함께 지역 내 영향력 확대를 도모하고 있다.

지역통합에 대한 담론적 제도주의 적용의 관점에서 볼 때, 아시아 지역통합 및 협력은 각국의 정책결정자들이 공유하는 아이디어와 이를 둘러싼 담론의 산물이라고 볼 수 있다. '아시아의 세기(Asian Century)', '공동 번영' 등의 담론은 지역 협력을 촉진하는 아이디어

---

9   Acharya, 2001.

10   Terada, 2003, p.265.

로 작용하고 있다.[11] '아시아'라는 개념 자체가 단순한 지리적 구분을 넘어 정치적, 문화적 의미를 지니며, 이는 지역 협력의 기반이 된다. 특히 '아세안 중심성(ASEAN Centrality)'이라는 담론은 동아시아 지역 협력의 제도적 구조를 형성하는 데 중요한 역할을 했다.[12] 이 담론은 아세안이 동아시아 지역 협력의 중심축 역할을 해야 한다는 아이디어를 반영하며, 실제로 ASEAN+3, EAS 등 주요 지역 협력 메커니즘에서 아세안의 주도적 역할로 이어졌다.

한편, 동아시아 주요국들은 각자의 지역주의 담론을 구성하고 있다. 중국의 '신형 국제관계'와 '운명공동체' 담론, 일본의 '자유롭고 열린 인도-태평양' 담론, 한국의 '동북아플러스 책임공동체' 담론 등이 그 예이다.[13] 이러한 담론들은 각국의 지역 협력 정책에 반영되며, 때로는 경쟁적으로 작용하기도 한다.

특히 중국의 '일대일로' 구상은 새로운 지역 협력 담론으로 부상하고 있다. 이 구상은 인프라 개발과 경제 협력을 통해 유라시아 대륙을 연결하는 것을 목표로 하며, 아시아 지역통합의 새로운 동력으로 작용하고 있다. 그러나 동시에 이는 기존의 지역 질서에 대한 도전으로 인식되기도 하며, 미국, 일본 등 다른 국가들의 대응 전략 수립으로 이어지고 있다.[14]

이처럼 담론적 제도주의는 아시아 지역통합과 협력을 이해하는

---

11   김성건, 2011, pp.75~76.

12   Acharya, 2010, p.34.

13   변창구, 2008, p.7.

14   차정미, 2018, pp.244~245.

데 유용한 분석 도구가 될 수 있다. 각국의 정책결정자들이 어떤 아이디어와 담론을 통해 지역 협력을 추진하는지, 그리고 이러한 담론이 어떻게 실제 제도와 정책으로 구현되는지를 분석하는 데 도움을 준다. 더불어, 담론적 제도주의는 지역통합 과정에서 발생하는 갈등과 협력의 동학을 이해하는 데도 유용한 시각을 제공한다.

Ⅲ. 아시아 지역통합의 현황과 한중 협력의 역할

1. 아시아 지역통합의 현황과 과제

아시아 지역통합은 지난 반세기 동안 괄목할 만한 발전을 이루어 왔다. 이 장에서는 아시아 지역통합의 역사적 배경을 살펴보고, 현재 운영되고 있는 주요 지역 협력 메커니즘을 분석한 후, 지역통합 과정에서 나타나는 장애 요인과 과제를 논의하고자 한다.

아시아 지역통합의 역사는 1960년대 말부터 본격화되었다고 볼 수 있다. 이 과정은 크게 네 단계로 구분할 수 있으며, 각 단계는 아시아 지역의 정치경제적 상황 변화와 밀접하게 연관되어 있다. 첫 번째 단계는 1967년 ASEAN의 설립으로 시작된다. 당시 동남아시아 5개국(인도네시아, 말레이시아, 필리핀, 싱가포르, 태국)이 주도한 ASEAN의 설립은 지역 내 정치적 안정과 경제 협력을 도모하기 위한 것이었으며[15] 초기에는 공산주의의 확산을 막기 위한 정치적 목적이 컸으

---

15   현민, 2017, pp.117~119.

나, 점차 경제협력으로 그 영역을 확대해 나갔다.

두 번째 단계는 1989년 APEC의 출범이다. APEC은 아시아 지역통합이 태평양 연안 국가들로 확대되는 계기가 되었으며 이는 아시아 지역 협력이 더 넓은 지리적 범위로 확장되었음을 의미하는 동시에 경제 협력에 대한 강조가 더욱 두드러지게 되었음을 보여주었다.[16]

세 번째 단계는 1997년 아시아 금융위기와 이에 대한 대응으로 볼 수 있다. 이 시기에 역내 금융협력의 필요성이 크게 부각되었고, 그 결과 ASEAN+3 체제가 형성되었다. 2000년에는 치앙마이 이니셔티브(CMI)와 같은 구체적인 금융협력 메커니즘이 구축되었는데 이는 아시아 지역 국가들이 공동의 위기에 대응하기 위해 협력을 강화하는 계기가 되었다.[17]

마지막 단계는 2000년대 이후 중국의 급속한 부상과 함께 시작되었다고 볼 수 있다. 중국의 경제적 성장은 아시아 지역통합의 방향을 크게 변화시켰다. 특히 한중 간 경제협력이 급속도로 확대되면서, 양국은 지역통합 과정에서 중요한 축으로 자리 잡게 되었다.[18] 2020년에는 2,415억 달러로 약 8배 증가했으며 이러한 양국 간 경제적 상호의존도의 증가는 한중 경제적 유대관계가 아시아 지역통합의 중요한 동력이 되고 있음을 시사한다.

이러한 역사적 발전 과정을 통해 아시아 지역통합은 점차 그 범위와 깊이를 확대해 왔다. 초기의 정치적, 안보적 고려에서 시작하여 경

---

16 아마코 사토시, 2011.

17 Chey, 2009.

18 이승주, 2017, p.173.

제 협력으로 확대되었고, 최근에는 다양한 분야에서의 포괄적 협력으로 발전하고 있다. 이러한 맥락에서 현재 운영되고 있는 주요 지역협력 메커니즘을 살펴보는 것이 중요하다.

현재 아시아 지역에는 다양한 협력 메커니즘이 존재하며, 각각의 메커니즘은 고유한 목적과 특성을 가지고 있다. 먼저 ASEAN은 동남아시아 10개국(브루나이, 캄보디아, 인도네시아, 라오스, 말레이시아, 미얀마, 필리핀, 싱가포르, 태국, 베트남)으로 구성된 지역 협력체로, 아시아 지역통합의 중심축 역할을 하고 있다. ASEAN은 2015년 ASEAN 공동체를 출범시켰는데, 이는 정치안보공동체, 경제공동체, 사회문화공동체를 포괄하는 개념으로 특히 ASEAN 경제공동체(AEC)는 2025년까지 단일 시장과 생산기지, 경쟁력 있는 경제 지역, 균등한 경제 발전, 세계 경제로의 통합을 목표로 하고 있어, 아시아 지역 경제 통합의 핵심적인 축으로 기능하고 있다.

APEC은 21개 회원국(한국, 중국 포함)으로 구성된 광역 경제협력체로, 무역 및 투자 자유화, 비즈니스 원활화, 경제기술협력을 주요 목표로 하고 있다. 2020년 APEC 정상회의에서 채택된 '2040 푸트라자야 비전(Putrajaya Vision 2040)'은 개방적이고 역동적이며 회복력 있고 평화로운 아시아-태평양 공동체 구축을 목표로 설정했다. 이는 APEC이 단순한 경제협력을 넘어 포괄적인 지역통합을 지향하고 있음을 보여준다.[19]

한편, RCEP는 가장 최근에 형성된 메가 FTA로, ASEAN 10개국과

---

19 APEC, 2020.

한국, 중국, 일본, 호주, 뉴질랜드를 포함한다. 2020년 11월 서명되어 2022년 1월 1일부터 발효된 RCEP는 세계 인구의 약 30%, GDP의 약 30%, 교역량의 약 28%를 차지하는 세계 최대 규모의 자유무역협정이다. 특히 한중 양국에 새로운 경제협력의 기회를 제공할 것으로 기대되고 있으며 전자상거래, 지식재산권, 중소기업 등의 분야에서 양국 간 협력이 강화될 것으로 전망된다.[20]

마지막으로 ASEAN+3는 ASEAN 10개국과 한국, 중국, 일본으로 구성된 협력체제로, 특히 금융 협력 분야에서 중요한 역할을 하고 있으며 이와 관련한 치앙마이 이니셔티브 다자화(CMIM)와 ASEAN+3 거시경제조사기구(AMRO) 설립은 ASEAN+3의 주요 성과로 꼽힌다. 특히 CMIM은 2010년 발효되어 총 2,400억 달러 규모의 통화 스왑 협정을 통해 회원국의 단기 유동성 문제에 대응하고 있고, 개정 협정문이 2021년 3월 31일부터 발효되어 위기 시 단기유동성 지원 기능이 강화될 예정이다.

이렇듯 아시아 지역통합이 상당한 진전을 이루어왔음에도 불구하고, 여전히 많은 장애 요인과 과제가 존재한다. 이러한 요인들은 지역통합의 속도와 깊이에 영향을 미치고 있으며, 향후 아시아 지역통합의 방향성을 결정짓는 중요한 변수로 작용할 가능성이 크다.

첫째, 경제발전 수준의 격차가 큰 장애 요인으로 작용하고 있다. 세계은행(World Bank)의 2021년 '세계 개발 지수'에 따르면 ASEAN 내에서만 보더라도 싱가포르(2020년 1인당 GDP 59,798달러)와 캄보

---

20   산업통상자원부, 2020.

디아(2020년 1인당 GDP 1,513달러) 간의 격차가 매우 크다. 이러한 경제적 격차는 공동 정책 수립과 이행을 어렵게 만드는 요인이 되고 있다. 예를 들어, 무역 자유화나 노동 이동의 자유화와 같은 정책은 경제 발전 수준이 다른 국가들 사이에서 상이한 영향을 미칠 수 있으며 이는 경제적 이니셔티브를 제시하거나 합의를 도출하는 데 어려움이 존재한다.

둘째, 역사적 갈등이 지속되고 있다. 한일 간 강제징용 배상 문제, 중일 간 센카쿠/댜오위다오 영유권 분쟁 등이 대표적인 사례이다. 이러한 갈등은 정치적 협력을 저해하고, 경제 협력에도 부정적 영향을 미치고 있다. 예를 들어, 2019년 한일 갈등으로 인한 수출규제 조치는 양국 교역에 큰 타격을 주었는데 이는 역사적 갈등이 경제 협력에도 영향을 미칠 수 있음을 보여주는 사례이다.

셋째, 미중 경쟁의 심화는 아시아 지역통합에 새로운 도전을 제기하고 있다. 미국의 '인도-태평양 전략'과 중국의 '일대일로 구상'이 경쟁하는 구도가 형성되면서, 아시아 국가들의 전략적 선택이 복잡해지고 있다. 대표적으로 한국의 경우, THAAD 배치를 둘러싼 중국의 경제 보복 조치를 겪은 바 있으며[21] 이는 안보와 경제의 연계성이 높아지면서 지역 협력의 복잡성이 증가하고 있음을 보여준다.

넷째, 아시아 지역 내 제도적 다양성도 통합의 장애 요인이 되고 있다.[22] 민주주의 체제부터 권위주의 체제까지 다양한 정치체제가 공존하고 있어, 공동의 가치와 규범을 설정하는 데 어려움을 겪고 있다.

---

21   이동민, 2017.

22   Yoshimatsu, 2023, pp.14~15.

예를 들어, ASEAN의 내정불간섭 원칙은 미얀마 군부 쿠데타에 대한 효과적 대응을 어렵게 만들었다. 이는 지역 협력체가 회원국의 국내 문제에 개입하는 데 한계가 있음을 보여주는 사례이다.

다섯째, 비전통 안보 위협의 증가도 새로운 과제로 대두되고 있다. COVID-19 팬데믹, 기후변화, 사이버 안보 등 새로운 형태의 안보 위협이 증가하고 있으나, 이에 대한 효과적인 공동 대응 메커니즘은 아직 미흡한 상황이다. 일례로 COVID-19 초기 대응에서 아시아 국가들 간의 협력이 부족했다는 비판이 지속적으로 제기되었는데[23] 이는 초국가적 위협에 대한 지역 차원의 대응 체계가 아직 충분히 발달하지 못했음을 보여준다.

결론적으로, 아시아 지역통합은 지난 반세기 동안 괄목할 만한 발전을 이루어왔지만, 여전히 많은 과제에 직면해 있다. 경제 발전 수준의 격차, 역사적 갈등, 미중 경쟁, 제도적 다양성, 비전통 안보 위협 등은 지역통합의 진전을 저해하는 요인으로 작용하고 있다. 그러나 이러한 과제들은 동시에 새로운 협력의 필요성을 제기하고 있으며 아시아 통합 및 협력을 위한 담론 형성의 중요성 역시 커지고 있다.

---

23   Djalante et al., 2020, pp.2~3.

2. 아시아 지역통합 맥락에서의 한중관계

앞서 살펴본 바와 같이, 아시아 지역통합은 다양한 도전과 기회에 직면해 있다. 이러한 맥락에서 한국과 중국, 두 국가 간의 관계는 지역통합의 진전에 중요한 영향을 미치고 있다. 본 장에서는 담론적 제도주의의 관점을 통해 아시아 지역통합 맥락에서의 한중관계를 분석하고 양국의 협력이 지역통합에 미치는 영향과 잠재적 갈등 요인, 그리고 미중 경쟁 구도 속에서의 전략적 고려 사항을 살펴볼 것이다.

먼저 한국과 중국은 아시아 지역통합에 대해 각각 독특한 담론을 형성하고 있다. 이러한 담론은 양국의 지정학적 위치, 경제 구조, 그리고 전략적 이해관계를 반영하며, 실제 정책 형성에 중요한 영향을 미친다.

한국의 경우, 지난 문재인 정부부터 '동북아플러스 책임공동체' 담론을 통해 지역통합에 대한 비전을 제시하였으며 이 담론은 한국이 중견국으로서 역내 국가들 간의 가교 역할을 수행하면서, 동시에 지역의 평화와 번영에 기여할 수 있다는 아이디어를 내포하였다.[24] 이를 바탕으로 지난 정부는 '동북아 평화협력 플랫폼'과 '신북방·신남방 정책'을 두 축으로 아시아에 중심을 둔 외교 전략을 펼쳐왔다. 한편, 윤석열 정부는 인도태평양 전략(Indo-pacific strategy)을 기반으로 한 글로벌 전략을 담론으로 펼치고 있으며 글로벌 중추 국가(global pivot state) 구상을 통해 주변 지역 및 글로벌 차원에서 한국의 입지를 확대하고자 하는 모습을 보이고 있다. 이는 슈미트(Schmidt)가 언급

---

24   최윤정, 2022, p.2.

한 '조정적 담론'의 사례로, 정책 결정자들 간의 아이디어 교환을 통해 형성된 것으로 볼 수 있다.

반면, 중국은 '인류운명공동체(人类命运共同体)' 담론을 통해 보다 포괄적이고 주도적인 지역통합 비전을 제시하고 있다. 중국은 아시아 인프라 투자은행(AIIB) 설립, RCEP 추진 등을 통해 지역 경제 질서 재편을 주도하고자 하며 이는 중국의 경제력 증대에 따른 영향력 확대 욕구와 함께, 미국 주도의 국제질서에 대한 대안을 모색하려는 전략적 의도를 반영한다고 볼 수 있다. 결국 이러한 담론은 중국이 지역 경제 질서 재편을 주도하면서도, 평화로운 발전과 상호 이익을 강조하는 메시지를 담고 있다.[25] 이는 '소통적 담론'의 특성을 보이며, 중국 정부가 국내외 청중들에게 자국의 지역통합 비전을 설득하려는 노력으로 해석할 수 있다.

한중 양국의 경제적 상호 의존도가 높아짐에 따라, 양국 간 협력은 아시아 지역통합의 중요한 동력이 되고 있다. 먼저 경제 분야에서 한중 협력은 역내 가치사슬 형성과 발전에 기여하고 있다. 한국의 기술력과 중국의 생산능력이 결합하여 역내 산업 경쟁력을 높이는 데 기여하고 있으며, 이는 아시아 지역의 경제적 통합을 촉진하는 요인이 되고 있다. 한편, 한중 양국은 역내 다자협력 메커니즘 강화에도 기여하는 바가 크다. 예를 들어, 한중일 3국 협력 사무국 설립, ASEAN+3 협력 강화 등에 양국이 적극적으로 참여하고 있으며 이는 지역 내 제도적 협력을 강화하는 데 중요한 역할을 하고 있다. 또한, 문화 교류

---

25   Callahan, 2016, pp.1~3.

분야에서의 협력도 지역통합에 긍정적인 영향을 미치고 있다. 한류와 중국 문화의 확산은 아시아 지역 내 문화적 교류와 이해를 증진시키는 데 기여하고 있으며, 이는 장기적으로 지역 정체성 형성에 도움이 될 수 있다.

이러한 한중 양국의 협력 관계는 단순한 물질적 이해관계의 산물이 아니라, 양국이 공유하는 특정 아이디어와 담론에 의해 구성되고 있다고 볼 수 있다. '전략적 협력동반자 관계'라는 담론은 양국 관계의 성격을 규정하고, 실제 협력의 방향성을 제시하는 역할을 하며 이러한 담론적 구성은 실제 지역통합 과정에도 영향을 미친다. 예를 들어, RCEP 협상 과정에서 한중 양국은 '개방적 지역주의' 담론을 공유하며 협력을 강화했다. 이는 양국이 공유하는 아이디어가 어떻게 구체적인 제도 형성으로 이어지는지를 보여주는 사례이다. 특히 문화교류 분야에서의 협력은 '문화적 근접성' 담론에 기반하고 있다. 한류와 중국 문화의 교류는 단순한 경제적 이익을 넘어, 지역 내 문화적 통합을 촉진하는 담론을 형성하고 있다.[26] 이는 장기적으로 아시아 지역 정체성 형성에 기여할 수 있는 잠재력을 가지고 있다.

그럼에도 불구하고, 이러한 담론 배경을 기반으로 한 한중 관계에는 다양한 갈등 요인이 존재한다. 즉, 한중 간에는 역사 인식의 차이, 북한 문제에 대한 입장 차이, 그리고 미중 경쟁 구도 속에서의 전략적 선택의 문제 등이 잠재적 갈등 요인으로 작용하고 있으며 이러한 갈등 요인들은 때로 양국의 지역통합 협력을 저해하는 요소로 작용한다.

---

26   정종호, 2022, pp.3~4.

첫째, 역사 인식의 차이는 양국 간 정치적 신뢰 구축을 어렵게 만드는 요인이다. 예를 들어, 고구려사 귀속 문제나 동북공정을 둘러싼 갈등은 양국 관계에 부정적 영향을 미친 바 있다. 역사 문제에 있어 한국의 '과거사 청산' 담론과 중국의 '역사공동체' 담론은 상충하는 측면이 있으며[27] 이러한 담론의 차이는 양국 간 정치적 신뢰 구축을 어렵게 만드는 요인이 되고 있다.

둘째, 북한 문제에 대한 접근 방식의 차이도 갈등 요인이 될 수 있다. 한국은 한반도 평화 프로세스를 통한 단계적 비핵화 또는 북핵 억제에 대한 담론을 추구하는 반면 중국은 북한 체제의 안정성을 우선시하는 담론을 제시한다.[28] 이러한 입장 차이는 지역 안보 협력에 있어 양국 간 협력을 제한하는 요인이 될 수 있다.

셋째, 미중 경쟁이 심화되는 가운데, 한국은 안보 동맹국인 미국과 최대 교역국인 중국 사이에서 전략적 균형을 모색해야 하는 상황에 놓여 있다. 이러한 맥락에서 한중관계는 단순한 양자관계를 넘어 지역 질서의 향방을 좌우할 수 있는 중요한 변수로 작용하고 있다. 미국을 중심으로 인도태평양 전략과 중국의 글로벌 전략이 상충하는 가운데 윤석열 정부의 가치외교와 민주주의 담론이 중국의 정치 담론과 충돌하여 갈등이 심화될 가능성 역시 존재한다.

결론적으로, 아시아 지역통합 맥락에서의 한중관계는 기회와 도전이 공존하는 복잡한 양상을 보이고 있다. 담론적 제도주의 관점에서 볼 때 아시아 지역통합 맥락에서의 한중관계는 다양한 담론들의 상

---

27   김현숙, 2022, pp.35~36.

28   박병광, 2004, p.9.

호 작용 과정으로 이해할 수 있다. 양국이 어떤 담론을 형성하고, 이를 어떻게 조정해 나가는지가 실제 정책과 제도 형성에 중요한 영향을 미치게 될 것이다.

Ⅳ. 아시아 지역통합의 미래 구상과 한중 협력

본 연구는 담론적 제도주의의 관점에서 아시아 지역통합 맥락에서의 한중 협력 관계를 분석하였다. 연구 결과, 아시아 지역통합이 다양한 협력 메커니즘을 통해 발전해 왔으며, 이 과정에서 한국과 중국이 중요한 역할을 수행해 왔음을 확인할 수 있다. 한중 협력 관계는 '전략적 협력동반자 관계'라는 담론적 구성을 통해 형성되고 있으며, 이는 지역통합 과정에도 상당한 영향을 미치고 있다. 그러나 동시에 역사 인식, 북한 문제 등의 갈등 요인이 존재하며, 이는 서로 다른 담론 체계의 충돌로 이해할 수 있다. 이러한 맥락에서 한중 협력 강화를 위한 담론 형성과 정책적 노력이 필요한 상황이다.

첫째, 한중 양국은 '아시아 공동 번영'이라는 새로운 담론을 공동으로 구축할 필요가 있다. 이 담론은 양국의 이익을 포괄하면서도 지역 전체의 발전을 지향하는 내용을 담아야 할 것이다. 이를 통해 양국 간 협력의 정당성과 필요성을 강화할 수 있을 것이다.

둘째, '전략적 협력동반자 관계'라는 담론을 더욱 구체화하고 제도화하는 것이 중요하다. 예를 들어, 정기적인 고위급 대화 채널 구축,

민간 교류 확대 등을 통해 이 담론을 실질적인 협력 메커니즘으로 발전시켜야 하며 이는 양국 관계의 안정성과 예측 가능성을 높이는 데 기여할 것이다.

셋째, 역사, 안보 등 민감한 이슈에 대해 '건설적 관리' 담론을 개발할 필요가 있다. 이는 갈등을 부정하거나 회피하는 것이 아니라, 갈등을 인정하면서도 이를 생산적으로 관리하는 방안을 모색하는 것으로 이를 통해 양국 간 신뢰를 구축하고 협력의 기반을 강화할 수 있을 것이다.

넷째, '문화적 근접성'과 '상호 이해 증진'이라는 담론을 통해 양국 간 문화 교류를 더욱 활성화해야 한다. 이는 장기적으로 양국 관계의 안정성을 높이는 데 기여할 것이며, 지역통합의 문화적 기반을 강화하는 데도 도움이 될 것이다.

다섯째, '상호 보완적 경제 구조'라는 기존의 담론을 '혁신 주도 성장 협력'이라는 새로운 담론 등으로 확장하는 것을 고려해야 한다. 이는 4차 산업혁명 시대에 부합하는 새로운 경제 협력 모델을 제시할 수 있을 것이며, 양국의 경제적 이익을 증진시키는 동시에 지역 경제 통합을 촉진할 수 있을 것이다.

한편, 아시아 지역통합 촉진을 위한 한국과 중국의 역할도 중요하다. 우선, 양국은 '개방적 지역주의'와 '포용적 다자주의' 담론을 공동으로 주도함으로써 아시아 지역통합의 방향성을 제시해야 한다. 이는 배타적인 블록화를 방지하고 개방적이고 포용적인 지역 질서 형성에 기여할 수 있다. 또한, RCEP, CPTPP 등 기존의 경제 협력 체제를 넘어, 디지털 경제, 그린 경제 등 새로운 영역에서의 협력을 위한 제도적 틀을 제안하고 선도해 나가야 한다. 이를 위해 '미래 지향적 경제 협력' 담론을 개발하여 아시아 지역의 경제적 역동성을 유지하고 글로벌 경쟁력을 강화하는 데 활용해야 한다.

또한 '아시아 가치'와 '공동체 의식' 등의 담론을 통해 아시아 지역의 공동 정체성 형성에도 기여해야 한다. 이는 문화 교류, 교육 협력 등 다양한 채널을 통해 추진될 수 있으며, 장기적으로 지역통합의 사회문화적 기반을 강화하는 데 도움이 될 것이다.

결론적으로, 한중 양국은 담론적 제도주의 관점에서 새로운 협력 담론을 구축하고 이를 제도화함으로써 양국 관계를 더욱 발전시키고 아시아 지역통합을 촉진할 수 있을 것이다. 특히 중국이 제시하고 있는 인류운명공동체 비전의 틀 속에는 한국의 글로벌 담론의 전략적 방향성인 지역 안정 및 영향력 확보를 추구할 수 있는 공간이 충분히 존재한다. 이를 위해서는 양국 정부뿐만 아니라 학계, 시민사회 등 다양한 주체들의 참여와 협력이 필요할 것이다. 이를 통해 향후 연구에서는 이러한 담론의 형성과 제도화 과정을 더욱 구체적으로 분석하고, 그 효과를 실증적으로 검증하는 작업과 함께 한중 관계의 발전과 아시아 지역통합의 진전에 기여할 수 있는 더욱 풍부한 학술적, 정책적 함의를 도출할 수 있을 것으로 기대한다.

신의찬(申宜燦)

신의찬은 2024년 2월 한국외국어대학교 국제지역학 박사학위를 받았다. 학위논문은 "글로벌 행위자로서 유럽연합(EU)의 정체성: 대외 메커니즘을 중심으로"이며 EU의 대외관계 및 정책을 연구하고 있다. 현재 한국외국어대학교 EU연구소 책임연구원, 글로벌전략협력연구원 선임연구원으로 있다.

申宜燦于2024年2月获得韩国外国语大学国际区域学博士学位, 博士论文题目为《作为全球行为者的欧盟身份：以对外机制为中心》, 主要研究欧盟的对外关系与政策。目前他担任韩国外国语大学欧盟研究所负责人、全球战略合作研究院高级研究员。

제2장

중국의 '동북아 운명공동체'와 한중관계: 개념적 검토와 실천적 방안

량미화(梁美花)

I. '동북아 운명공동체' 구상의 몇몇 함의

동북아시아(이하 '동북아'로 표기)는 안보와 경제의 복합적 관점에서 국제 정세에 중대한 영향을 미치는 지역으로, 지리적 개념보다는 지정학적 접근에 의해 정의된다.[1] 중미 경쟁이 전략적 갈등을 넘어 글로벌 리더십 확보를 위한 경쟁으로 전환되면서, 동북아 지역에서 냉전 구도가 재현될 가능성이 제기되고 있다. 이러한 맥락에서, 미국 주도의 한 · 미 · 일 안보 협력 체제가 강화됨과 동시에, 북한과 러시아와의 긴밀한 관계를 배경으로 중 · 러 · 북 군사 안보 협력 가능성이 논의되고 있으며, 지역 내 대립적이고 경쟁적인 안보 질서의 형

---

1   이 글에서 동북아시아는 중국, 남북한, 러시아, 몽골, 일본 등 6개 국가로 구성된 지역을 의미한다.

성 가능성이 더욱 부각되고 있다. 그러나 동북아 지역은 이러한 안보적 긴장 상황에서도 세계 무역의 중심지이자 기술 혁신과 산업 발전을 선도하는 글로벌 경제의 핵심 지역으로 자리매김하고 있다. 따라서 안보 갈등과 경쟁적 구도가 심화됨에도 불구하고, 지역의 경제적 상호 의존성이 여전히 협력의 가능성을 열어두고 있다는 점은 주목할 만하다.

이러한 안보적 갈등과 경제적 협력 가능성을 바탕으로, 중국은 전통적인 군사 안보 이슈인 북핵 문제와 영토 분쟁을 넘어, 생태 환경, 디지털 기술 및 사이버 안보, 인권 등 비전통적 안보 위기가 부상하는 상황에 대응하여 '인류운명공동체(人类命运共同体, The Community with a Shared Future for Mankind)' 구상을 제안하고, 보다 포괄적이고 다차원적인 안보 및 경제 협력 체계 구축을 모색하고 있다. 중국은 '인류운명공동체' 구상이 개별 국가의 이익과 공동체의 이익을 조화롭게 융합하는 동시에, 현재의 이슈에 기반하면서도 미래 지향적인 목표를 추구하는 전략이라고 강조한다. 이에 따라, 지역적 차원에서의 협력과 이해관계의 증진을 통해 신뢰를 구축하고, 글로벌 차원에서의 포괄적 협력을 강화하는 것이 지속 가능한 안정과 번영을 보장하는 필수적 요소라는 입장을 주장하고 있다.

그렇다면, 중국이 전략적으로 중요시하는 동북아 지역에서 어떤 형태의 협력 모델을 추구하고 있으며, 중국은 이를 어떤 방식으로 구체화하려 하는가? 본 논문은 이러한 질문을 중심으로, 중국의 동북아 지역 협력 전략을 '운명공동체'라는 개념을 통해 분석하고자 한다. 이를 위해, 첫 번째 부분에서는 공동체에 대한 개념적 검토를 간략히 하고, 두 번째 부분에서는 동북아 운명공동체 구축에 대한 중국 학계의 논의를 적극적으로 참조하여 구체적인 청사진을 분석할 것이다. 세 번째 부분에서는 미래 지향적인 한중 협력 관계 구축을 위한 정책적 제언을 제시하고자 한다.

중국의 동북아 운명공동체 구상을 연구하는 것은, 이 구상이 역내 질서 재편을 목표로 하는 중국의 장기적인 외교 전략을 이해하는 데 중요한 함의를 지니기 때문이다. 나아가, 이 구상은 미래 지향적인 중한 협력 관계 형성에 중요한 변수로 작용할 수 있으며, 한국이 중국의 공동체 구상을 이해함으로써 양국 간의 상호 이익을 극대화할 방안을 모색하는 데 시사점을 제공할 수 있다.

Ⅱ. 개념적 검토: '공동체' 및 '기능주의'

일반적으로 '공동체'는 집단 정체성을 공유하며 이타적인 관계를 유지하고, 공동의 목적을 추구하는 사회적 집단으로 정의된다. 이러한 구분은 각 영역에서의 통합 및 제도화 방식과 전략적 목표에 따라 공동체 형성의 발전 방향에 차별성을 부여한다. 예를 들어, 안보 공동체는 국가들이 안보 문제를 협의할 수 있는 기제를 마련하고, 평화 체제의 수립과 지역의 지속적인 평화 정착을 목표로 한다. 반면, 경제 공동체는 무역과 투자 자유화를 실현하고, 행위자들 간의 협력을 강조하며 지역 통합을 추구하는 것을 의미한다.

주권국가 체제에서 국가들은 협력과 통합과정을 통해 완전한 공동체를 형성할 수 있으며, 공동체의 특성은 통합의 방식과 정도에 따라 다양하게 나타날 수 있다. 통합의 정도에 따라 공동체는 미합중국처럼 국가 주권을 포기하고 연방이나 단일 국가를 형성하는 합병형 공동체(amalagamated community), 아세안(ASEAN)과 같은 주권은 유지하고 상호 의사소통과 책임 인식을 바탕으로 특정 지역에서 협력 거버넌스를 형성하는 다원적 공동체(pluralistic community), 유럽연합(EU)처럼 공동체 전체의 주권과 개별 국가의 주권이 병존하여 공동체의 이중 구조를 이루어나가는 절충형 공동체(eclectic community) 등 세 가지 유형으로 나눌 수 있다.[2]

동북아의 경우, 국가주의, 민족주의 및 역사적 갈등 등 특수성으로 인해, 지역 차원의 합병형 공동체, 즉 완전한 공동체 형성의 실현 가능성은 낮다. 이러한 특수성을 고려할 때, 다원적 또는 절충형 공동체 구축 과정을 설명할 수 있는 지역 통합 이론이 동북아 지역에 더 적합하며 적실성을 지닐 수 있다. 기능주의(functionalism)는 지역 통합의 형성 과정과 그 장애 요인에 대한 논의를 제기했는데, 이는 동북아 지역의 통합을 이해하는 데 유용한 시사점을 제공할 수 있다.

기능주의는 초국가적 주체와 제도의 역할을 강조하며, 발달된 자본주의와 자유 민주주의, 다원적인 사회 구조를 갖춘 국가들 간의 지역 통합이 이루어질 수 있다고 주장한다. 이러한 조건을 갖춘 국가

---

2   문정원, 서승원, 2010, pp.297~299.

들 간에는 경제 거래, 무역, 관광, 생산 요소의 자유로운 교환이 가능해지며, 이를 통해 경제 자유화와 지역 차원의 분업 등 경제적 통합이 촉진된다. 나아가, 기능주의는 경제 협력의 제도화와 안보 협력 간의 상호 작용에서 파급 효과(spillover effect)가 일어날 수 있다고 강조한다. 그러나 기능주의는 이러한 지역 통합에는 국가 간 제도의 차이, 초국가적 집단의 낮은 영향력, 정치 지도자들이 국가 주권과 이익을 우선시하는 태도 등이 중요한 장애 요인으로 작용할 수 있다고 지적했다.

중국의 인류운명공동체 구상은 경제적 통합뿐만 아니라 안보적 및 문화적 요소를 포괄하며, 동시에 국가 주권을 강조하는 경향을 보인다. 이러한 구상은 초국가적 구조를 통한 지역 통합을 중요시하는 기능주의적 접근과 차별화된 방향을 제시하며, 중국의 접근 방식은 기능주의가 제안하는 초국가적 구조와는 상이한 경로를 따를 가능성이 크다. 그럼에도 불구하고, 기능주의는 초국가적 협력과 제도화의 중요성을 강조하고, 경제적 상호 의존성이 정치적 통합으로 이어질 수 있다는 가능성을 제시한다는 점에서, 중국이 추구하는 지역 및 글로벌 차원의 협력 모델을 이해하는 데 유용한 시사점을 제공할 수 있다. 예를 들어, 현재 중국이 제시한 아시아 안보관은 경제와 안보의 복합적인 상호 발전을 주장하고 있으나, 구체적인 실행 방안에서는 여전히 경제 공동체 구축을 우선시하는 기능적 접근을 강조하고 있다.

Ⅲ. '동북아 운명공동체' 구축 환경과 구체적 방안

1. 동북아 지역에서의 '신냉전' 구도 재부상의 가능성

소련의 해체로 미소 냉전 시대가 종식된 이후, 미국 주도의 단극체제는 자유주의 경제질서와 민주주의 가치 확산을 주요 특징으로 삼아왔다. 그러나 이 단극체제의 안정성은 중국을 비롯한 신흥 강대국들의 부상, 미국 패권의 상대적 약화, 그리고 지정학적 갈등으로 인한 지역적 충돌 등으로 인해 점차 약화되었다. 이러한 상황 속에서 중국은 국제적 영향력의 확대를 바탕으로 세계 각국과의 경제적 유대를 강화하는 한편, 지역적 및 글로벌 거버넌스 체제 내에서 자국의 역할을 강화하고 있다. 따라서, 중미 간 전략적 경쟁은 더욱 심화되고 있으며, 이는 단순한 경제적 대립을 넘어 정치적, 군사적 영역에서도 양국 간 갈등을 심화시키고 있다.

이러한 경쟁 구도는 단극 체제의 쇠퇴와 다극 체제로의 전환을 가속화하며, 국제질서의 재편을 촉진하고 있다. 이 과정에서 지역 내 갈등이 심화되고 지정학적 긴장이 고조되면서, 이는 글로벌 차원의 불안정을 더욱 증대시키는 요인으로 작용하고 있다. 트럼프와 바이든 행정부를 거치며 구체화된 '인도-태평양 전략(Indo-Pacific Strategy)'은 중국의 부상에 대응하기 위해 동맹국들과 협력하여 '자유롭고 개방된 인도-태평양'을 구축하는 것을 목표로 하고 있다. 또한, 미국은 미국 · 인도 · 일본 · 호주 간 쿼드(QUAD) 협력, 미국 · 영국 · 호주 간 오커스(AUKUS) 동맹, 그리고 한 · 미 · 일 간 지역 안보 협력 체제를 강화하여 중국을 견제하고 군사적, 안보적 봉쇄를 추진하고 있다. 이러한 미국의 대중국 견제 전략에 대응하기 위해 중국은 인류운명공동체 구상을 제기하였다. 이 구상은 미국의 군사적 및 안보적 확장에 대한 대응책으로, 지역 및 글로벌 차원에서 중국의 영향력을 강화하려는 전략적 의도를 담고 있다. 이를 통해 중국은 협력적이고 포용적인 국제 관계를 강조하며, 자국의 부상에 대한 일부 국가들의 우려를 완화하고 신흥국들과의 연대를 강화하려는 전략적 목표를 추구하고 있다.

동북아의 경우, 미국 주도의 한 · 미 · 일 안보 협력 체제가 강화되는 가운데, 러시아와 북한 간의 〈포괄적 전략 동반자 관계 조약〉을 체결하며 북 · 러 간 밀착이 심화되었고, 이에 따라 중러북 간 군사 안보 협력 가능성이 제기되면서 지역 내 대립적이고 경쟁적인 안보 질서가 형성될 것이라는 우려가 증대되고 있다. 이러한 변화는 동북아에서 '신냉전' 구도의 부활에 대한 논의를 촉발하였다.[3] 그러나 현재 '신냉전'이 실제로 형성되었는지, 만약 형성되었다면 그 속성이 무엇인

---

3 글로벌 차원에서도 '신냉전' 구도의 형성에 대해 두 가지 상반된 견해가 제기되고 있다. 한 편으로, 일부 학자들은 중미 무역전쟁, 러시아-우크라이나 전쟁, 중국의 신형국제관계 구축 요구 등 요인을 고려해, '신냉전'이 이미 도래되었다고 평가했다(반길주, 2024). 이러한 견해들은 '신냉전'을 국가의 개별 행위가 아닌 국제 체제의 구조적 변화로 보고 있으며, 세계 질서 전반에 거쳐 심화되고 있는 패권 경쟁과 지정학적 갈등이 새로운 대립을 형성하고 있다고 분석했다. 다른 한편으로, '신냉전' 구도의 형성이 아직 명확하지 않다는 분석도 제기되었다. 예를 들어, 현재의 국제 체제가 다극화로 전환되고 있으며, 이데올로기는 더 이상 주요 결정 요인이 아니고, 민족주의가 다시 부상하고 있다는 것이 그 근거이다(Wested, 2018). 나아가, '신냉전'은 냉전의 재판이 아닌 자유주의 국제질서가 진화하는 과정에서 새롭게 대두된 도전이라는 견해도 있다(전재성, 2024). 이와 같은 시각들은 '신냉전'이 냉전의 단순한 반복이 아니라, 국제질서의 변화 속에서 발생한 새로운 유형의 갈등이라고 본다.

지, 그리고 강대국들이 어떠한 보편적인 질서를 구축할 것인지에 대해 명확한 합의는 도출되지 않았다. 다만 현재 논의되고 있는 동북아 '신냉전' 구도는 구조적 및 담론적 차원에서 주목할 필요가 있다.

첫째, 구조적 차원에서, 중미 간 전략적 경쟁은 동북아 지역의 진영화를 촉진할 가능성이 있다. 중미 전략적 경쟁 구도의 심화는 동북아에서 미국과 그 동맹국인 한국 및 일본의 대중국 대립 구도를 강화할 뿐만 아니라, 한일 양국과 중국 간 경제적 연계 약화 및 이로 인한 역사적 갈등의 정치화를 초래할 수 있다. 또한, 미일 동맹의 강화와 일본 군사력의 증대, 나아가 일본의 '정상국가' 추진은 동북아에서 냉전 구도가 재현될 가능성을 높일 수 있다. 일본이 중국의 부상을 계기로 안보 대립을 촉진하기 위해 관념의 도구적 측면을 활용하는 점은, 주목할 필요가 있다.

둘째, 담론적 차원에서, 동북아 '신냉전' 담론의 부활은 국가들에 의해 정치적 도구로 활용될 수 있다. '신냉전'이 담론으로서 국가들에 의해 정치적 도구로 활용될 수 있다는 점을 고려할 때, 이는 단순한 개념적 분류를 넘어 국제 관계에서 실질적인 영향력을 발휘할 수 있다. 이러한 상황은 결국 '신냉전'의 위험성을 부각시키는데, 이는 '신냉전' 담론이 전쟁의 관점으로 국제관계를 규정하고 제로섬 게임의 성격을 띠게 만들 수 있기 때문이다.[4] 특히, 냉전의 유산이 깊게 남아 있는 동북아 지역에서는 이러한 위험이 한층 더 심화될 수 있다. 이는 동북아가 아시아 냉전의 주요 전장이었으며, 냉전 당시의 정치적 양

---

4   백준기, 2024.

극화가 이 지역의 질서에 깊은 영향을 미쳤기 때문이다. 아시아 냉전은 정치적 양극화, 정치 질서의 탈식민화와의 상관성과 관련된 문제를 수반하였으며,[5] 이는 현재까지도 동북아 지역의 정치 지형에 복합적으로 작용하고 있다.

2. 중국의 '동북아 운명공동체'의 구체적 방안

인류 운명 공동체 구상은 후진타오(胡锦涛) 정부 시기에 제기되어 시진핑(习近平) 정부에 의해 공식화되었으며, 이는 국제 협력과 상호 의존성을 바탕으로 중국이 국제 거버넌스의 새로운 패러다임을 제기하려는 의도를 담고 있다. 인류 운명 공동체 개념이 처음으로 제기된 것은 2011년 9월에 발표된 『중국의 평화발전』 백서이다. 이 백서에서는 "서로 다른 제도와 발전 단계에 있는 국가들이 상호 의존하며 이익을 공유함으로써 '너 안에 내가 있고, 나 안에 너가 있는' 운명 공동체를 형성하고 있다"고 강조하였다. 이후, 2012년 11월, 중국공산당 제18차 대회 보고에서 후진타오 전 주석이 '인류 운명 공동체' 이념을 강조하면서, 이는 중국의 새로운 외교 담론으로 부상하기 시작했다.[6]

시진핑 주석은 취임 후, 2013년 모스크바 국제관계학원에서 "시대의 진보적 흐름에 부응하여 세계 평화와 발전을 촉진하라"는 주제로 연설을 하며, '인류 운명 공동체 구축'이라는 이념을 명확히 제시하

<hr />

5   권헌익, 2019, pp.129~133.

6   新华社, 2012.11.17. "胡锦涛在中国共产党第十八次全国代表大会上的报告."

였다. 이후, 이 구상은 제70차 유엔 총회 일반 토의에서 한 시진핑 연설에서 재차 강조되며 중국의 공식적인 외교 담론으로 자리매김하였다. 결국, 인류 운명 공동체 구축은 중국 특색 사회주의 건설의 기본 방략(方略) 중 하나로서 '중국공산당 규약'에 포함되었으며, 2018년 3월 중화인민공화국 헌법에 삽입되었다. 이에 따라 인류 운명 공동체는 담론을 넘어 중국 외교의 중요한 전략으로 부상하였다.

중국은 인류 운명 공동체 이념이 패권주의적 사고를 넘어, 인류 발전 방향에 대한 중국의 독자적인 비전을 반영하며, 국가 간의 연대와 협력을 촉진하는 역할을 할 수 있다고 지적하였다.[7] 이러한 인류 운명 공동체 이념은 아시아 지역에서도 중요한 함의를 지닌다. 중국은 아시아 각국이 상호 의존성과 협력의 중요성을 인식하고, 경제적 및 안보적 공동체를 형성함으로써 지역의 안정과 번영을 촉진할 수 있다고 주장하였다. 그러나 이러한 공동체 형성에 대한 논의는 명목적인 차원을 넘어, 지역 강대국에서 세계적 강대국으로 나아가는 중국의 길과 중국 방안(方案)의 새로운 전략 구상이며, 중국 예외주의(Chinese exceptionalism)의 가능성을 보여주려는 전략적 의도를 내포하고 있는 것으로 이해할 수 있다.[8]

이러한 아시아 운명 공동체 구상은 동북아 지역에도 투영되어, 현재 구체적인 논의가 진행되고 있다. 주지하듯이 중국은 동북아(동아시아)를 지리적 차원보다 지정학적으로 접근하고 있다. 비록 정부 차원에서 인류 운명 공동체 구축에 관한 구체적인 청사진이 제기되지

---

7 新华社, 2023.09.26. "携手构建人类命运共同体：中国的倡议与行动'白皮书."
8 이희옥, 우완영, 2017, p.339.

않았으나, 동북아 운명 공동체와 관련된 학자들의 논의는 안보, 경제 등 다양한 영역에서 활발히 전개되고 있다. 결론적으로 학자들은 동북아 경제 공동체의 추진 가능성에 대해서는 긍정적으로 평가하는 반면, 동북아 안보 공동체 구축의 전망에 대해서는 상대적으로 비관적인 견해를 제기하고 있다. 중국 학자들이 제시한 동북아 운명 공동체 구상은 구성원, 제도화 수준, 안보 및 경제 영역 등 여러 측면에서 다음과 같이 정리될 수 있다.

첫째, 동북아 운명 공동체의 구성원은 주로 역내 국가들로 구성되지만, 역외 세력인 미국의 영향력을 배제할 수 없다는 점이 강조된다. 특히 미국이 한국, 일본과 동맹 관계를 유지하고 있기에, 미국을 역내 관계 및 지역 질서 구축에서 제외할 수 없는 상황을 인식하고 있다. 그러나 이는 동북아 지역에서 미국 주도의 지역 질서를 완전히 수용한다는 것은 아니다. 중국은 지역 관계와 질서 구축 과정에서 전략, 이익, 그리고 영향력의 균형을 모색할 필요가 있음을 강조하였다. 또한, 지역 정체성 차원에서, 미국은 역내 국가가 아니기 때문에 동북아의 정체성 형성에 한계가 있으며, 지역 차원의 통합에 대한 적극성이 부족하다는 문제점을 제기했다. 중국은 비록 미국의 동북아 지역에서의 영향력을 공동체 구축 과정에서 배제할 수 없다고 인정하면서도, 이러한 영향력이 지역 정체성 형성에 유익하지 않다는 점을 강조하였다.[9] 동북아(동아시아)가 하나의 담론 혹은 전략으로 성립하기 위한 첫 번째 조건은 지역 경계 설정에 따른 동북아(동아시아)의 정

---

9   钟飞腾, 2020, pp.87~91.

의에 관한 문제이다.[10] 지역의 경계가 어떻게 설정되느냐에 따라 공동체의 규범 및 정책적 지향이 달라질 수 있기 때문이다. 동북아의 경우, 역외 세력과 지역 간의 연계, 역내 국가 간의 역사적 갈등 및 정치적 이해관계의 차이에 따라 지역의 경계 설정이 복잡해지며, 이러한 경계 문제는 공동체 형성에 있어 중요한 변수로 작용하고 있다.

둘째, 동북아 지역에서는 상대적으로 낮은 수준의 제도화를 기반으로 한 운명 공동체의 구축 가능성이 강조되고 있다. 중국 학자들은 문제 해결 중심의 접근을 기반으로, 경제 협력에서 안보 협력으로 점진적으로 확대해 나가는 단계적 발전 모델을 제시하였다. 이들은 중국의 동북아 운명 공동체 구축이 담론을 넘어, 중국의 주변 외교에서 핵심적인 국가 목표이자 발전 방향임을 강조한다. 그러나 냉전 유산, 중미 전략적 경쟁, 역사 및 영토 분쟁, 북핵 문제, 그리고 역내 국가들 간 갈등으로 인해, 경성 안보 공동체의 구축보다 지역적 공생과 공리 인식에 기반한 협력 프로세스를 추진할 필요성을 역설하고 있다.[11]

셋째, 관계적 차원에서 중국은 양자 차원의 동반자 관계를 기반으로 하여, 미국의 동맹 국가들과의 관계를 조정할 필요성을 강조했다. 이는 운명 공동체 구축 과정에서 가장 큰 도전으로, 중국은 미국이 주변 국가들에 대미 편승을 요구함으로써 중국의 영향력을 억제하고 견제하려 한다고 인식하고 있기 때문이다.[12] 이러한 맥락에서, 중국은 양자 관계 차원에서 중국이 러시아 등 국가들과 체결한 동반자 관계

---

10 박승우, 2011, p.90.

11 胡德坤, 徐广淼, 2022, pp.87~91.

12 邢广程, 2021, p.14.

가 전통적인 동맹 관계를 대체할 가능성을 제시하고 있다. 또한 중국은 미국을 중심으로 한 양자 동맹 관계를 조정하고, 협력 안보를 기반으로 공동체를 구축할 필요성을 강조했다.[13]

넷째, 중국은 호혜적인 경제 발전과 안보 협력을 병행하는 아시아 안보관을 구축하고자 한다. 일부 학자들은 아시아 안보관이 동북아 운명 공동체 구축의 기반이며, 이를 동북아 안보 문제를 해결하는 핵심 규범으로 설정하여 지역 운명 공동체의 점진적 형성을 촉진해야 한다고 주장한다.[14] 따라서 공동안보(common security), 협력안보(cooperative security)를 통해 논제로섬(non-zero-sum) 접근과 냉전식 사고방식을 극복할 것을 주장했다. 구체적으로, 6자 회담을 비롯한 다자회담을 통해 안보공동체의 발전 기제를 형성할 수 있는 구체적인 전략을 제기했다. 그러나 신안보관을 기반으로 한 중국의 외교는 미국 중심의 국제 질서를 반대하고 신뢰 구축을 넘어서는 예방 외교나 갈등 해결 기제 발전에 큰 성과를 이룩하지 못하였다고 평가되기도 한다.[15]

다섯째, 중한일 삼자주의를 동북아 경제 공동체 구축의 중요한 추진력으로 인식한다. 일부 학자들은 중·한·일 협력이 동북아 협력의 중심축을 이루며, 동북아 경제 운명 공동체 형성의 핵심 요소로 작용한다고 보았다.[16] 따라서 현실적인 접근법을 채택하여, 단계적인

---

13   杨鲁慧, 郭延军, 2005, p.60.

14   赵洋, 2021, pp.101~107.

15   구자선, 2014, p.4.

16   张蕴岭, 2020, p.21.

방법을 통해 기능적 접근에 기반한 중한일 자유무역협정(Free Trade Agreement, FTA) 설립을 우선시하고, 이를 바탕으로 점진적으로 기타 국가들을 포함하는 경제 협력을 확대하며, 궁극적으로 정치, 안보, 군사, 사회, 문화 등 다양한 분야의 협력으로 발전시켜야 한다고 강조하고 있다. 또한 동북아 지역 국가들 간의 밸류 체인이 긴밀하게 연결되고, 경제 발전의 공생·공영, 경제 이익의 공동 창출 및 공유에 대한 인식을 형성함으로써, '지역의 공통된 인식'을 기반으로 역내 경제체 간의 상호 협력을 촉진하고, 공동의 경제 번영을 촉진해야 한다고 주장한다.[17] 이는 자유무역지대 등 기존의 지역경제통합 제도와는 달리, 보다 포용적인 접근 방식을 취하고 있다는 점에서 차별화된다.

Ⅳ. 미래 지향적인 한중 관계를 위한 제언

1992년 중한 수교 이후, 양국은 우호적인 관계를 바탕으로 협력을 강화하며 '전략적 협력 동반자 관계'로 발전시켰다. 그러나 2016년 사드(Terminal High Altitude Area Defense, THAAD) 배치 문제로 양국 관계는 심각한 갈등 국면에 접어들었고, 그 결과 양국 간의 정치적 신뢰가 위기를 맞이하며, 경제 협력 또한 부정적인 영향을 받았다. 이후, 중미 전략적 경쟁의 심화와 한국의 '균형 외교'로의 전환 등 여러 요인이 중한 관계의 변화를 초래하고 있다.

17　庄芮, 蔡彤娟, 2023, pp.55~58.

이러한 맥락에서 중국의 공동체 구축 전략은 중미 패권 경쟁의 산물로만 해석될 수 있다. 다자주의 논의에서 패권국가의 역할과 그 수준을 둘러싼 논쟁이 지속되고 있으며,[18] 중국이 제시한 운명 공동체 구축 구상도 이러한 비판에서 자유롭지 못할 수 있기 때문이다. 그러나 중국의 운명 공동체 구상을 지역 협력의 하나의 '실천'으로 접근하고, 이를 패권주의적 행보가 아닌 다자간 협력과 상호 의존성 강화를 위한 시도로 해석할 필요성도 있다. 이는 중국이 제시하는 공동체 구상이 보다 포괄적인 협력체제를 지향하고 있기 때문이다.

또한, 최근 동북아 정세의 불안정 요인은 강대국 간 경쟁 심화, 군사적 갈등, 그리고 경제적 상호 의존성의 불균형에서 비롯된 복합적인 요소들로 구성되어 있다. 이러한 복합적인 요인들은 미국을 중심으로 한 한·미·일 삼각안보체제의 결속력을 강화하고, 중·러·북 간의 전략적 협력을 증진할 가능성을 강화할 수 있다. 그러나 러시아-우크라이나 전쟁 발발 이후, 중국은 중·러·북 협력을 전략적 자산이 아닌 부담으로 인식하는 경향을 보이고 있다. 따라서 중한 협력 관계는 이러한 지정학적 갈등 속에서 보다 유연하고 실질적인 협력 방안을 모색함으로써, 동북아 지역의 안정을 도모하는 중요한 역할을 할 수 있다.

첫째, 중한 양국은 과거의 갈등 경험에서 도출된 협력의 지혜를 바탕으로, 양국 간 협력 관계가 '신냉전' 구도의 형성을 방지하는 중요한 동력으로 작용할 수 있도록 해야 한다. 현실적 및 구조적 요인으로

---

18   J. G. Ruggie, 1992, pp.578~584.

인해 동북아 지역에서 완전한 공동체는 실현 가능성이 낮을 수 있다. 동북아 공동체 구축은 역외 세력인 미국 요인, '동북아' 지역에 대한 국가 간 인식 차이 및 경계 설정 문제, 상호 신뢰의 결핍 등 여러 요인으로 인해 실현 가능성이 낮다고 판단된다. 또한, 한·미·일 대 중·러·북 간의 냉전 구도 형성 가능성과 북핵 문제를 비롯한 전통적인 안보 이슈들은 이러한 공동체 구축에 있어 장애 요인으로 작용할 수 있다.

그러나 중국에게 냉전기 중·북·러 삼각체제 구축보다 중·한·일, 중·남·북, 중·한·미 등 동북아 지역의 소다자주의 협력체 추진이 더욱 중요한 전략적 목표인 것으로 보인다. 따라서 역내 중요한 또 다른 행위자인 한국은 이러한 소다자주의 협력체를 형성하고 강화하는 데 있어 중요한 역할을 할 수 있을 것이다. 비록 한국이 미국 주도의 '인도-태평양 전략'에 참여하고 있으나, '특정 국가를 겨냥하거나 배제하지 않는 포용'의 협력 원칙을 명시하였다. 대내외적 요인으로 인해 이러한 원칙이 아직 완전히 실현되지 못하고 있지만, 이러한 포용적 접근은 중미 간 전략적 경쟁 속에서 한국이 여전히 균형을 유지하려는 의도로 해석될 수 있다. 그러므로 중한 협력 관계가 새로운 전환점을 맞이할 때, 이는 '신냉전' 구도의 재발을 효과적으로 방지할 수 있는 중요한 동력으로 작용할 것으로 전망된다.

둘째, 중한 전략적 안보 협력의 주요 과제는 북핵 문제이며, 중국은 한반도 나아가 동북아 지역의 안정화를 전략적 목표로, 한국과의 협력 강화를 모색할 필요가 있다. 북핵 문제 해결 과정에서 북미 회담이 주요 변수로 작용해 왔으나, 문재인 정부 시기의 대북 정책에서 확인된 바와 같이 한국의 역할 또한 중요한 전략적 의미를 지닌다. 한국은 북미 간 대화와 협상을 촉진하며, 긴장 완화를 위한 중재자 역할을 수행할 수 있다. 아울러, 북한의 한미 협력에 대한 '이중 위협' 인식을 완화하기 위해, 한국은 대미 자율성을 강화하고, 남북 대화를 북미 대화로 연결하는 점진적 접근이 북한의 이익에 부합한다는 인식을 확립할 수 있다. 따라서 중국은 중요하지만 불안정성이 있는 주변국인 한국과의 협력 관계를 유지하고 강화하기 위해 보다 신중한 접근을 취할 필요가 있다. 특히 북핵 문제와 관련하여, 중국은 한국과의 적극적인 협력을 통해 '인류운명공동체' 구상에서 제시된 지속 가능한 평화 및 공동 안보의 실현을 모색해야 한다. 이러한 협력은 양국 간 전략적 신뢰를 구축하고, 지역 안보 환경을 개선하는 데 필수적인 요소로 작용할 것이다.

셋째, 한미 동맹 관계와 중한 전략적 관계 간의 상충 문제는 한국이 상호 배타적인 선택을 강요받는 상황을 초래할 수 있지만, 한국은 이를 중미 간 영향력의 공존을 모색하는 방향으로 전환함으로써 보다 유리한 전략적 구도를 형성해야 한다. 경쟁 중인 강대국들이 교착상태(stalemate)에 놓여 있고, 중견국을 포함한 국가들이 두 강대국과의 관계에서 각각 수요(willingness)와 이익을 추구하려는 의지를 보일 때, 이들 간에 영향력이 공존하는 상태가 형성될 수 있다.[19] 따라서, 한국이 '글로벌 중추국가'로서의 위상을 확립하기 위해서는, 현 국제

---

19   曹瑋, 楊原, 2018, p.67.

질서에서 중미 간 영향력 공존 구도를 효과적으로 활용해야 하며, 이를 위해 '균형 외교'의 실천과 전략적 자율성 강화를 위한 이중의 노력이 필요한 것으로 보인다.

넷째, 신뢰는 상호 이해로부터 형성되므로, 양국 간 신뢰 구축을 위해 상대방의 입장과 이익을 깊이 이해하려는 노력을 해야 한다. 최근 언론을 통해 반중 및 반한 감정이 확대 재생산되는 현상이 관찰되고 있다. 이는 양국 간 정치적, 경제적 이해관계에서 비롯된 갈등뿐만 아니라, 상이한 가치관과 체제의 차이에서 기인한 것이다. 따라서 미래 지향적인 중한 협력 관계를 구축하기 위해서는 양국이 서로의 차이를 이해하고, 상이한 입장을 존중하는 '구동존이(求同存異)'의 자세가 필요하다. 구동존이는 서로의 차이를 인정하면서도 공통된 목표를 찾아 협력하는 것을 의미하며, 이를 통해 양국은 갈등을 완화하고 협력의 기반을 강화할 수 있다. 동시에, 언론을 통한 반중 및 반한 감정의 확대 재생산을 경계하며, 상호 이해와 협력을 증진하기 위한 지속적인 노력이 요구된다.

동북아 지역은 냉전 구도의 형성 가능성과 강대국 간 경쟁, 남북 관계 악화로 인한 잠재적인 군사적 충돌로 인해 위험 요인이 상존하는 지역이다. 이러한 상황에서 규범과 질서의 구축은 지역 내 평화 정착과 경제 발전을 촉진하는 데 필수적이다. 안정된 규범과 질서는 동북아의 긴장 완화와 협력을 증진시키는 기반이 될 수 있으며, 이를 통해 장기적인 지역 번영을 도모할 수 있다.

물론 동북아 국가들의 불완전 주권 등 특수성으로 인해, 지역 차원의 안보 공동체 수립은 실현 가능성이 낮은 것으로 판단된다. 동북아 운명 공동체 구축은 역외 세력인 미국 요인, '동북아' 지역에 대한 국가 간 인식 차이 및 경계 설정 문제, 상호 신뢰의 부족 등 다양한 요인에 의해 영향을 받기 때문이다. 또한, 한·미·일 대 중·러·북 간의 냉전적 구도 형성 가능성과 북핵 문제를 비롯한 전통적인 안보 이슈들은 이러한 공동체 구축에 있어 주요 장애물로 작용하고 있다.

그러나 최근 들어, 이러한 장애를 극복하기 위한 다자간 협력과 대화의 필요성이 강조되고 있으며, 중국을 비롯한 일부 국가들은 이러한 이슈들을 해결하기 위한 새로운 접근을 모색하고 있다. 비록 현재 중국이 제기한 동북아 운명 공동체 구상은 초기 단계에 머물러 있지만, 이러한 구상들은 역내 긴장 완화와 협력 증진을 위한 시도로 평가될 수 있다. 또한, 동북아의 중요한 행위자인 한국과의 관계는 이 구상의 실현에 있어 중요한 요소이며, 최근 양국 간 교류의 증진은 구체적 성과를 도출하는 데 중요한 역할을 할 것으로 기대된다.

량미화(梁美花)

량미화는 2023년 8월 서울대학교 외교학 박사학위를 받았다. 학위논문은 "북중소 삼각관계와 북한, 1956-1961: 북한의 상대적 자율성 형성"이며 약소국 외교정책, 동북아 국제 관계를 연구하고 있다. 현재 연변대학 국제정치학과 전임강사로 있다.

梁美花于2023年8月获得首尔大学外交学博士学位, 论文题目为《中朝苏三角关系与朝鲜, 1956-1961：朝鲜相对自主性的形成》。研究领域是小国外交, 东北亚国际关系。现为延边大学国际政治专业讲师。

제3장

한중관계의 고찰과 평가: 인문 교류의 역사, 현황, 전망을 중심으로

황지에(黃杰)

I. 시대적 배경 속의 한중 인문 교류

한중 양국은 동아시아 지역의 중요한 국가로서 역사적 연원이 오래되었고 문화적 유대가 깊다. 1992년 수교 이후 양국 관계는 정치, 경제, 문화 등 여러 분야에서 눈에 띄는 발전을 이루었으나, 최근에는 지정학적 요인과 역사적 문제로 인해 양국 관계가 일부 도전과 변동에 직면하고 있다. 이러한 상황에서 인문 교류는 국가 간 관계 발전을 촉진하는 중요한 경로로서 점점 더 주목받고 있다. 인문 교류는 교육, 문화, 예술 등 전통적인 분야뿐만 아니라 관광, 스포츠, 과학기술 등 신흥 분야까지 포함한다. 이런 다차원적 교류를 통해 양국 국민 간 상호 이해를 증진시키고, 문화 간 소통 능력을 키워 양국 관계의 안정적 발전을 위한 견고한 민의(民意) 기반을 마련할 수 있다.

본 연구의 목적은 인문 교류의 시각에서 한중 관계의 역사적 진전, 현황 분석 및 미래 전망을 체계적으로 고찰하는 것이다. 먼저, 한중 양국의 인문 교류 역사 과정을 체계적으로 회고하고, 각기 다른 역사 시기에 인문 교류가 양국 관계 발전에 미친 영향 및 국민 상호 인식 형성에 기여한 역할을 탐구한다. 둘째, 현재 한중 인문 교류의 주요 분야, 형식 및 특징을 심층적으로 분석하고, 양국 관계 발전에 기여한 긍정적 역할을 평가하며, 동시에 존재하는 문제와 도전 과제를 객관적으로 분석한다. 마지막으로, 본 연구는 한중 인문 교류에 영향을 미치는 정치, 경제, 사회 문화 등 여러 측면의 주요 요소를 식별하고 분석하며, 이러한 요소들이 양국 인문 교류의 미래 발전을 어떻게 형성하고 제약하는지를 연구한다.

　　연구의 포괄성을 확보하기 위해 본 연구는 다양한 연구 방법을 종합적으로 사용하였다. 문헌 연구법을 통해 한중 인문 교류와 관련된 학술 논문, 전문 서적, 정부 보고서 등을 체계적으로 수집하고 분석하여 이론적 기초와 데이터 지원을 제공한다. 역사 연구법을 사용해 한중 인문 교류의 역사적 맥락을 정리하고, 각기 다른 시기의 교류 특징과 영향을 분석한다. 또한 국제 관계, 문화학, 사회학 등 다각도의 이론을 결합한 학제적 연구법을 통해 한중 인문 교류를 심층적으로 분석한다. 이러한 방법론적 접근을 통해 본 연구는 한중 인문 교류의 역사, 현황 및 미래 발전 동향을 포괄적으로 심층 탐구하여 관련 이론 연구 및 정책 수립에 과학적 근거를 제공한다.

　　한중 인문 교류에 관한 연구는 국내외 학자들에 의해 이미 많은 논의가 이루어졌다. 宁赋魁(2021)는 중한 인문 교류 촉진의 중요성에 초점을 맞추어, 현재 양국 인문 교류에서 존재하는 장애물을 탐구하고, 장벽을 해소하고 교류를 심화할 구체적인 전략을 제시하였다.[1] 许利平과 韦民(2015)은 중국과 주변국 간의 인문 교류를 포괄적으로 논의하며, 역사, 현황, 미래 전망을 포함한 분석을 통해 중국 주변 외교에서 인문적 요소를 이해하는 체계적인 분석 틀을 제공하였다.[2] 王瑶(2024)는 송원 시대 고려의 불교 문화 교류에 주목하여 특정 역사적 시기와 지역에서의 문화적 상호 작용을 깊이 있게 탐구하였으며, 이를 통해 한중 불교 문화 교류의 역사적 맥락을 이해하는 중요한 사례를 제공하였다.[3] 宗立宁(2020)는 '인연' 이론을 적용하여 주변 인문 교류 경로를 연구하였으며, 이 이론적 혁신은 중국과 주변국 간 인문 교류를 이해하고 촉진하는 데 새로운 분석 틀과 실천적 지침을 제공하였다.[4] 李奎泰(2012)는 중한 사회 인문 교류와 관계 발전 20년을 회고하며, 중한 관계 발전의 단계적 요약을 제시하여 양국 관계의 변천 과정을 이해하는 데 기여하였다.[5]

못苦(2017)는 한국의 대중국 공공외교를 연구하여, 대중국 관계에서 한국의 소프트 파워 전략을 분석하고, 한국의 대중국 정책의 다양한 수단을 이해하는 데 도움을 주었다.[6] 牛林杰(2017)은 중한 수교 이

---

1   宁赋魁, 2021.
2   许利平, 韦民, 2015.
3   王瑶, 2024.
4   宗立宁, 2020.
5   李奎泰, 2012.
6   못苦, 2017.

후 인문 교류의 성과와 영향 요인을 종합적으로 평가하였으며, 중한 인문 교류를 추진하는 데 있어 소프트 파워 요인을 이해하는 데 기여하였다.[7] 刘小菁(2019)은 위해-인천 지방 경제 협력 시범구가 문화 교류에 미친 영향을 연구하였으며, 지방 협력이 양국 문화 교류 촉진에서 중요한 역할을 한다는 사실을 밝혔다.[8] 戴淑婷(2019)은 한국 비정부 행위자의 대중국 공공외교를 연구하여, 중한 관계에서 한국 민간의 역할을 드러내었으며, 중한 관계에 대한 다각적인 이해를 풍부하게 하였다.[9] 金旺圭(2007)는 중한 경제 협력에서 지방 정부의 역할을 연구하여, 지방 차원에서의 중한 협력을 이해하는 데 중요한 시각을 제공하였다.[10] 卢荣埈(2020)은 한중 스포츠 교류 발전을 연구하였으며, 스포츠가 양국 민간 교류 촉진에서 독특한 역할을 한다는 사실을 밝혔다.[11] 李小兰(2010)은 중국의 '화합 세계' 외교 이념을 탐구하여, 중국 대외 정책의 이론적 기초를 이해하는 데 중요한 참고 자료를 제공하였다.[12]

이러한 기존 연구들은 중요한 이론적 기반과 실증적 지지를 제공하고 있음에도 불구하고, 많은 연구가 특정 분야나 시기에 집중하고 있어 한중 인문 교류의 역사적 진전과 그 전반적인 분석이 부족한 실정이다. 따라서 본 연구는 이러한 공백을 메우고 보다 포괄적이고 체

---

7   牛林杰, 2017, pp.159~169.
8   刘小菁, 2019.
9   戴淑婷, 2019.
10   金旺圭, 2007.
11   卢荣埈, 2020.
12   李小兰, 2010.

계적인 분석 틀을 제공하며, 한중 양국 관계에서 인문 교류가 어떠한 역할을 하는지를 탐구하고, 미래 발전을 위한 정책 제안을 제공하는 데 목적을 두고 있다.

이론적으로 인문 교류에 중점을 둠으로써 국제 관계 연구에 새로운 시각을 제공하고, 소프트 파워와 공공 외교에 대한 이해를 심화할 수 있다. 한중 인문 교류는 동아시아 지역 협력 연구의 중요한 사례로서 지역 관계 이론의 체계적 완성에 기여할 수 있다. 또한 역사학, 문화학, 사회학 등 다학제적 시각을 결합함으로써 국제 관계 연구의 학제 간 범위를 확장하는 데 기여한다. 실천적으로 본 연구는 한중 관계의 개선과 발전을 위한 구체적 제안을 제시함으로써 정책 결정자들이 보다 효과적인 외교 정책을 수립하는 데 도움을 줄 수 있다. 동시에 양국 민간 교류를 촉진하고 인문 교류가 정치, 경제적 갈등을 완화하며 민감한 양자 문제를 처리하는 데 어떤 역할을 할 수 있는지를 탐구한다. 또한 본 연구는 동아시아 지역 협력에서 인문 교류에 대한 유익한 참고자료를 제공하여 보다 긴밀한 지역 협력 네트워크 구축에도 기여할 것이다.

Ⅱ. 한중 관계사에 있어 인문 교류의 역할

1. 근대 이전 한중 인문 교류

유학, 불교, 도교는 중국 고대의 세 가지 주요 사상 체계로, 한국의 문화 발전에 많은 영향을 미쳤으며, 한중 양국 인문 교류의 중요한 구성 요소이다.[13] 유학은 한나라 시기에 한국에 전해져, 한국의 정치 제도, 사회 규범, 윤리 관념에 깊이 영향을 끼쳤으며, 오늘날까지도 가정 교육과 사회 도덕에서 중요한 역할을 하고 있다. 불교는 4세기경에 한국에 전해져, 한국의 예술, 건축, 철학 발전에 중대한 영향을 미쳤으며, 특히 고려시대에 불교는 국교로 자리 잡았다. 비록 조선시대에 불교가 억제되었지만, 그 영향은 여전히 깊게 뿌리내리고 있다. 도교는 한국에서 독립적인 사상 체계로 발전하지는 않았지만, 도교의 양생, 풍수 등의 사상과 실천은 민간 신앙과 문학 예술에 널리 스며들어 한국의 문화 생활에 지속적인 영향을 미쳤다. 유학, 불교, 도교의 전파와 영향은 고대 한중 양국의 문화 교류가 얼마나 깊고 넓었는지를 보여주며, 현대의 문화 교류에도 견고한 기초를 제공하여 상호 이해와 문화적 공감을 촉진하였다.

문자, 예술, 과학기술 분야에서도 한중 양국의 교류는 매우 오랜 역사를 가지고 있으며, 양국의 문화와 과학기술 발전에 깊은 영향을 끼쳤다. 문자의 교류는 고대 한자가 한국에 전해지면서 시작되었으며, 이는 한국에서의 문자 사용과 문화 표현의 중요한 도구가 되었다.

---

13   白锐, 1992.

예술 분야에서는 회화, 음악, 춤 등 여러 분야에서 상호 영향을 주고 받으며, 예술가들 간의 상호 작용은 각국의 문화를 더욱 풍성하고 다채롭게 만들었다. 과학기술 교류 역시 깊은 역사를 가지고 있으며, 고대에는 종이 제조, 인쇄술 등 기술이 중국에서 한국으로 전해져 한국의 문화 전파와 보존을 촉진하였다. 현대 과학기술 분야에서도 한중 양국은 정보 기술, 생명공학, 신재생 에너지 등 첨단 분야에서 광범위한 협력을 전개하며, 과학기술 교류가 계속해서 심화되고 있다.

현대 한중 양국의 인문 교류는 더욱 다양하고 빈번한 양상을 보이고 있으며, 특히 문화 산업 협력에서 활발히 진행되고 있다. 영화, 음악, 예술 전시 등 분야에서 양국은 긴밀하게 협력하며 다양한 문화 행사를 자주 개최하여 양국 문화의 상호 교류와 혁신을 촉진하고 있다. 또한, 전략적 신흥 분야를 포함한 과학기술 협력 프로젝트가 지속적으로 증가하고 있으며, 양국의 과학기술 발전을 촉진하는 데 기여하고 있다. 이러한 광범위하고 심도 있는 교류는 양국의 문화와 과학기술의 진보를 촉진할 뿐만 아니라, 양국 국민 간의 이해와 우정을 증진시켜 양국 관계의 건강한 발전에 견고한 기초를 마련하였다.

종합적으로 보면, 유학, 불교, 도교 등 사상 체계의 전파와 문자, 예술, 과학기술 등 분야에서의 교류는 한중 양국의 오랜 문화 교류의 역사적 장을 구성하고 있다. 이러한 교류는 양국의 문화 형태와 사회 구조를 형성했을 뿐만 아니라, 현대에 이르러 양국이 다양한 분야에서 협력과 혁신을 이루는 데 중요한 지원을 제공하며, 그 영향은 매우 깊다.

2. 근대 한중 인문 교류

근대 한중 인문 교류는 서양 문화의 충격 속에서 큰 변화를 겪었다. 19세기 중후반 서양 문화가 전파됨에 따라 한중 양국의 전통문화는 큰 충격을 받았고, 양국의 문화 관계 또한 변화를 겪게 되었다. 근대화의 도전에 직면하여 한중 양국의 지식인들은 전통문화를 반성하기 시작하였고, 서양 사상을 적극적으로 수용하며 문화 교류는 새로운 양상을 띠게 되었다. 양국은 서양의 영향에 대응하는 데 있어 유사한 경험을 공유했으며, 중국의 신문화 운동과 한국의 근대화 개혁이 그 대표적인 예이다. 특히 20세기 초 많은 한국 유학생들이 중국으로 유학을 오며 양국 문화 교류의 중요한 가교 역할을 하였다. 중국의 신문학 운동은 한국 현대 문학 발전에 깊은 영향을 미쳤으며, 이로써 양국의 문화 관계는 새로운 단계에 접어들게 되었다.

그러나 냉전 시기의 정치적 단절로 인해 한중 문화 교류는 한동안 중단되었다. 1992년 양국 수교 이후 문화 교류는 다시 활기를 띠기 시작하였다. 세계화의 배경 속에서 한중 양국은 전통문화를 보호하고 문화 산업을 발전시키는 공동의 도전에 직면하였으며, 이는 문화 교류의 새로운 계기가 되었다. 서양 문화의 충격은 도전을 가져왔지만, 동시에 한중 관계 발전에 새로운 동력을 불어넣어 양국이 문화 분야에서 새로운 협력 방향을 모색하는 계기가 되었다.[14]

1910년부터 1945년까지 일본의 식민 통치 기간 동안 한중 간의 직

---

14   孙永方, p.282.

접적인 문화 교류는 심각한 제한을 받았다.[15] 일본은 동화 정책을 통해 한국의 민족 문화를 말살하려 했으나, 오히려 한국 지식인들 사이에서 민족 문화에 대한 소중함과 중국 전통문화에 대한 재인식이 촉진되었다. 식민 통치의 압박 속에서도 한중 간의 문화 교류는 완전히 중단되지 않았다. 많은 한국 지식인과 예술가들이 이 시기 중국으로 망명하여 창작 활동과 항일 운동을 계속하였고, 중국 현지 문화와도 상호 작용을 이루며 양국 문화의 연결 고리가 되었다. 중국의 항일 전쟁과 신문화 운동은 한국 지식계에 큰 영향을 미쳤다. 일부 중국 문학 작품은 일본어 번역본을 통해 한국에 전파되었고, 이는 양국 문화적 연계를 더욱 강화하는 역할을 했다. 1920년 한국 역사상 '관우 신앙'을 중심으로 한 '관성교'가 등장하였는데, 이는 한국 민중이 일본의 압박에 저항하고 민족적 정체성을 유지하기 위한 문화적 표현 중 하나였다.[16] 이 시기의 한중 교류는 일본의 식민 통치로 인해 제약을 받았으나, 문화적 연계는 완전히 단절되지 않았고, 오히려 두 나라의 문화 관계 회복과 발전을 위한 중요한 씨앗이 되었다. 한중 양국은 식민지 시기에 겪은 공동의 고난을 통해 상호 이해와 동정심을 쌓아 올렸으며, 이는 후일 양국 민중 간 깊은 유대의 토대가 되었다.

종합적으로 보면, 근대 한중 인문 교류는 서양 문화의 충격과 식민 통치의 배경 속에서 여러 차례 변화를 겪었다. 이러한 교류는 특정 시기 외부 세력의 방해와 제한을 받기도 했으나, 양국 문화 관계의 연결 고리는 완전히 끊어지지 않았다. 서양 문화의 영향에 직면했을 때나

---

15 于婉莹, 2022.
16 刘宝全, 2010, pp.132~140.

일본의 식민 통치하에서나 양국은 새로운 문화적 상호 작용 방식을 탐색하였다. 이러한 역사적 경험은 양국 관계 회복을 위한 소중한 기초를 제공하였을 뿐만 아니라, 현대 한중 문화 교류의 심화에 있어서도 견고한 역사적 기반을 마련하였다.

3. 현대 한중 인문 교류

현대 한중 인문 교류는 비공식적인 문화 교류에서 전면적인 교류로 발전해 왔으며, 이는 양국 관계의 재건과 심화를 반영한다. 1949년부터 1992년 한중 수교 이전까지, 양국은 공식적인 외교 관계가 없었음에도 불구하고 비공식적인 문화 교류는 완전히 중단되지 않았다. 이 시기 한국 화교와 중국 조선족은 양국 문화를 연결하는 중요한 다리 역할을 하였으며, 그들은 각자의 전통문화를 유지하면서 현지 문화와 융합하여 양방향의 문화 전파를 이루었다. 정치적 요인이 직접적인 문화 교류를 제한했지만, 홍콩과 대만 등을 통해 양국의 문화는 간접적으로 전파될 수 있었다. 예를 들어, 중국 문학 작품은 홍콩과 대만에서 번역되어 한국으로 전파되었고, 한국의 문화 상품 또한 동일한 경로를 통해 중국에 들어갔다. 또한, 학자들은 국제 학술회의에 참여하여 교류를 이어갔고, 국제 경기에서는 양국 운동선수들의 비공식적인 접촉을 통해 상호 이해가 증진되었다. 이와 동시에 양국의 민간 예술 단체들은 음악회, 무용 공연, 미술 전시회 등의 국제 문화 행사에 참여함으로써 일정한 수준의 문화적 상호 작용을 유지하였다. 이러한 비공식적인 문화 교류는 1992년 이후 한중 양국의 전면적인 문화 교류를 위한 기초를 마련했을 뿐만 아니라, 양국 간 문화적 연계성을 유지하는 데도 기여하였다.

1992년 8월 24일, 한중 수교를 통해 양국 관계는 전면적인 발전의 인문 교류 단계로 접어들었다. 이 역사적인 사건은 오랜 적대 관계를 종식시켰을 뿐만 아니라, 냉전 이후의 세계화 과정에서 양국이 새로운 국제 관계를 구축할 수 있는 기회를 제공하였다.[17] 수교 이후 한중 인문 교류는 눈에 띄는 성과를 거두었으며, 양국 간의 인적 교류가 크게 증가하였다. 특히 교육 분야에서 양국 간 유학생 수는 꾸준히 증가하고 있다. 양국은 각각 공자학원과 세종학당을 설립하여 언어와 문화를 전파하였고, 대학 간에는 폭넓은 협력 프로젝트가 진행되었으며, 공동 학위 프로그램도 구축되었다.[18] 이러한 협력은 양국 학계의 상호 작용과 인재 양성에 크게 기여하였다.

학술 교류 외에도, 양국은 정기적으로 문화의 해와 예술제와 같은 대규모 문화 행사를 개최하여 양국의 전통 및 현대 예술의 독특한 매력을 선보이며 예술 분야의 심도 있는 교류를 촉진하였다. 영화, 드라마, 음악 등의 대중문화 제품은 양국에서 널리 확산되었으며, 한국의 한류 문화는 중국에서 큰 인기를 끌었고, 중국의 영화와 드라마 또한 한국에서 유행하면서 양방향의 문화 교류가 이루어졌다. 관광 분야에서도 비자 간소화 정책과 직항 노선의 증가로 양국은 서로의 중요한 관광 목적지가 되었으며, 많은 관광객들의 왕래는 양국 국민 간의 상호 이해를 더욱 깊게 하였고, 민간 차원에서의 문화적 인식을 강화

---

17 郑载兴, 2022, pp.63~86.
18 牛林杰, 2017, pp.159~169.

하였다.

비공식적인 문화 교류에서 수교 이후 전면적인 인문 교류에 이르기까지, 한중 양국은 문화, 교육, 예술, 대중문화, 관광 등 다양한 분야에서 큰 진전을 이루었다. 이러한 다차원적인 교류를 지속적으로 강화함으로써 양국은 상호 이해와 인식을 더욱 깊게 하였을 뿐만 아니라, 양국 관계의 장기적인 발전을 위한 견고한 민의 기반과 문화적 유대를 마련하였다.

Ⅲ. 현재 한중 인문 교류의 현황과 특징

1. 한중 인문 교류의 주요 분야

현대 한중 인문 교류의 주요 분야는 교육 교류, 문화 예술 교류 및 관광 교류를 포함하며, 이들 분야는 수교 이후 지속적으로 발전하여 양국 간 상호 이해를 증진시키고 협력을 심화하는 중요한 통로가 되었다. 우선, 교육 교류는 양국 인문 교류 중 가장 활발하고 영향이 깊은 분야 중 하나이다. 수교 이후 한중 양국의 교육 교류는 빠른 발전세를 보였다. 첫째, 유학생 교류가 지속적으로 증가하였다. 중국은 한국에서 가장 큰 유학생 송출국이 되었으며, 한국 또한 중국 학생들의 중요한 유학 목적지로 점차 자리 잡았다. 2023년 기준, 한국에서 공부하는 중국 유학생은 7만 명을 넘어섰으며, 중국에서 공부하는 한국 유학생은 약 5만 명에 달한다.[19] 이러한 현상은 양국 간 교육 협력이 얼마나 긴밀한지를 보여줄 뿐만 아니라, 양국의 문화 교류에도 견고한 기반을 마련하였다. 둘째, 양국은 언어 및 문화 보급 기관을 상호 설립하여 교육 교류의 중요한 플랫폼이 되었다. 중국은 한국에 여러 공자학원을 설립하였고, 한국은 중국에 세종학당을 설립하였다.[20] 이러한 기관들은 단순히 언어 교육에 그치지 않고, 양국의 문화를 적극적으로 전파하여 양국 국민들이 서로의 문화를 이해하는 데 기여하였다. 셋째, 양국 대학 간의 광범위한 협력이 이루어졌다. 양국 대학들은 학생 교환, 교수 교류, 공동 연구 등을 통해 깊이 있는 협력 관계를 구축하였으며, 일부 대학은 상대국에 분교나 협력 기관을 설립하기도 하였다. 예를 들어, 한국 대진대학교는 중국 소주에 분교를 설립하였다. 이러한 다차원적인 교육 교류는 학문 연구와 인재 양성을 촉진할 뿐만 아니라, 양국 관계의 장기적인 발전에 중요한 지적 자원을 제공하였다.

다음으로, 문화 예술 교류는 한중 양국 관계에서 중요한 역할을 담당하였다. 양국은 수교 이후 문화 예술 교류에서 다양화와 심화된 발전 경향을 보이며, 양국 국민 간 상호 이해를 증진하는 중요한 다리 역할을 하고 있다. 양국은 정기적으로 대규모 테마 활동을 개최하는데, '문화의 해' 또는 '관광의 해' 같은 행사들이 그것이다. 이 행사들은 전시회, 공연, 영화제 등 다양한 형식을 통해 양국의 풍부한 문화 예술 성과를 선보이며, 양국 국민들의 문화적 공감대를 높였다. 예

---

19 万作芳, 乔蓉蓉, 2024.
20 白智善, 2022.

를 들어, 2021~2022년 '한중 문화 교류의 해' 동안 양국은 다양한 문화 활동을 통해 전통 예술과 현대 예술 분야에서 상호 교류를 증진시켰다. 전통문화 측면에서 서예, 국화, 도자기, 전통 음악 등 분야에서의 교류가 전시회, 강연 및 워크숍을 통해 깊고 광범위하게 이루어졌으며, 이를 통해 양국 전통문화의 계승과 발전이 이루어졌다. 현대 예술, 디자인, 패션 등 분야에서도 양국의 예술가들과 디자이너들이 빈번한 상호 방문과 공동 전시를 통해 현대 예술의 혁신과 협력을 촉진하였다. 이러한 문화 예술 분야의 교류는 양국의 문화 생활을 풍요롭게 할 뿐만 아니라, 양국 관계의 다원화된 발전에도 중요한 기초를 마련하였다.

마지막으로, 관광 교류는 한중 인문 교류의 중요한 구성 요소로서 최근 몇 년간 빠르게 발전하였으며, 민간 교류와 경제 협력을 촉진하는 핵심 분야로 자리 잡았다. 코로나19 팬데믹 이전까지 양국을 오가는 관광객 수는 지속적으로 증가하였다. 2019년 한국을 방문한 중국 관광객 수는 602만 명에 달했으며, 한국에서 중국을 방문한 관광객 수는 약 450만 명에 이르렀다. 양국 간 총 관광객 수는 1,000만 명을 넘었다.[21] 관광 교류는 서울, 베이징, 상하이 같은 대도시에 국한되지 않고, 관광객의 목적지는 점차 2, 3선 도시 및 특색 있는 관광지로 확장되었다. 예를 들어, 중국의 장자제와 한국의 제주도 등이 그러한 목적지이다. 또한 양국은 다양한 테마 관광 상품을 개발하여 각기 다른 관광객의 요구를 충족시켰다. 예를 들어, 한국의 의료 미용 관광과

---

21   許霞, 2014, pp.52~57.

중국의 문화유산 관광은 각각 많은 관광객을 유치하였다. 이러한 다차원적인 관광 교류는 양국 국민들의 상호 이해를 증진시킬 뿐만 아니라, 양국 경제 발전에 새로운 동력을 제공하였다. 한중 인문 교류는 교육, 문화 예술 및 관광 등 분야에서 지속적으로 심화되고 있으며, 이러한 교류는 양국 국민 간 상호 이해와 우호 관계를 증진시킬 뿐만 아니라, 양국 관계의 전반적인 발전을 위한 견고한 기반을 제공하였다.

2. 한중 인문 교류가 직면한 도전

한중 인문 교류는 비록 상당한 성과를 거두었으나 여전히 몇 가지 도전에 직면하고 있다. 주된 도전은 정치적 요인의 영향과 문화적 차이 및 오해에서 비롯된다.

우선, 정치적 요인은 한중 인문 교류의 깊이와 넓이에 중요한 영향을 미친다. 북한 핵 문제와 남북 관계의 변화는 한중 관계의 안정성에 직접적인 영향을 미치며, 이로 인해 양국의 인문 교류 분위기와 정책 방향에도 영향을 준다. 한미 동맹과 미중 관계의 변동 또한 한중 관계에 연쇄 반응을 일으켜, 민간 정서의 변동을 야기한다. 이러한 변동은 공식적인 상호 작용뿐만 아니라 민간 교류 활동에도 직접적인 영향을 미친다. 또한 한중 양국은 사회 제도와 가치관에 있어서 차이가 있는데, 때로 이러한 차이가 교류 과정에서 드러나며, 양측은 이를 신중하게 처리하고 대응할 필요가 있다. 양국 내에서 민족주의 정서가 종종 요동치기도 하는데, 이는 어느 정도 민간 교류의 열정과 상호 신뢰를 약화시키는 경향이 있다. 더불어, 지역 정세 변화와 강대국 간의 경쟁은 양국 관계의 위치 설정에도 영향을 미치며, 이는 간접적으로 양국의 인문 교류 정책 수립과 실행에 영향을 미칠 수 있다.

다음으로, 문화적 차이와 오해 역시 한중 인문 교류가 직면한 큰 도전이다. 두 나라는 지리적으로 가까우며 문화적 연원이 닿아 있지만 문화적 차이도 있으며, 이러한 차이는 교류 과정에서 자주 나타난다. 우선, 언어 장벽은 문화적 차이의 두드러진 표현 중 하나이다. 두 나라는 서로의 언어를 확산시키기 위해 노력하고 있지만 여전히 원활한 의사소통이 이루어지지 않는 경우가 많다. 또한, 예절과 관습, 가치관의 차이는 특히 문화적 세부 사항을 다룰 때 오해를 초래할 수 있다. 예를 들어, 두 나라가 역사에 대해 인식하는 방식에는 차이가 있으며, 이러한 차이는 학술 교류와 문화적 논의에서 종종 논쟁을 불러일으킨다.

문화적 수용과 전달의 불균형 또한 오해를 심화시키는 요인이다. 한류 문화는 중국에서 인기가 있지만, 한국 입장에서는 중국 문화를 어떻게 더 잘 이해하고 수용할 것인지가 여전히 도전 과제이다. 또한, 교육 이념과 방식의 차이는 학생 교류의 효과에도 영향을 미치며, 특히 학술 협력과 인재 양성에서 이러한 차이는 양측이 더욱 협력하고 조정해야 할 필요가 있다.

미디어 보도 역시 오해를 초래하는 중요한 요소 중 하나이다. 양국의 미디어는 때때로 상대국에 대한 보도에서 편견이나 고정관념을 드러내며, 이는 대중의 선입견을 강화할 수 있다. 또한, 신흥 문화 요소인 인터넷 용어, 이모티콘 등의 차이는 양국 젊은 층 사이에서 서로 다른 해석을 유발할 수 있으며, 이는 오해를 초래할 수 있다. 나이대에 따라 상대국에 대한 인식과 태도에도 차이가 나타나는데, 특히 젊은 세대는 세계화와 현대화에 대한 수용도가 높고, 기성세대는 전통문화에 더 큰 비중을 두는 경향이 있어 두 나라 문화에 대한 수용 정도에도 차이가 나타난다. 일부 사회적 의제, 예를 들어 성평등, 여성의 지위 등의 문제에 대해 한중 양국의 인식에는 차이가 있으며, 이는 교류 과정에서 논의나 마찰을 일으킬 수 있다. 마찬가지로, 환경 보호와 지속 가능한 발전 등 글로벌 의제에 대한 두 나라의 관심도와 정책 실행 강도 또한 다르며, 이는 관련 분야에서의 협력과 교류에 영향을 미칠 수 있다.

종합적으로 볼 때, 정치적 요인과 문화적 차이는 한중 인문 교류 과정에서 무시할 수 없는 도전이다. 이러한 문제들은 양측의 추가적인 협력을 저해할 수 있지만, 지속적인 대화, 이해 및 포용을 통해 이러한 도전들은 점차 해결될 수 있으며, 이는 양국 관계의 장기적인 발전을 위한 더욱 견고한 기초를 마련하는 데 기여할 것이다.

Ⅳ. 한중 인문 교류의 신(新) 접점을 위한 제언

1. 인문 교류의 기본 역할

인문 교류의 시각에서 보면, 한중 관계의 발전 잠재력은 매우 크지만 여러 도전 과제도 존재한다. 따라서 양국 관계의 지속적이고 건강한 발전을 위해 여러 측면에서 전략적 제안을 제시할 필요가 있다. 이는 상호 이해를 증진시키고, 경제 협력을 촉진하며, 소프트 파워를 향상시키는 동시에 정치적, 문화적 도전에 적극적으로 대응하는 데 도움이 될 것이다.

우선, 상호 이해와 신뢰 증진은 한중 인문 교류의 핵심 목표이다. 유학생 교환 프로그램을 확대하고 학위 인정도를 높이는 것을 통해 양국은 청년 세대의 문화 이해와 공감을 더 발전시킬 수 있다. 공자학원과 세종학당의 영향력을 확대하는 등 언어 교육 과정의 강화를 통해 언어 학습을 촉진하고, 이를 통해 양국 국민들이 서로의 문화를 이해할 수 있는 플랫폼을 제공할 수 있다. 또한, 객관적인 역사 교과서를 공동으로 편찬하고, 기자 상호 방문과 다큐멘터리 공동 제작을 추진함으로써 역사 인식 차이에서 오는 마찰을 줄일 수 있다. '문화의 해'와 같은 행사를 개최하고, 예술 단체 간의 교류를 지원하여 민간 차원의 상호 작용을 촉진하고, 양국 국민 간의 문화적 인식을 강화할 수 있다. 리더십 교류 플랫폼을 구축하고, 혁신 창업 대회를 개최하며, 싱크탱크 협력을 강화함으로써 고위급 대화와 사상 교류를 통해 전략적 협력을 위한 민의를 다질 수 있다. 민간 교류, 우호 도시 네트워크, 자원봉사 프로젝트를 확대하여 오해를 해소하고, 더 깊은 정서적 유대를 형성함으로써 양국 관계의 안정성과 성숙도를 높일 수 있다.

다음으로, 경제 협력과 민간 교류를 촉진하는 것도 인문 교류의 중요한 역할 중 하나이다. 기업인의 상호 방문, 다문화 경영 교육 및 세미나 개최를 통해 양국은 기업 협력과 경제 발전에서 인문 교류를 강화할 수 있다. 공동 관광 코스를 개발하고 비자 절차를 간소화하며, 이중 언어 관광 가이드를 양성하여 양국 간 관광 산업의 발전을 촉진하고, 국민 간의 상호 교류와 이해를 심화할 수 있다. 또한, 공동의 미식 축제를 개최하고, 셰프 교류와 융합 요리 개발을 통해 양국의 음식 문화를 상호 교류하고, 이를 통해 음식이 양국 국민들의 문화적 인식을 연결하는 매개체가 될 수 있다. 기술 자격 인정 제도를 구축하고, 기술자 훈련을 시행하며, 공동으로 산업 단지를 설립함으로써 양국 경제의 심화된 통합을 촉진하고, 경제와 문화가 상호 보완적으로 발전하는 기반을 마련할 수 있다.

소프트 파워 향상 역시 인문 교류의 핵심 과제이다. 한중 양국은 공동으로 영화 제작을 하고, 문화 박람회를 개최하며, 창의적 제품을 개발함으로써 국제 무대에서 문화적 영향력을 확대할 수 있다. 대학 간 협력으로 교육 과정을 국제화하고, 국제 교육 박람회와 언어 문화제를 개최하여 교육 교류의 장기적 동력을 마련하고 국제적 인재를 양성할 수 있다. 언어 및 문화 기관의 글로벌 영향력을 확대하고, 신미디어 플랫폼 개발 협력을 강화하여 양국이 글로벌 문화 영역에서 소프트 파워를 더욱 증진시킬 수 있다. 이러한 협력은 한중 양국의 문화적 영향력을 높이는 데 도움이 될 뿐만 아니라 동아시아 문화권 형성을 촉진하여 지역의 소프트 파워를 강화하는 데 기여할 것이다.

2. 인문 교류의 구체적 조치들

한중 인문 교류의 미래 발전을 위한 구체적인 조치들로는 다음과 같은 제안들을 할 수 있다.

첫째, 청년 교류를 강화하는 것이 중요하다. 청년은 양국 관계의 미래를 책임질 세대인 만큼 청년 교류를 강화하는 것이 필수적이다. 유학생 규모를 확대하고 단기 교환 및 공동 학위 프로그램을 운영함으로써 양국 간 미래의 우호 대사를 양성할 수 있다. 창업 기금을 설립하고, 혁신 대회를 개최하며, 청년 창업 인큐베이터를 구축함으로써 청년 세대가 혁신 분야에서 협력할 수 있는 환경을 조성할 수 있다. 문화 축제와 문화 대사 프로젝트를 통해 청년들이 상대국의 문화를 이해하고 공감할 수 있도록 돕는다. 또한, 공동 실험실을 설립하고, 과학기술 여름 캠프와 공동 프로젝트를 통해 과학기술 혁신 협력을 촉진하고, 국제적 시각과 다문화 능력을 갖춘 미래의 리더를 양성할 수 있다.[22]

둘째, 문화 창의 산업 협력을 추진하는 것이 필요하다. 문화 창의 산업은 한중 인문 교류의 중요한 성장 동력이다. 공동으로 영화 제작을 하고, 영화제와 오디션 프로그램을 개최하며, 이중 언어 예술인을

---

22   白种暟, 2011, pp.69~70.

양성하고 저작권 플랫폼을 개발함으로써 양국이 문화 창작 분야에서 심도 있는 협력을 이룰 수 있다. IP 공동 개발, 게임 연구 및 창의 박람회 개최 등을 통해 문화 산업의 국제화를 촉진할 수 있다. 또한, 저작권 무역을 강화하고, 공동 출판과 작가 교류를 통해 문학, 출판 등 분야에서 양국 간의 상호 작용을 촉진할 수 있다. 양국의 문화유산을 디지털화하여 보호하고 VR/AR 기술을 이용해 새로운 문화 상품을 개발함으로써 문화 전파에 새로운 활력을 불어넣을 수 있다.

셋째, 디지털 기술을 활용한 혁신적인 교류 방식을 모색해야 한다. 첨단 디지털 기술을 활용하는 것은 미래 인문 교류의 새로운 경향이다. 가상 박물관을 개발하고, AR 도시 안내 시스템과 VR 문화 체험 센터를 구축함으로써 양국의 문화를 전 세계에 널리 알릴 수 있다. 실시간 번역 시스템, 맞춤형 언어 학습 플랫폼, AI 문화 자문을 개발하여 언어 교류의 편의성과 광범위성을 확대할 수 있다. 디지털 문화 자산 거래 플랫폼과 저작권 보호 시스템을 구축하여 문화 자원의 공유와 보호를 촉진할 수 있다. 또한 디지털 기술을 활용해 원격 문화 활동을 개최하고 고화질 라이브 방송을 통해 전 세계적으로 문화적 상호 작용 경험을 증진시킬 수 있다. 이러한 혁신적인 방식들은 교류의 효율성과 범위를 높일 뿐만 아니라, 한중 관계에 새로운 활력을 불어넣을 수 있다.

미래의 한중 관계는 매우 밝으며, 인문 교류는 대문화관(大文化观) 구축과 글로벌 협력 촉진에 있어 중요한 역할을 할 것이다. 교육, 과학기술, 스포츠 등의 분야를 문화 교류의 영역으로 확장하여 양국은 비물질문화유산 보호와 현대 전통의 융합 발전을 공동으로 추진할 수 있다. 다문화 창작, 소수민족 문화 교류, 종교 철학 대화를 통해 문화의 다양성과 포용성을 강화할 수 있다. 동시에 한중 양국은 지역 및 글로벌 차원의 문화 협력을 통해 동아시아 문화권을 구축하고, 문화유산 보호, 문명 대화 및 생태문화 연구를 촉진할 수 있다. 이러한 전방위적 문화 협력은 한중 관계의 지속적 심화를 위한 기초를 마련할 뿐만 아니라, 동아시아 지역의 평화와 번영에 기여할 것이다.

황지에(黄杰)

황지에는 2024년 8월 한국 청주대학교에서 '한국 문화에 나타난 관우 문화의 변천과 특징에 관한 연구'로 박사학위를 취득했다. 주요 연구 분야는 삼국지 문화의 국제화와 한중 인문 교류이며, 현재 허난성 쉬창학원 문사(文史)미디어 학부에서 교수로 재직 중이다.

黄杰于2024年8月取得韩国清州大学博士学位。论文题目：关于韩国文化中'关羽文化'的变迁与特点的研究。主要研究方向为：三国志文化的国际化传播和中韩人文交流。现任河南省许昌学院文史与传媒学院教师。

제2부

한중관계의 본질적 이해와
기능적 협력

제4장

한중관계의 비대칭성: 권력과 상호의존이론 분석을 중심으로

왕러(王乐)

Ⅰ. 상호의존적 한중관계의 의미: 복잡성과 역동성

한중관계는 동북아 지역에서 중요한 양자 관계 중 하나로, 그 복잡성과 역동성은 국제 관계 연구에서 늘 주목받아 왔다. 1992년 수교 이후, 두 나라는 경제, 정치, 문화 등 다양한 분야에서 폭넓은 교류와 협력을 지속하며 긴밀한 연계와 상호의존관계를 형성했다. 이러한 관계의 본질은 양국이 협력 속에서 서로에게 의존하며, 각국이 독립적으로 자국의 이익과 발전 목표를 달성할 수 없고 상대방의 협력과 지원이 필요하다는 데 있다. 하지만 이 의존관계는 대칭적이지 않으며, 다양한 분야에서 권력 분배의 불균형, 즉 '비대칭성'이 존재한다. 이 상호의존적이면서도 비대칭적인 관계는 양국이 양자 문제를 해결하는 과정에서 복잡한 권력 게임과 이익 균형을 맞추는 데 어려움을 겪게 만든다.

특히 최근 들어 국제 정치 경제 환경의 변화, 글로벌 공급망 재편, 사회 여론과 민심의 영향으로 인해 양국 관계는 더욱 까다로운 시험 대에 올라 있으며, 미래에도 불확실성이 커질 가능성이 크다. 이러한 상황에서 양국 관계의 상호의존적 본질을 이해하고, 안보 위협을 줄 이며 경제 발전 동력을 확보하고, 인적 교류를 통해 고위 정치(high politics)의 부담을 완화할 필요성[1]이 점점 더 강조되고 있다.

로버트 코헤인(Robert Keohane)과 조셉 나이(Joseph Nye)의 상호 의존이론은 국제 관계에서 복잡한 상호의존 현상을 이해하는 이론적 틀을 제공한다. 이들은 국가 간 상호의존이 경제, 정치, 사회 등 여러 측위에서 나타날 뿐만 아니라, 이러한 연결에서 비대칭성 또한 존재 한다고 강조한다. 비대칭성은 한쪽이 특정 분야에서 상대적으로 더 우위를 점할 수 있음을 의미하며, 이는 양국 관계의 균형적 발전에 영 향을 미친다.

코헤인과 나이의 이론은 세계화된 환경에서 국가 간 관계가 단 순한 권력 싸움이 아니라 상호의존적인 다차원적 상호 작용임을 강 조한다. 하지만 상호의존이 협력의 가능성을 열어주더라도, 국가 간 권력은 여전히 균형 있게 분포되어 있지 않다. 그들은 상호의존의 비대칭성을 설명하는 두 가지 개념, '민감성(sensitivity)'과 '취약성 (vulnerability)'을 제시한다. 민감성은 한 국가가 다른 국가의 행동 변 화에 얼마나 빠르게 반응할 수 있는지를 나타내며, 취약성은 상호의

---

1   李熙玉, 2024, p.1.

존관계에서 부정적 영향을 견뎌내는 능력을 의미한다. 이 두 개념은 양국 관계의 비대칭성을 측정하는 중요한 지표가 된다.

이 글에서 상호의존성과 비대칭성, 그리고 권력의 관점에서 한중 양국 관계의 본질을 분석하고, 양국 간 갈등 원인을 규명함으로써 두 나라가 향후 협력 관계를 긍정적으로 발전시킬 수 있는 방안을 모색하고자 한다.

II. 이론적 논의: 권력과 상호의존

우리는 상호의존의 시대에 살고 있으며, 이 개념은 이제 우리에게 익숙하다. 로버트 코헤인과 조셉 나이는 1971년에 『권력과 상호의존 (Power and Interdependence)』[2]이라는 책을 집필하기 시작했으며, 당시에는 미중 관계가 아직 정상화되지 않은 시기였다. 이 책은 1977년에야 완성되었고, 신자유제도주의의 핵심 개념인 상호의존, 국제 메커니즘, 세계주의 및 국제 거버넌스를 설명한다. 이 중 세계주의와 국제 거버넌스는 상호의존과 국제 메커니즘을 기반으로 한다. 일반적으로, 의존(Dependence)은 외부 요인에 의해 지배되거나 영향을 크게 받는 상태를 의미하며, '상호의존(Interdependence)'은 서로 간의 의존 (Mutual Dependence)을 뜻한다. 국제 사회에서 상호의존은 국가 간 또는 다양한 행위자 간의 상호 영향을 의미하며, 이러한 상호 작용은

---

2 门洪华译, Robert O. Keohane and Joseph S. Nye, 2012, p.9.

주로 물품, 통화, 정보의 흐름 등 초국적 차원에서 발생한다. 코헤인과 나이는 '상호연결'을 '상호의존'과 동일시할 수 없다고 강조하며, 상호 연결이 대가를 수반하는 상황에서만 상호의존으로 간주될 수 있다고 본다.

1. 상호의존의 민감성과 취약성

상호의존은 비대칭성을 특징으로 한다. "상호의존을 균형 잡힌 상호의존으로만 이해해서는 안 되며, 행위자 간 상호의존의 비대칭성이 가장 중요한 영향을 미친다"고 주장된다.[3] 상호의존은 쌍방 간 동등한 의존이 아니라 어느 한쪽이 더 우세한 상황이 존재할 수 있으며, 이는 강대국이 약소국을 억제하는 수단이 되기도 한다. 이때 상호의존의 '민감성(sensitivity)'과 '취약성(vulnerability)' 개념이 중요한 역할을 한다.

민감성은 한 국가가 상대방의 변화에 얼마나 빠르게, 그리고 얼마나 강하게 반응하는지를 나타낸다.[4] 민감성이 높을수록 외부의 변화에 대한 즉각적인 반응이 요구되며, 그에 따른 영향도 크다. 하지만 민감성이 높은 국가가 반드시 취약한 국가인 것은 아니다. 강대국은 자신의 민감성을 조절할 수 있으며, 타국의 취약성을 이용해 자국의 이익을 도모할 수 있다.

취약성은 국가가 외부의 변화에 얼마나 잘 적응하고, 그 변화를 견

---

3 肖欢容译, 海伦·米尔纳, 2001, p.11.

4 门洪华译, Robert O. Keohane and Joseph S. Nye, 2012, p.10.

더낼 수 있는지를 의미한다. 취약성은 국가가 대체할 수 있는 선택지가 얼마나 있는지, 그리고 그 선택을 실행하는 데 필요한 대가에 따라 결정된다. 취약성이 높으면 외부 변화에 적응하는 과정에서 더 큰 대가를 치러야 할 수 있다. 외부 변화의 직접적인 영향은 일반적으로 민감성 의존으로서 경제적인 측면을 넘어 사회적인 측면이나 정치적인 측면에서도 나타난다.[5]

민감성의 예로는 1970년대의 석유 위기가 있다. 당시 중동 국가들이 유가를 대폭 인상하자, 미국과 일본은 각각 다른 방식으로 영향을 받았다. 미국은 수입 석유 의존도가 낮아 유가 인상이 큰 영향을 미치지 않았지만, 일본은 석유의 70% 이상을 중동에서 수입하고 있었기에 즉각적인 물가 상승과 경제적 혼란을 겪었다. 이는 일본이 중동 석유에 대해 높은 민감성을 보였음을 보여준다.[6]

반면, 취약성 상호의존은 국가가 외부 변화에 적응하기 위해 치러야 하는 대가에 따라 달라진다. 일본은 석유 위기에서 대체 자원을 확보할 능력이 부족했고, 경제적 조정에 한계가 있었다. 결국, 일본은 친이스라엘 정책을 철회하고 중동 국가들에 호의를 표할 수밖에 없었는데, 이는 미국과의 관계에 긴장을 초래했다.[7] 이처럼 취약성은 국가가 위기 상황에서 대체 자원을 얼마나 확보할 수 있는지, 다양한 공급원이 존재하는지에 따라 결정되며, 경제뿐만 아니라 정치적 관계

---

5   门洪华译, Robert O. Keohane and Joseph S. Nye, 2012, p.11.

6   樊勇明, 2006, p.35.

7   樊勇明, 2006, p.36.

에서도 중요한 역할을 한다.[8]

결론적으로, 민감성은 국가가 외부 변화에 얼마나 즉각적이고 강하게 반응하는지를 나타내고, 취약성은 그러한 변화에 대응할 수 있는 선택지의 유무와 그 대가에 의해 결정된다.

2. 상호의존이론의 한계

상호의존이론도 한계가 있다. 비대칭적 상호의존이 권력의 잠재력을 설명할 수는 있지만, 협상의 최종 결과를 예측할 수는 없다. 코헤인과 나이는 비대칭적 상호의존이 협상에서의 초기 우위를 설명하는 데 그칠 뿐, 권력의 실질적 효과를 완벽하게 설명하지 못한다고 본다.[9] 예를 들어, 미국은 베트남 전쟁에서 군사적 우위를 가지고 있었음에도 불구하고 정치적으로 승리하지 못했다.[10] 비대칭적 상호의존은 국가 간의 권력 자원을 제공하지만, 그 잠재적 권력을 실제로 어떻게 사용할지는 정치적 과정에 따라 달라진다. 이는 오늘날 글로벌화된 상호의존 속에서 더욱 중요한 분석 도구로 작용한다.

이 글에서 이러한 권력과 상호의존 개념을 한중 관계에 적용하여, 특히 경제 분야에서 한국이 중국에 비해 더 높은 의존도를 보이는 비대칭 구조를 분석한다. 이는 중국이 중요한 시점에서 경제적 수단을 통해 한국에 압력을 가할 수 있는 기반이 되지만, 이러한 권력 행사는 절대적이지 않으며, 글로벌 경제 구조와 국내외 정책 변화에 따라 변

---

8   门洪华译, Robert O. Keohane and Joseph S. Nye, 2012, p.13.

9   门洪华译, Robert O. Keohane and Joseph S. Nye, 2012, p.13.

10   门洪华译, Robert O. Keohane and Joseph S. Nye, 2012, p.16.

동될 수 있다.

Ⅲ. 한중관계의 비대칭성: 단기적, 중장기적 수단과 영향

한중관계의 비대칭성은 주로 경제, 정치, 군사, 외교 등 다양한 분야에서 두드러진다. 우선, 경제 측면에서 한국의 대중국 수출은 전체 수출에서 큰 비중을 차지하며, 최고 연도에는 25%에 이르렀다. 한국의 주요 수출품은 반도체, 전자 제품, 화학 제품, 기계 장비 등으로, 이는 한국 경제의 핵심 산업을 대표한다. 특히 한국의 반도체 산업은 중국에 완제품을 수출할 뿐만 아니라, 중국에서 원자재와 중간재를 공급받아 가공하는 데 크게 의존하고 있다. 한국무역협회의 자료에 따르면, 2021년 1월부터 9월까지 한국 수입 품목 12,586개 중 약 3,914개 품목이 특정 국가에 80% 이상 의존하고 있으며, 이 중 중국의 수입 비율이 80%를 넘는 품목은 1,850개에 이른다. 특히 태양광 분야에서 중국산 태양 전지 시장 점유율이 78%, 태양광 패널은 72%를 차지한다.[11] 또한 전기차 배터리 소재로 사용되는 흑연, 리튬 등 희토류 자원도 중국이 독점적으로 공급하고 있다. 2023년 1월~2024년 5월 기준 대중국 수입의존도가 천연 흑연이 97.7%, 인조 흑연이 94.3%[12]로 사실상 전량을 중국으로부터 수입하고 있다. 비록 LG에너지솔루션, SK이노베이션, 삼성SDI 등 한국 배터리 기업들이 세계적인 경쟁력을

---

11   조선일보, 2022.01.05.

12   도원빈, 2023, p.1.

가지고 있지만, 원재료는 대부분 중국에 의존하고 있다.[13]

이처럼 깊이 있는 산업 체인의 연결로 인해 한국 경제는 중국의 수요와 공급망의 안정성에 크게 의존하고 있다. 반면, 중국의 경제 규모와 시장의 다양성 덕분에 중국은 한국에 대한 의존도가 상대적으로 낮다. 한국은 중국의 주요 무역 파트너 중 하나이지만, 중국은 미국, 유럽연합(EU), 일본 등 여러 대국 및 지역과도 광범위한 무역 관계를 맺고 있어, 한국에 대한 의존도를 줄이고 협상력을 강화할 수 있는 구조를 갖추고 있다. 중국은 기술 자립화와 산업 업그레이드를 추진하면서 한국의 첨단 기술 제품에 대한 의존을 점차 줄이고 있다. 예를 들어, 중국은 자국의 반도체 산업에 대한 투자를 늘리며 일부 핵심 기술의 국산화를 목표로 하고 있으며, 이러한 대체 가능성은 중국의 한국에 대한 경제적 의존도를 더욱 낮추고 있다.

정치외교 측면에서, 중국은 세계 2위의 경제 대국이자 유엔 안전보장이사회 상임이사국으로서 동아시아 및 글로벌 문제에서 중요한 정치적, 외교적 영향력을 행사하고 있다. 중국은 '일대일로' 이니셔티브와 아시아 인프라 투자은행(AIIB)과 같은 다자간 협력 메커니즘을 통해 국제 문제에서 주도적인 역할을 하고 있다. 반면, 한국은 동아시아의 중요한 경제 대국이지만, 정치적 영향력 면에서는 중국과 비교할 수 없다. 한국의 국제 문제에서의 영향력은 주로 미국과의 동맹 및 다른 협력 관계에 의존하고 있으며, 군사적 측면에서도 중국에 비해 상대적으로 낮은 영향력을 행사하고 있다.

13　조선일보, 2022.01.05.

군사적으로 중국은 세계 최대 규모의 상비군을 보유하고 있으며, 첨단 무기와 해공군력의 확장을 통해 동아시아 지역에서 막대한 군사적 영향력을 행사하고 있다. 한국은 강력한 국방력을 가지고 있음에도 불구하고, 중국의 군사력에 대응하기 위해서는 한미 동맹에 크게 의존하고 있다. 특히 한반도의 안보 문제에서는 한미 동맹이 중요한 역할을 하고 있다.

코헤인과 나이의 이론에 따르면, 비대칭적 의존 구조에서는 한 국가가 상대적으로 더 큰 경제적 권력과 영향력을 행사할 수 있다. 이 이론은 한중 양국 간의 무역 분쟁, 예를 들어 마늘분쟁(2000)[14]과 김치분쟁(2005)[15]에서 확인되었다. 두 사례에서 중국은 한국에 비대칭적 의존을 무기화하여 경제 제재를 가했고, 한국은 자국의 이익을 보호하기 위해 타협을 선택했다. 이러한 갈등은 양국 간의 무역 분쟁이 더 심화되지 않도록 방지하는 역할을 하기도 했다.

그러나 절대적인 권력은 존재하지 않으며, 국가 이익 중 어떤 것도 안보 이익을 초월할 수 없다.[16] 예를 들어, 2016년 한국은 북한의 미사일 위협에 대응하기 위해 미국의 사드(THAAD) 미사일 방어 시스템 배치를 결정했다. 이 결정은 중국의 강한 반발을 불러일으켰고, 중국은 사드 레이더 범위가 자국의 안보를 위협할 수 있다고 판단했다.[17] 이에 중국은 한국에 비공식적인 경제 제재를 가했다. 중국은 한국 기

---

14 이신규, 2001, pp.90~92.

15 章辉, 2008.

16 WANG LE, 2022, pp.96~103.

17 U.S.Department of Defense, 2016.07.08.

업에 대한 투자 승인을 중단하고, 중국 관광객의 한국 방문을 제한했으며, 여러 한국 기업들이 중국에서 갑작스러운 규제 장벽을 경험했다. 특히 롯데그룹은 큰 피해를 입었다. 또한, 중국은 한류 문화 제품의 수입을 줄이고 방송을 제한했으며, 이로 인해 한국의 엔터테인먼트 산업은 중국 시장에서 큰 타격을 받았다.[18] 중국 관광객의 급감으로 인해 한국의 관광업과 관련 산업도 큰 피해를 입었다. 2017년에는 중국인 관광객 수는 전년 대비 약 50% 감소했으며, 이는 한국 관광 수익에 직접적인 영향을 미쳤다.[19]

이러한 조치들이 한국 경제에 단기적인 부정적 영향을 미쳤으나, 장기적으로는 한중 간의 경제적 신뢰를 훼손하는 결과를 초래했다. 한국인들의 중국에 대한 부정 인식은 2023년 조사에서도 71.9%로 매우 높게 나왔다. 중국의 사드 보복이 이미 8년이 지났음에도 여전히 한국인들의 인식에 강하게 자리하고 있다. 그만큼 사드 배치에 대한 중국의 과도한 보복 조치는 한국인들의 반중 정서가 명확하게 표출되게 한 특별하고 충격적인 사건이었다.[20] 한국 기업들도 중국 시장에 대한 장기 투자 전략을 재검토하고, 중국 의존도를 줄이려는 노력을 시작했다. 또한, 경제적 수단을 자주 사용하는 것은 국제 사회에서 신뢰와 이미지에 부정적인 영향을 미칠 수 있다. 국제 사회는 압박을 가하는 국가를 신뢰하지 않을 수 있으며, 이는 무역과 투자에서 더 많은 장애물을 초래할 수 있다. 경제적 무기화에 대한 지나친 의존은 외

---

18   전해영, 2017, p.6.

19   한국관광공사 관광시장분석팀, 2019, p.1.

20   이동률, 2023, p.2.

교적 해결의 여지를 줄이며, 국제 긴장을 심화시킬 가능성이 크다.

결론적으로, 한중 관계에서 비대칭적 의존의 무기화는 단기적으로 효과를 발휘할 수 있지만, 장기적으로는 양국 관계의 발전에 부정적인 영향을 미친다. 따라서 양국은 상호의존 관계에서의 갈등을 해결할 때 경제적 수단을 신중하게 사용해야 하며, 대화와 협력을 통해 상호 피해를 최소화하는 방향으로 나아가야 한다.

IV. 미래 지향적 한중관계를 위한 제언

지난 30여 년 동안, 한중 양국은 정치, 경제, 사회, 문화 등 다양한 분야에서 긴밀히 협력하며 상호 발전을 이끌어 왔고, 상당히 많은 공동이익을 공유하고 있다. 이러한 배경 속에서 양국의 우호적인 관계를 지속적으로 계승하지 않을 이유가 없다. 한중 수교 32주년을 맞아 양국 관계의 미래를 위한 몇 가지 제언을 제시하고자 한다.

첫째, 정치적 측면에서 양국은 전략적 소통과 고위급 교류를 강화해야 한다. 정기적인 지도자 간 상호 방문과 정부 간 협의 메커니즘을 통해 양국 관계 및 국제 지역 문제에 대한 심도 있는 논의를 통해 상호 이해와 신뢰를 증진할 수 있다. 이를 위해 정상 외교 메커니즘을 상시화하고, 정기적인 양국 고위급 전략 대화를 통해 주요 문제에 대한 양국의 입장을 조율하는 것이 필요하다. 역사 문제나 영토 분쟁 등 양국 관계에 영향을 미칠 수 있는 민감한 사안에 대해서는 양국이 이성적이고 절제된 태도를 유지하며, 평등한 대화와 협의를 통해 해결을 모색해야 한다. 또한 한국은 대만 문제 등 중국의 핵심 이익과 관련된 사안에 대해 일부 서방 국가들의 입장을 따르지 않음으로써 양국 관계의 정치적 기반을 유지하는 것이 중요하다.

둘째, 경제적 측면에서 양국이 각자의 발전 전략을 연계하고 새로운 협력 분야와 성장 동력을 발굴해야 한다. 디지털 경제, 신재생 에너지, 인공지능 등 신흥 산업 분야에서 협력하여 산업 혁신을 공동으로 추진할 수 있을 것이다. 또한 제3국 시장에서의 협력을 강화하여 양국의 강점을 발휘하고 국제 시장을 함께 개척하는 방안을 모색할 수 있다. 정부는 이러한 협력을 촉진할 수 있는 플랫폼을 제공하고, 정책적 지원과 편의성을 높여야 한다. 글로벌 공급망이 재편되는 상황에서 한중 양국은 공급망의 안정성을 유지하기 위해 원자재 공급, 부품 생산, 물류 운송 등에서의 협력을 강화해 산업 공급망의 원활한 운영을 보장해야 한다. 또한 무역 자유화와 편의성을 촉진하고, 무역 장벽을 낮춰 기업들에 더 나은 비즈니스 환경을 제공해야 한다.

셋째, 민간 교류 측면에서 문화, 교육, 관광 분야를 중심으로 더욱 다양하고 풍부한 교류 활동을 추진해야 한다. 유학생 교환 규모를 확대하고, 학술 교류와 협력을 강화하며, 문화 축제, 예술 전시회, 스포츠 경기 등을 통해 양국 국민 간의 감정적 유대감을 증진시킬 수 있다. 또한 관광 협력을 강화해 비자 절차를 간소화하고, 더 다양한 관광 상품과 노선을 개발해 양국 국민의 상호 방문을 촉진할 수 있다. 양국 언론이 상대방국의 상황을 객관적이고 공정하게 보도하도록 독려하고, 편향적이거나 부정확한 보도를 피함으로써 양국 국민이 서로를 올바르게 이해하도록 하는 것도 중요한 과제이다. 아울러 양국의 민간 단체 및 비정부 기구(NGO) 간 교류와 협력을 지원하여 민간 차원의 우호 증진에 기여할 수 있도록 해야 한다.

한중 관계의 지속적인 발전은 양국은 물론 동북아 지역의 평화와 안정에도 중요한 영향을 미친다. 향후 양국은 경제, 무역, 전략, 안보 및 문화 분야에서 협력을 더욱 심화하여 글로벌화의 도전에 대응하고 공동 번영을 이루어야 할 것이다. 더욱 활발한 전략적 대화, 경제 혁신 및 문화 교류를 통해 한중 관계는 새로운 차원으로 발전할 것이며, 나아가 지역 및 글로벌 평화와 발전에 기여할 것이다.

왕러(王乐)

왕러는 2022년 8월 한국외국어대학교 한국학 박사학위를 받았다. 학위논문은 "한중상호의존관계의 비대칭성 연구–상호의존이론의 민감성과 취약성"이며, 동북아국제관계, 한국문제를 연구하고 있다. 현재 글로벌전략협력연구원 선임연구원으로 있으며 중국 타이산대학교에 재직 중이다.

王乐于2022年8月获得韩国外国语大学韩国学政治专业博士学位。论文题目为《中韩相互依存关系的非对称性研究–以相互依存理论的敏感性和脆弱性为中心》。研究领域是东北亚国际关系,韩国问题。现就职于中国泰山学院,兼任韩国全球战略合作研究院研究员。

제5장

한중관계의 불균형성: 정치경제 균형 발전을 위한 제언

판빈빈(潘彬彬)

Ⅰ. 사드 배치 이후 한중 정치경제 관계의 현황

정치 관계와 경제 관계는 국제 관계에서 서로 독립적으로 작동하는 두 가지 중요한 축이다. 한중 관계에서도 정치 관계는 국가 주체들이 주도하는 공식적인 성격을 가지며, 경제 관계는 경제적 행위자들을 중심으로 이루어진다. 이 두 영역은 각기 다른 규칙에 따라 작동하며, 일정 부분 서로 독립적으로 발전해왔다. 박근혜 정부 시기에는 한중 간 정치 및 경제 협력이 동시에 활발히 이루어져, 경제 협력이 양국 간 정치적 신뢰를 높이는 데 중요한 역할을 했다. 경제 협력은 양국에 실질적인 경제적 이익을 제공했을 뿐만 아니라 정치 관계 강화에도 긍정적인 영향을 미쳤다.

하지만 2016년 1월, 북한의 제4차 핵실험 이후, 한국이 사드 미사일 방어 체계 배치를 결정하면서 양국 관계는 큰 어려움에 봉착했다. 특히 중국은 사드가 자국의 안보에 위협이 된다고 강력히 반발하며, 한중 관계는 안보 문제로 심각한 갈등을 겪게 되었다. 이로 인해 박근혜 정부 시기에 원활히 진행되던 한중 정치 · 경제 협력 모델이 크게 흔들리게 되었다.

경제적으로는 2016년 한중 무역 총액이 2,114억 달러로 전년 대비 8.5% 감소했고, 2017년 한국의 대중국 직접 투자는 22.3% 줄어들었다. 또한, 중국은 한류 콘텐츠와 관광업 등 여러 분야에서 한국에 대한 경제적 보복 조치를 취했으며, 이로 인해 한중 경제 협력은 일시적으로 큰 타격을 받았다. 정치 교류 또한 비슷하게 악화되었다. 청화대학 현대국제관계연구원의 연구에 따르면, 한중 관계의 점수가[1] 2015년 높은 수준을 기록했으나 2017년에는 3.71로 크게 떨어졌다.

문재인 정부가 출범 이후, 양국은 사드 문제 해결을 위해 외교적 협상에 나섰고, 경제 협력은 빠르게 회복되었다. 중국의 통계에 따르면, 2021년 한중 간 상품 무역액은 3,624억 달러에 이르렀으며, 이는 2015년 대비 31.4% 증가한 수치이다. 2016년부터 2020년까지 한국의 대중국 누적 투자 금액은 218억 달러였으며, 같은 기간 중국의 대한국 누적 투자 금액은 35억 달러에 달했다. 한중 자유무역협정(FTA) 제2단계 협상은 2017년 시작되어 현재까지 9차례 진행되었으

---

1   청화대학 현대국제관계연구원의 중국과 강대국 관계 데이터베이스는 1980년부터 2020년까지의 중국과 한국 간의 양자 관계 점수 데이터를 포함하고 있다. 이 데이터베이스는 『인민일보』와 중국 외교부 웹사이트의 정보를 기반으로 구축되었다. 사건에 점수를 부여한 후, 이 점수를 양자 관계 점수로 전환하였다. 수치가 양수일 때는 순협력을 나타내며, 수치가 음수일 때는 순충돌 또는 대립을 의미한다.

며, 금융 협력 측면에서도 2017년 10월 양국은 3,600억 위안 규모의 통화 스와프 협정을 연장했다. 또한, 코로나19 팬데믹 기간 동안 양국은 신속한 비즈니스 교류 통로를 개설하여 글로벌 공급망을 안정화하고, 경제 및 무역 협력이 원활히 이루어지도록 노력했다.

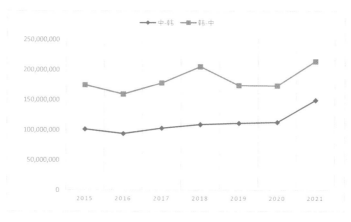

그림 5-1. 2015~2021년 중한 무역 규모 (단위: $1,000)

출처: 중국 세관 통계 연감

하지만 경제 협력이 빠르게 회복된 것과는 달리, 정치적 신뢰의 회복은 더딘 모습을 보였다. 2017년 이후 한중 정치 관계는 어느 정도 개선되었으나, 2020년까지 2015년 수준에 이르지 못했다. 특히, 고위급 외교 교류의 빈도는 정치 관계 개선의 중요한 지표로 작용하는데,[2] 사드 배치 이후 한중 양국 정상 간 회담 횟수는 박근혜 정부 시기 8회에서 단 2회로 줄어들었다. 이는 양국 간 정치적 신뢰 회복 속도가 경

---

2   张清敏, 刘兵, 2008, pp.19~35, p.149.

제 협력 회복 속도에 비해 상대적으로 느리다는 점을 보여준다.

결과적으로 사드 배치 이후 한중 간 정치 및 경제 관계는 불균형적으로 발전하게 되었다. 양국은 경제 협력에서 빠르게 성과를 냈으나, 정치적 신뢰는 이에 상응하는 수준으로 회복되지 못했다. 이러한 불균형은 앞으로 양국 관계에서 정치적 신뢰 회복이 경제적 협력만큼 중요하다는 점을 시사하며, 이를 위해 더 많은 노력이 필요함을 보여준다.

본 논문은 정치경제학의 이론적 틀을 바탕으로, 사드 배치 이후 한중 간 정치 및 경제적 행위자들의 상이한 선호가 양국 관계의 불균형적 발전에 어떤 영향을 미쳤는지를 분석한다. 또한, 코로나19 시대를 맞아 양국이 정치와 경제 영역에서 균형 있게 관계를 회복하기 위해 어떤 방안을 모색할 수 있을지를 논의할 것이다.

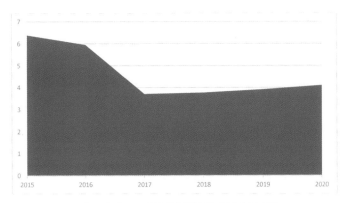

그림 5-2. 2015~2020년 중한 관계 점수의 동향

출처: 창화대학교 중국과 강대국 관계에 관한 데이터베이스(http://www.tuiir.tsinghua.edu.cn/kycg/zwgxsj.htm)

II. 사드 배치 이후 한중 정치경제 불균형적 발전의 원인

1. 사드 배치 후 한중 경제 교류의 신속한 회복 원인

사드 배치 이후 한중 경제 협력이 빠르게 회복된 주요 원인은 경제적 행위자들의 합리성에 있다. 정치적 행위자가 정치적 이익을 추구하는 것과 달리, 경제적 행위자는 이윤을 추구하며, 그들의 목표는 자신의 이익을 극대화하는 데 있다. 이러한 경제적 행위자의 특성으로 인해 그들은 정치적 방향을 맹목적으로 따르지 않으며, 대신 공급과 수요의 원칙, 경쟁의 원칙, 가치의 원칙 등 시장 행동의 주요 근거를 더욱 중시한다. 따라서, 현실에서는 정치적 행위자가 위협으로 여기는 대상이 경제적 행위자에게는 기회로 여겨지는 경우가 많다.

사드 배치 이후에도 한중 간 정치적 관계가 긴장된 상태였음에도 불구하고, 두 나라의 경제적 행위자들은 경제적 가치를 실현하기 위해 시장 행동을 통해 목표를 달성하는 데 큰 장애를 겪지 않았다. 이를 통해 한중 경제 협력은 정치적 제약을 극복하고 시장 원칙에 따라 조직적으로 안정적으로 진행될 수 있었다. 사드 배치 이후, 이성적인 경제적 행위자들이 자신의 역량을 발휘하여 한중 관계의 정치적 색채를 효과적으로 상쇄하며, 안정적인 한중 관계의 중요한 구성 요소로 자리 잡았다. 이어서, 중국 내 한국 기업들이 보여준 합리적 대응을 예로 들며, 사드 배치 이후 한중 경제 협력이 신속하게 회복된 이유를 분석할 것이다.

글로벌 생산 네트워크(GPN) 모델하에서 다국적 기업들은 주로 이익 극대화를 위해 산업 체인의 공간 배치에서 비교 우위를 주요 고려 요소로 활용한다. 한중 관계가 정상화된 이후, 한국의 다국적 기업들은 이러한 시장 원칙에 따라 중국에 산업 배치를 진행해 왔다. 오랜 시장 경험을 통해 두 나라는 성숙하고 안정적인 한중 산업 분업 구조를 형성하게 되었다.

사드 배치 이후, 문재인 정부는 대중국 경제 의존을 줄이기 위해 경제 다각화 정책을 추진하며, 기업들이 생산 라인을 동남아시아 등으로 이전하도록 독려했다. 이후 윤석열 정부도 문재인 정부의 정책 기조를 계승하여 한국의 대중국 공급망 의존도를 줄이며 미국과의 공급망 협력을 강화했다. 그러나 최근 몇 년 동안의 한중 수출입 무역 구조를 살펴보면, 한국 정부의 산업 정책 조정이 이루어졌음에도 불구하고 한중 무역 구조에는 본질적이 변화가 거의 없었다는 사실을 확인할 수 있다.

특히, 최근 한중 수출입 무역 구조의 변화 추세를 살펴보면, 사드 배치 이후에도 한중 무역에서 중간재 비중이 여전히 50% 이상을 유지하고 있다는 점에서, 정책적 방향성과는 다르게 중간재 중심의 무역 구조가 여전히 지속되고 있다. 이는 사드 배치 이후에도 한국 기업들이 중국 내 산업 배치를 지속적으로 유지하고 있으며, 비교 우위를 바탕으로 한 한중 공급망 구조가 본질적으로 변하지 않았음을 보여준다.

그림 5-3. 2015~2020년 한중 무역구조 (단위: %)

출처: 유엔 상품 무역 통계 데이터베이스(https://comtrade.un.org/)

2019년 말, 전 세계가 신종 코로나 대유행에 직면하면서 한중 공급망의 안정성에도 영향을 미쳤고, 많은 한국 기업들이 공급망의 압박을 경험하게 되었다. 그러나 이러한 공급망 위험에도 불구하고, 한국 기업들은 비교적 합리적으로 대응했다. 한국무역협회(KITA)가 2022년 6월 발표한 시장 보고서(그림 5-4)에 따르면, 중국 정부의 방역 정책으로 인한 경영 위험에도 불구하고, 35.9%의 한국 기업이 기존 경영 전략을 유지하기로 했으며, 7.3%의 기업은 중국에서 사업을 확장할 계획이라고 밝혔다. 반면, 중국에서 철수하겠다고 응답한 기업은 3.8%에 지나지 않았다.

이러한 이유로 정책적 요인은 한국 기업의 경영 활동에 부정적인 영향을 미쳤지만, 이는 여전히 한국 기업이 중국에서 경영을 지속할지 여부를 결정짓는 주요 결정 요인이 되지 못했다. 오히려 한국 기업의 경영 전략은 경영 비용, 공급과 수요 관계 등 시장 요인에 따라 결정되고 있다. 중국의 제조업 규모, 거대한 내수 시장과 강력한 구매력

등은 다른 국가에서 쉽게 대체하기 어려운 요소이며, 이는 한국 기업이 중국을 대체할 국가를 찾기 어려운 이유이기도 하다.

정치적 이념과 정책 방향에 무조건적으로 따르면서 한중 산업 공급망을 단절하며, 인프라와 시장 발전 수준이 낮은 국가로 공급망을 이전하는 것은 한국 기업에 매우 높은 비용을 초래할 뿐만 아니라, 시장 운영의 기본 원칙에도 부합하지 않는다. 따라서 한국 기업의 합리적인 판단은 한중 산업 공급망이 정치적 위험에 직면했을 때 강한 회복력을 발휘하게 했다. 이는 정치적 갈등 이후 한중 경제 및 무역 협력의 회복될 가능성을 크게 높였다.

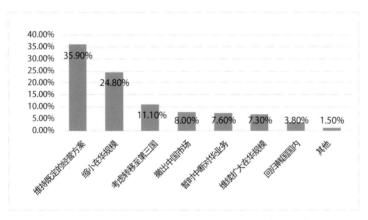

그림 5-4. 중국의 방역 정책과 한국 기업의 대응 (단위: %)

출처: KITA Market Report, 2022

2. 사드 배치 후 한중 정치 신뢰 개선이 더딘 원인

경제 및 무역 협력이 빠르게 회복된 데 비해, 한중 간 정치적 신뢰의 개선은 여전히 상당한 한계를 보이고 있으며, 이는 주로 정치적 행위자와 경제적 행위자 간의 이익 선호 차이에서 기인한다. 경제적 행위자는 주로 경제적 이익을 합리적으로 추구하는 반면, 정치적 행위자는 정치적 이익을 우선시한다. 이러한 이익 선호 차이는 한중 정치적 신뢰 개선에 큰 제약을 주고 있다. 첫째, 국제 정치의 무정부 상태에서 안보 문제는 모든 국가 정부에 가장 중요한 고려 사항으로 작용한다. 이에 따라 합리적인 정치적 결정권자들은 국가의 생존 이익에 더욱 주목하고, 발전 이익은 국가 생존 이익에 양보해야 한다고 인식한다.[3] 둘째, 정치적 행위자는 권력을 획득하고 유지하기 위해 정치적 정당성을 확보하려 하며, 이를 위해 종종 대중의 요구를 수용해야 한다. 사드가 한국에 배치된 이후, 양국에서는 민족주의 열풍이 일어나 한중 관계에 대한 대중적 인식이 심각하게 손상되었으며, 이는 정치적 신뢰 개선을 저해하는 요인으로 작용했다.

정치적 행위자에 의한 합리적인 국가 안보 이익 추구

국제사회에는 '세계 정부'와 같은 권위 있는 기관이 존재하지 않기 때문에, 국제사회는 무정부 상태에 놓여 있으며, 정치적 행위자의 주요 관심사는 권력과 안보에 집중된다. 따라서 정치적 행위자의 행동은 국가의 생존 이익을 보장하기 위해 권력을 축적하는 방향으로 나

---

3   李少軍, 2005, p.1.

타난다. 이러한 관점에서 정치적 행위자는 국제 관계를 상위 범주와 하위 범주로 나누며, 국가 안보는 상위 범주에 속하고, 경제 및 무역 활동은 하위 범주에 속한다고 본다. 이 두 가지 사이에서 정치적 행위자는 국가 안보를 더 중시하며, 경제적 이익보다 우선시한다.[4]

한중 관계에서도 국가 안보 이익을 확보하는 것은 양국 정부의 주요 요구 사항이다. 한중 수교 이후의 교류 역사를 돌아보면, 두 나라 정부가 국가 안보 이익을 추구하는 과정에서 이러한 점이 종종 한중 정치 관계의 큰 변동을 일으키는 주요 원인이라는 것을 알 수 있다.

먼저, 북한의 핵 문제로 인한 직접적인 위협을 받는 한국 정부는 사드 배치가 북한을 억제하는 중요한 수단이자 국가 안보 확보에 필수적이라고 판단했다. 이에 따라 한국 정부는 중국의 반대에도 불구하고 미국과 협력하여 사드를 배치하기로 결정했으며, 이로 인해 경제적 손실이 발생할 가능성도 있었다. 이후 남북 관계가 개선되는 움직임이 있었으나, 안보 문제로 인해 한국 정부는 여전히 미국에 사드 철수를 요청하지 않았으며, 이로 인해 한중 간 정치적 불신이 장기화되었다.

한국의 외교에서 한미 동맹 유지가 항상 중요한 과제로 남아 있었다. 특히 트럼프 시대에는 주한미군 방위비 분담금 문제 등으로 한미 군사 동맹이 일시적으로 긴장됐지만, 문재인 정부는 국가 안보를 고려하여 한미 동맹을 약화시키지 않았다. 조 바이든이 미국 대통령으로 당선된 후, 문재인 대통령은 한미 동맹 관계를 강화하는 데 주력했

---

4 黃河, 周骁, 2022, pp.107~120.

으나, 중국과의 외교에서는 안보 문제로 인해 애매한 전략을 채택했다.[5] 그러나 이러한 애매한 전략은 한미 동맹의 구조적 안보 체계 내에서 기능하며, 본질적으로는 '미국 우선, 중국 후순위' 전략으로 중국과의 정책 균형을 유지하기 위한 것이다.[6] 결론적으로, 사드가 한국에 배치된 이후, 한국 정부의 국가 안보 요구는 한중 협력의 범위를 축소시키고, 한중 간 정치적 신뢰 개선의 가능성을 줄였다.

또한, 한국에 사드 배치는 중국 정부에도 안보상의 어려움을 가져왔다. 한국에 사드 배치는 미국이 중국을 견제 전략 중 하나로 간주된다.[7] 이에 따라 중국 측은 사드 배치가 중국의 핵심 이익인 안보 이익을 침해한다고 판단했다. 국가 안보 이익을 지키기 위해 중국 정부는 한국에 대한 강력한 대응 조치를 단행했으며, 이로 인해 정치적 문제가 경제와 문화 교류 등 여러 분야로 확산되었다. 이후 중국 정부는 사드 문제를 항상 '저선(底线)' 문제로 간주하게 되었다.[8]

중국의 대한국 외교 정책은 경제 및 무역 협력을 중시하던 방향에서 미국의 군사적 위협 제거에 중점을 둔 강경한 안보 정책으로 변화했다.[9] 또한, 중국 정부는 안보 문제에 대해 전략적 결단력을 강조하며 이를 실행에 옮겼다. 이에 따라, 사드가 한국에 철거되지 않은 상황에서 중국 정부는 핵심 이익에 대한 우려를 지속적으로 한국 정부에 표명하고, 민감한 문제에 대해 적극적으로 해결할 것을 요구해 왔

---

5 金永皓, 田德荣, 2021, pp.21~32.

6 王箫轲, 2019, pp.15~23.

7 刘利乐, 2020, pp.98~124, p.126.

8 https://opinion.huan qiu.com/article/9CaKrnJHBKk (검색일자: 2024.06.30.)

9 Pan, 1992, pp.229~254.

다. 이러한 중국 정부의 안보 이익에 대한 합리적 추구와 전략적 결
단력은 한중 양국 간 정치적 신뢰 개선의 여지를 어느 정도 축소시킨
것으로 보인다.

민족주의의 범정치화

중국과 한국 간의 민족주의 정서는 수십 년간 지속되어 왔으며,
이는 주로 영토 문제, 역사와 문화적 갈등, 그리고 가치관의 차이에
서 비롯되었다. 한국에 사드가 배치된 이후 국가 안보 문제가 민족주
의 정서를 크게 자극했고, 협소한 민족주의가 애국주의와 결합되면
서 좁은 정치적 시각을 형성하고 민족주의의 정치적 확산을 촉발시
켰다. 일반적으로 외교 정책을 수립할 때 국민 여론의 지지가 필요하
지만, 한국 내 반중 정서와 한국 정부의 대중국 정책 간의 상관관계를
보여주는 연구는 아직 부족하다. 그러나 협소한 민족주의 정서는 이
미 한국 정부가 한중 관계를 개선하는 데 제약을 가하고 있으며, 이는
외교적 부담 요인으로 작용하고 있음을 시사한다.[10]

예를 들어, 2017년 문재인 대통령이 한중 관계 개선을 위해 '중국
은 높은 산과 같은 대국'이라고 발언하자, 국내 민족주의자들은 이
를 중국에 대한 외교적 저자세로 비판했다.[11] 이후 한국 국민들의 대
중국 감정이 계속 악화됨에 따라(그림 5-5 참조), 민족주의 정서는
2022년 한국 대선에서도 확산되었다. 대선에서는 여러 정당의 후보

---

10   https://www.hani.co.kr/arti/opinion/because/1031066.html?_ga=2.177856294.2035
325351.1663919883-922004752.1663919883 (검색일자: 2024.06.30.)

11   https://www.joongang.co.k r/article/25046309 (검색일자: 2024.06.30.)

들이 협소한 민족주의 정서를 자극하며 중국을 비판하고 강경한 대중국 태도를 보여 젊은 유권자들의 지지를 얻고자 했다.[12]

반면, 중국 국민들 사이에서도 민족주의와 애국주의 감정이 고조되면서 한국에 대한 반감이 커지고 있다. 비록 중국의 정치 체제가 주로 간접 선거 방식을 채택하고 있지만, 중국 내에도 대중 여론이 존재하며, 한국에 대한 반감이 대중 여론의 주류로 자리 잡을 경우 중국 정부의 외교 정책에도 압력을 가할 것으로 보인다. 결국, 사드 배치 이후 양국의 민족주의 감정은 지속적으로 증대되었고, 정치 영역으로 확산되어 양국 간 정치적 신뢰 개선에 일정한 저항을 초래하고 있다.

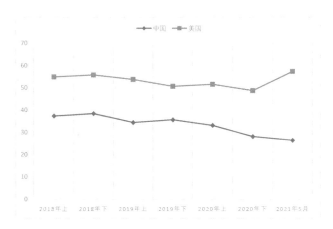

그림 5-5. 2018~2021년 중국과 미국에 대한
한국인의 감정 온도 동향 (단위: %)

출처: 표나라, 2021, pp.1~27

12   https://world.huanqi u.com/article/46jsOKvylTx (검색일자: 2024.06.30.)

Ⅲ. 경제는 왜 정치를 견인하지 못하는가?

국제 정치경제학 이론에 따르면, 밀접한 경제 및 무역 관계는 양국 간 정치 관계 발전에 긍정적인 영향을 미치며, 이에 따라 좋은 경제 및 무역 관계는 종종 정치적 신뢰 향상의 가능성을 시사한다.[13] 한중 수교 이후 대부분의 기간 동안 경제 및 무역 관계는 정치 관계 개선을 촉진하는 중요한 역할을 해왔다. 예를 들어, 밀접한 경제 및 무역 관계가 양국 정부가 공식 교류를 강화하려는 의지를 높였으며, 이에 따라 한중 경제 및 무역 협력과 관련된 다양한 행위자들은 양국 간 고위급 외교의 빈도를 증가시켜 공식 교류를 더욱 촉진하는 데 기여했다.

그러나 사드가 한국에 배치된 이후, 한중 경제 및 무역 발전이 정치적 상호 신뢰 증진에 미치는 효과가 둔화되는 조짐을 보인다. 그렇다면 사드 배치 이후, 한중 경제 및 무역 협력이 정치적 상호 신뢰 향상에 미치는 긍정적 효과가 왜 감소했을까? 데이터에 따르면, 사드 배치 이후에도 민간 주도의 무역과 투자 규모는 계속 확대되고 있다. 하지만 한중 산업 간 동질화 현상이 더욱 두드러지며, 양국 산업 간 경쟁도 점차 치열해지고 있다.[14]

2015년 중국 정부가 '중국 제조 2025'를 발표한 이후, 중국 제조업은 지속적으로 혁신을 거듭해 왔으며, 이에 따라 한국의 수출 경쟁

---

13 朱勤軍, 2001, pp.72~75.
14 이종찬, 2016, pp.431~450.

력은 전반적으로 하락하고 있다.[15] 국제 금융 위기 이후 한국의 대중국 수출 주요 3개 품목(HS 코드 기반 분류)의 무역 특화 지수를 살펴보면, 이들 품목(HS 코드 85장, 84장, 90장)의 중국 수출 특화 지수가 모두 어느 정도 하락한 것을 확인할 수 있다(그림 5-6 참조). 특히 사드 배치 이후 한중 양국 간 산업 경쟁 구도가 더욱 뚜렷해지고 있다. 산업 간 상호 보완이 정치적 상호 신뢰에 긍정적 영향을 미치는 반면, 산업 간 경쟁은 재고와 이익의 불균형 분배를 초래하기 쉽고, 이는 경제의 확산적 안보화로 이어질 수 있는 기반을 제공한다.

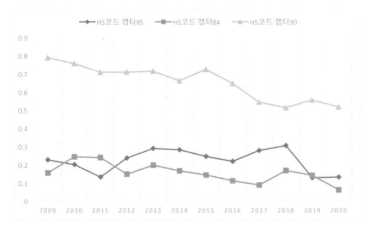

그림 5-6. 2009~2020년 한국의 대중 수출 주요 3개 품목에 대한
무역 경쟁력 지수 (단위: %)

출처: 한국 관세청(http://unipass.customs.go.kr/ets/)

---

15   오래은, 이홍배, 2022, pp.1~29.

게다가, 한중 무역의 비대칭적 의존도가 계속 확대되면서 한국은 중국의 경제적 영향력과 통제 가능성에 대한 우려를 가지게 되었고, 이에 따라 한국 사회의 각 부문에서 경제 안보에 관한 논의가 활발해졌다.[16] 수교 초기에는 한중 양국 간의 상호 무역 의존도가 대체로 균형을 유지했으나, 시간이 지나면서 한중 무역 의존도의 비대칭적 특성이 더욱 두드러지게 되었다. 2020년까지 한국의 대중국 무역 의존도는 중국의 대한국 무역 의존도의 3.9배에 달했다(그림 5-7 참조). 사드 배치 이후, 한국 언론은 경제 안보 의식을 더욱 강조하기 시작했고, 60% 이상의 한국 국민이 중국을 경제적 '위협'으로 인식하고 있으며,[17] '경제의 종주국' 이론에 대한 논의도 점차 증가하고 있다.[18]

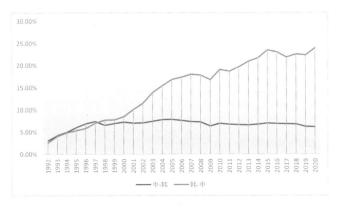

그림 5-7. 1992~2020년 중한 무역 의존도 (단위: %)

출처: 중국 세관 통계 연감 및 한국 관세청(https://unipass.customs.go.kr/ets/)

16　李周炯, 2024, pp.625~646.

17　https://www.ciis.org.cn/yjcg/sspl/202204/t20220408_8503.html (검색일자: 2024.6.30.)

18　구기보, 2018, pp.158~163.

경제 안보 의식이 무분별하게 확산된다면, 경제 및 무역 교류는 국가의 생존과 관련된 민감한 주제로 인식될 가능성이 높아지며, 이로 인해 국가 안보의 범주로 격상될 수 있다. 이러한 상황에서 정부의 경제 개입은 국가 안보라는 명목으로 더욱 정당화될 수 있으며, 이는 안보 문제의 확장과 경제 문제의 정치화로 이어질 수 있다.[19] 정부의 대외 경제 정책이 지나치게 경제 안보 측면에 치우치면, 국가 간 부정적 상호 작용이 발생할 위험이 있다.

예를 들어, 문재인 정부는 '신남방' 정책을 제안하여 중국 시장에 대한 의존도를 줄이고 사드 배치로 인한 손실을 피하기 위해 다양한 시장을 모색하고자 했다.[20] 윤석열 정부는 미국과 경제 안보 대화 기구를 공동 설립하여 경제 안보 중심의 정책 조정을 강화하고, 기술 동맹을 구축하며 경제 안보 전략을 가속화했다. 사드 배치 이후, 한국 정부는 중국에 대한 경제적 안보 의식을 고취하며, 이를 바탕으로 중국을 견제하고 방어하는 방향으로 경제 정책을 설정했다. 이에 따라 한국의 대중 외교 정책은 현실주의적 성향이 강해졌고, 이는 양국 간 공식 교류에서 부정적 상호 작용을 초래했다. 한중 경제 협력이 정치 주제로 격상되고 국가 안보의 범주로 확대됨에 따라, 한중 경제 협력은 정치적 신뢰를 촉진하지 못할 뿐만 아니라, 양국 간의 정치적 의심을 더욱 심화시키는 결과를 낳았다.

---

19   张超, 吳白乙, 2022, pp.19~35, p.149.

20   https://news.sbs.co.kr/news/endPage.do?news_id=N1004477508&plink=COPYPASTE&cooper=SBSNE WSEND (검색일자: 2024.06.30.)

IV. 한중 정치경제 균형 발전을 위한 제언

앞서 언급한 바와 같이, 사드 배치 이후 한중 간 정치와 경제 관계
는 불균형적인 개선 현상을 보였다. 이러한 현상을 개선하기 위해 어
떤 방법을 고려할 수 있을까? 본문에서는 현재 한중 관계에 적절한
'축소와 추가' 접근법을 적용할 수 있다고 제안한다. 먼저, 사드 배치
이후 한중 양국 정부는 국가 안보 문제를 지속적으로 강조하며 안보
화와 정치화 경향을 보여왔다. 이 정치화 경향에 대응하기 위해, 공식
적인 교류에서는 국가 안보 문제를 합리적으로 평가하고, 정치 문제
가 비정치적 영역으로 과도하게 확대되는 것을 방지하기 위해 일부
분야의 교류를 '축소'하는 것이 필요할 것이다.

둘째, 현재 한중 간의 안보 문제는 구조적이며 단기적으로 해결하
기 어려운 사안이다. 따라서 공식적인 차원에서 한중 관계를 개선하
려면 민간 교류의 역할을 더욱 중요하게 여기고, 적절한 시점에 민간
교류를 확대하는 것이 필요하다.

정치화 경향을 억제하기 위해서는 공식 교류 과정에서 '축소' 접근
이 필요하다. 국제 교류에서 모든 분야가 반드시 정치적일 필요는 없
지만, 정치적 행위자의 사고방식과 행동 선호도에 따라 비정치적인
문제들이 과도하게 안보화되어 정치 영역으로 확대되는 경우가 많
다. 여러 문제에 정치적 의미를 부여하면, 비정치적인 문제들이 왜곡
된 정치적 사고에 이끌려 국제 교류에서 정치화될 수 있다. 이러한 정
치화 경향은 협소한 정치적 동일성을 형성하기 쉬우며, 국가 간 국제

교류의 기초로 정치적 개념, 이념 및 가치관을 채택하게 되어 국가 간 교류를 방해하고 국제 관계의 건전한 발전을 저해할 수 있다.

　사드 배치 이후 한중 관계에서 많은 문제들이 국가 안보라는 이름 아래 정치적 문제로 변질되었고, 경제 및 무역 협력, 문화 교류, 인적 교류 등 다양한 영역으로 확산되면서 정치화 경향이 형성되었다. 예를 들어, 한중 경제 및 무역 협력 분야의 문제는 본래 정치적 이슈가 아니지만, 국가 안보라는 명목으로 정치적 문제로 변질되었다. 경제 및 무역 협력 자체는 정치적 문제가 아니며, 정치적 관점은 이러한 문제 해결에 기여하지 못할 것이다. 경제 및 무역 분야의 문제는 최대한 시장 중심으로 접근해야 한다. 정치를 경제 및 무역 문제로 확대하는 것은 한중 관계의 정상적인 발전을 방해할 뿐만 아니라, 한중 관계의 안정을 저해하고 양국 관계 발전에 새로운 걸림돌이 될 수 있다. 따라서 공식적인 차원에서는 '축소' 작업을 적절히 수행하여, 정치가 비정치적 문제에 과도하게 개입되지 않도록 해야 한다. '제한된 정부'의 관점으로 전환하여 '비정치화'를 실현하고, 이성적인 공식 교류로 돌아가야 한다.

　또한 공식적인 교류 외에 비공식 교류를 약간 '추가'하는 접근이 필요하다. 한중 수교 이후, 양국 간 교류는 주로 공식 채널을 통해 이루어졌으며, 이를 통해 많은 성과를 거두었다. 예를 들어, 한중 수교, 한중 FTA 체결, 코로나19 기간 한중 '패스트트랙' 개통 등이 대표적인 사례다. 그러나 과도한 민족주의 감정은 공식적인 한중 관계의 개선을 제약하고 있다. 예를 들어, 한국 언론은 일반 대중들 사이에서 신뢰를 얻지 못하는 공공외교와 같은 공식적인 노력에 비판적인 입장을 보였다.

따라서 현재 양국 정부는 전략적 접근 방식을 조정하고, 공식적인 틀에 가려져 있던 비공식 교류의 역할을 강조할 필요가 있다. 사드가 한국에 배치된 이후, 한중 관계의 발전은 더 이상 안보 문제에만 국한되지 않는다. 정치적 행위자의 행동 선호도와 사고방식은 한중 정치 관계의 본질적 개선이 어렵다는 점을 보여주고 있으며, 이로 인해 공식 주도의 한중 관계는 점점 더 많은 제약을 받고 있고, 이는 한중 관계의 불안정성을 초래하는 주요 원인이 되고 있다. 이러한 관점에서 볼 때, 정부의 노력만으로 한중 관계를 개선하는 데는 한계가 있으며, 광범위한 민간의 역량을 활용하는 것이 필수적이다.

따라서, 민간 문화 교류를 강화하고 양국 국민 간의 문화적 이해를 적극적으로 촉진하는 것이 현재 한중 관계 개선의 최우선 과제이다.[21] 이는 한중 간 정치적 신뢰를 개선하고, 한중 경제 교류와 정치적 신뢰를 균형 있게 발전시키는 지속적이고 효과적인 해결책이 될 수 있다. 이를 위해 양국 정부는 민간 교류를 지원하기 위해 더 많은 제도적 편의와 보호를 제공해야 한다.

예를 들어, 양국 정부는 통관 절차를 간소화하고, 통관 편의를 증진하며, 면세 범위를 확대하여 국경을 넘는 이동이 더욱 편리해지도록 할 수 있다. 또한, 대리 구매나 라이브 쇼핑과 같은 새로운 국제 민간 교류 방식에 대해 적극적인 지침을 마련하여, 이러한 민간 교류가

---

21   김헌준, 2024, pp.35~66.

긍정적인 역할을 할 수 있도록 해야 한다.

　요컨대, 한중 양국은 지리적으로 가깝게 연결되어 있으며 서로에게 중요한 무역 파트너이자 이웃 국가이다. 따라서 양국 간의 우호적인 관계는 양국의 생존과 발전에 매우 중요한 역할을 한다. 한중 정치경제 관계의 조화로운 발전을 촉진하기 위해서는 정부의 노력뿐만 아니라 민간의 역량도 결합하여 공식 메커니즘과 민간 메커니즘이 상호 작용하도록 해야 한다. 장기적으로 한중 관계를 촉진하는 가장 효과적인 모델은 공식과 민간 교류의 상호 통합과 조화이다. 이러한 방식만이 한중 관계의 안정과 건전한 발전을 보장할 수 있다.

판빈빈(潘彬彬)

판빈빈은 2023년 8월 아주대학교에서 국제정치학 박사학위를 취득했다. 학위논문은 "한중 통상무역의 국제정치경제적 분석"이며, 중국과 한반도의 정치경제 관계를 연구하고 있다. 현재 경남대학교 극동문제연구소 초빙연구원으로 재직 중이다.

潘彬彬于2023年8月在亚洲大学获得国际政治学博士学位。他的博士论文题目为《中韩通商贸易的国际政治经济分析》, 主要研究中国与朝鲜半岛的政治经济关系。目前, 是庆南大学极东问题研究所的特聘研究员。

제6장

중국의 공공외교:
'매력외교' 강화와 실천적 플랫폼 마련

이은주(李恩周)

Ⅰ. 중국 공공외교의 연구 필요성

중국에 대해 낮은 호감도를 보이는 국가들이 점점 늘어나고 있다. 2023년 퓨 리서치 조사 결과에 따르면, 일본, 호주, 스페인 등 19개국 중 다수의 국가에서 중국에 대한 부정적인 인식이 역사적으로 최고 수준에 이르렀거나 그에 근접한 수준을 유지하고 있는 것으로 나타났다.[1] 한국의 상황도 비슷하다. 해당 조사에서 한국 국민의 77%가 중국에 대해 부정적인 인식을 갖고 있는 것으로 나타났다. 사드 배치로 인한 중국의 경제 보복 이후 경색된 양국 관계는 회복의 조짐이 보이지 않는다.

---

1   Few Research Center, 2022.

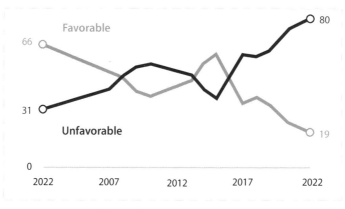

그림 6-1. 한국 국민의 중국에 대한 인식

출처: Few Research Center (2022.6.27.)

한 국가에 대한 국민 감정은 경제 및 정치적 이슈에 영향을 받긴 하지만, 민간 교류에서 이러한 영향이 항상 오래 지속되는 것은 아니다. 최근의 한일 관계가 대표적인 사례이다. 2019년 일본이 한국을 화이트리스트에서 배제하면서 한국에서는 일본 제품 불매 운동과 일본 여행 거부 운동이 전국적으로 확산되었다. 그러나 문화체육관광부가 2023년 실시한 1분기 한국인의 해외여행 방문지 조사 결과, 일본이 44%로 가장 많았다.[2] 반면, 중국을 방문하는 한국인 수는 양국 관계가 경색된 이후 계속해서 감소하고 있다. 같은 조사에서 중국 방문 비율은 태국 · 필리핀 · 캄보디아보다도 낮아 10위권 안에도 들지 못하며 0.3%에 불과했다. 이는 4년 전인 2019년 1분기 실시된 조사의 12.1%와 비교해 큰 폭으로 감소한 수치이다.

한편, 중국은 소프트 파워를 활용한 국가 홍보에 연간 약 100억 달

---

2 중앙일보, 2023.09.04.

러를 지출하며[3] 적극적인 공공외교를 통해 국제 사회에서 중국의 이미지를 개선하고자 노력하고 있다. 그러나 이렇듯 적극적인 중국의 '매력외교'에도 불구하고 중국에 대한 호감도가 낮은 국가들이 많아지는 이유는 무엇일까?

중국 공공외교에 대한 중국의 기존 연구들은 중국의 외교에서 공공외교가 갖는 전략적 중요성을 강조한다. 钟龙彪, 王俊은 중국은 공공외교라는 개념이 정립되기 전부터 개혁 개방을 촉진하고, 중국을 알리는 등의 목적으로 대외선전을 진행하여 왔다고 주장한다.[4] 曲星 역시 중국 지도부는 외국 국민들의 마음을 얻는 일을 매우 중시하며, 중화인민공화국이 성립된 날 대외 출판 업무를 담당하는 전문 기관을 설립하는 등 일찍부터 고전적인 의미의 공공 외교를 시작했다고 본다.[5] 唐小松은 중국은 건국 이래 대외선전의 목적으로 공공외교를 진행해 왔으며 냉전 이후에는 체계적으로 진행하며 어느 정도 그 성과를 거두었다고 주장한다.[6] 이렇듯 기존의 중국 연구들은 중국 정부가 공공외교의 중요성을 인식하고 이를 일찍부터 실행해 왔다는 점에 동의하며, 중국 외교에서 공공외교가 차지하는 중요한 위치를 강조하고 있다. 그러나 이러한 연구들은 중국이 적극적인 공공외교를 실시하고 있음에도 불구하고, 중국에 대한 호감도가 낮아지는 현상을 설명하지 못한다. 따라서 중국의 공공외교가 효과를 거두지 못하

---

3 Economist, 2019.05.24.

4 钟龙彪, 王俊, 2006, pp.64~69.

5 曲星, 2010, pp.4~8.

6 唐小松, 2006, pp.42~26.

는 이유를 분석하기 위해서는 그 실행 과정의 한계점들을 살펴봐야
할 필요가 있다.

　반면, 중국의 공공외교에 관한 한국의 기존 연구는 특정 지역을 중
심으로 연구되어 왔다. 이하얀은 공자학원을 중심으로 중국의 대유
럽 공공외교 전략을 분석하였다. 중국은 유럽에 공자학원을 설립함
으로써 유럽과의 언어 및 문화 교류를 강조하고, 이를 통해 국제적인
문화 공공외교 영역에서의 위치를 확대하려는 전략적 접근을 보여준
다고 본다.[7] 김상규는 아세안 지역을 중심으로 중국의 공공외교를 연
구하였다. 아세안 지역은 중국이 에너지 수입을 위해 안정적으로 확
보해야 하는 전략적 요충지이며, 미국이 아세안 국가에 대해 영향력
을 확대하고자 하는 상황에서 이 지역이 갖는 정치, 경제적 중요성
에 기초하여 강력한 공공외교를 시행한다는 것이다.[8] 백우열, 함명식
은 시진핑 집권 이후 중국의 대한국 공공외교의 성과와 한계에 대해
연구하였다. 중국이 주변국 외교를 추진하는 과정에서 주요 주변국
인 한국을 공공외교의 주요 대상으로 설정하고 많은 자원을 투입해
왔으며, 이는 한국 국민의 대중국 이미지 개선에 기여했지만 사드 분
쟁과 '인문 교류' 정책의 사례를 통해 한국 국민들에게 중국은 갈등
과 위협의 이미지로 변화되었다고 주장한다.[9] 공공외교의 형태가 지
역에 따라 달라질 수 있음을 고려할 때, 지역을 중심으로 한 기존 연
구들은 각 지역에서 중국이 공공외교를 실행하는 모습을 비교 가능

7　이하얀, 2023, pp.239~265.

8　김상규, 2022, pp.77~104.

9　백우열, 함명식, 2017, pp.135~159.

하게 한다. 그러나 특정 지역을 중심으로 한 연구는 중국이 공공외교의 실행을 통해 달성하고자 하는 전략적 목표를 파악하는 데 한계가 있다. 외교 정책의 목표와 의도를 이해하기 위해서는 지역적인 접근을 넘어, 보다 거시적인 관점에서 살펴볼 필요가 있다. 이에 본 연구는 주요 행위자와 대표적인 정책을 통해 중국의 공공외교 실시 현황과 한계를 분석하며 중국의 공공외교가 실효성을 거두고 있지 못하는 원인에 대해 논의한다. 이후, 이러한 분석을 바탕으로 한중 관계에 대한 제언을 제시하고자 한다.

Ⅱ. 중국 공공외교의 개념적 검토

1. 중국의 공공외교

공공외교는 한 국가의 정부가 국제 환경을 관리하기 위해 다른 국가의 국민을 상대로 펼치는 외교 활동이다.[10] 이때, 이용하는 수단은 각종 인문교류활동을 포함한 '매력공세'로, 외국 국민들에게 적극적으로 다가가기 위해 매체, 문화 교류 등을 통해 본국을 적극적으로 알리는 활동을 포함한다. 이를 통해 외국 대중이 해당 국가의 상황을 이해하고 그 국가의 대내외 정책을 이해하게 하며, 외국 국민들의 마음을 얻고 외국 대중의 마음속에 해당 국가의 긍정적인 이미지를 형성하여, 외국의 여론을 조성하여 자국에 유리한 방향으로 이끌어가고

---

10   Cull, 2009, p.12.

자 한다.

중국 역시 국제 사회에서 국가 이미지를 제고하고 국가 이익을 추구하기 위한 목적에서 공공외교를 수행하고 있다. 중국은 냉전 종식 이후, 국제 사회의 이념적 비난을 시작으로 '중국 위협론'이 서서히 부각되면서, 서방 사회의 오해와 적대감을 해소하기 위해 공공외교를 본격적으로 전개하기 시작했다.[11] 중국은 국제 사회에 중국의 목소리를 전달하고, 우호적 이미지를 형성하기 위해 핑퐁 외교, 판다 외교, 올림픽 외교 등의 다양한 형태의 공공 외교 활동을 펼쳤다. 최근에는 중국의 종합적인 국력의 급속한 향상과 함께 중국의 영향력이 확대되며 서구 미디어에서 중국의 부정적인 이미지를 강조하자, 이러한 오해를 없애고 긍정적인 국가 이미지를 구축하는 것이 중국 공공 외교의 중요한 내용이 되고 있다.

행위자

앞서 공공외교의 정의에서 살펴봤듯이, 공공외교의 가장 본질적인 의미는 한 나라의 정부가 국민의 마음을 얻기 위해 취하는 각종 공관 행위이다. 따라서 공공외교 행의 주체는 해당 국가의 정부이다.[12] 중국 역시 정부 주도로 공공외교를 실행하고 있다. 공공외교 역시 외교 정책의 일종이므로, 중국 외교 정책의 방향을 결정하는 공산당 중앙위원회 산하 중국외사공작영도소조(中国外事工作领导小组)에서 공

---

11   唐小松, 2006, p.44.

12   曲星, 2010, p.5.

공외교의 방향, 원칙, 정책을 결정한다.[13] 이와 더불어 상황에 따라서 공산당 중앙위원회와 국무원, 교육부, 상무부 등에서도 구체적인 계획을 발표하기도 한다. 이러한 계획을 지방정부 행정단위와 다양한 연구 기관, 대학들은 공공외교를 구체적인 방안으로 실행에 옮긴다. 이들은 문화, 교육, 스포츠 등 다양한 분야에서 다양한 형태의 공공외교를 진행한다.

실행정책

공공외교는 하드 파워 위주의 전통적인 외교와 달리 자국의 문화적 가치, 정치적 이념, 사회적 규범 등의 매력을 통하여 국제 사회에서 해당 국가에 대한 부정적인 이미지를 제고하고, 다른 국가 국민들에게 호감을 향상시키는 외교이다. 즉, 공공외교는 군사적 또는 경제적 영향력 대신, 자국의 문화적 매력에 의해 국제 환경에서 원하는 목표를 달성할 수 있는 능력인 소프트파워를 전개하는 중요한 메커니즘인 것이다.[14] 따라서 한 국가는 공공외교를 통해 국가의 소프트파워를 강화하고, 자국의 가치와 문화를 타국에 매력적으로 만들어 국제적 목표를 보다 섬세하고 영향력 있는 방식으로 달성할 수 있도록 한다. 이 과정에는 장학금, 학술 교류, 교육적 이니셔티브를 제공하는 교육 분야, 문화적 성과와 전통, 관습을 홍보하고 공유하여 상호 이해와 존중을 구축하는 문화적 교류, 다양한 미디어 채널을 활용하여 자국의 문화와 정책의 긍정적인 측면 전파 등이 포함된다.

---

13 백우열, 함명식, 2017, p.139.
14 Cull, 2009, p.15.

그중 교육 분야, 특히 유학생 유치는 공공외교의 중요 부분이다. 해외 유학생 유치는 상대국과의 관계를 개선하고, 본국의 문화를 전파하는 데 중요한 역할을 한다. 외국 학생들이 유학 기간 동안 해당 국가의 언어, 문화, 가치관 등을 배우면서 그 국가에 대해 우호적인 인식과 태도를 가지게 되고, 졸업 후 본국으로 돌아가 활동하게 되면, 그 국가와 교류할 수 있는 네트워크를 구축하고, 친밀한 관계를 유지할 수 있기 때문이다. 이러한 면에서 유학생 유치는 공공외교의 핵심 가치인 인문 교류와 문화 교류를 가능하게 한다는 점에서 효과적인 공공외교로 볼 수 있다.

중국도 유학생 유치를 공공외교의 중요한 수단으로 삼고 있다. 2015년에 교육부 등이 공동으로 발표한 '2015~2017년 유학 업무 행동 계획(2015~2017年留学工作行动计划)'에서는, 중국에 유학 온 우수 청년 인재를 집중적으로 양성하여, 중국의 외교 발전과 경제의 글로벌 진출 전략에 인적 자원 네트워크를 제공하겠다는 목표를 명확히 제시했다.[15] 이런 정책에 힘입어 교육 분야에서의 교류는 폭발적인 성장세를 보여 왔다.[16]

문화 교류 확대도 공공외교의 중요 축을 담당한다. 문화 교류를 통해 본국의 문화를 다른 문화권에 알리고, 소통할 수 있는 기반을 마련함으로써 상대국과의 관계를 개선할 수 있기 때문이다. 상대 국가의 사람이 해당 국가의 문화와 인식에 대해 이해할 수 있으려면, 외부의 문화적 배경을 가진 사람들에게 강한 매력을 제공하고, 이로 인해 그

---

15   中国教育新闻网, 2022.07.18.

16   백우열, 함명식, 2017, p.146.

들이 심리적으로 그 문화의 패러다임을 받아들여야 한다.[17] 이때, 문화 교류 시스템 구축은 해당 국가의 문화를 직접 체험할 수 있는 기회를 제공하며, 여러 문화적 배경을 가진 사람들과의 이해와 원활한 소통을 가능하게 한다. 다양한 배경을 가진 사람들에게서 그 문화가 공감을 얻게 된다는 것은 곧 해당 국가의 문화적 힘이 강화되는 것이다. 이러한 면에서 국제 행사, 문화 교류 프로그램 등의 문화적 상호 작용을 할 수 있는 기회를 제공하는 것은 인문 교류를 가능하게 하고 문화를 전파한다는 점에서 효과적인 공공외교이다.

　중국도 문화 교류 확대를 중요한 공공외교로서 활용하고 있다. 2017년 12월 중국공산당 중앙위원회와 국무원은 '중외 인문 교류 강화 및 개선에 관한 몇 가지 의견(关于加强和改进中外人文交流工作的若干意见)'을 발표하고 '중국과 외국의 인문 교류는 당과 국가의 대외 사업의 중요한 부분이며 중외 관계 사회의 여론 기반을 공고히 하고 중국의 대외 개방 수준을 향상시키는 중요한 방법'이라고 밝혔다.[18] 이후 중국은 전통문화, 영화 등의 다양한 주제로 각국의 청소년, 매체 등이 참여하는 국제 문화 교류 활동을 개최하고 있다.

17　胡清波, 2022, p.7.

18　学习时报, 2018.04.11.

Ⅲ. 중국 공공외교의 실행과 한계

1. 중국 공공외교의 실행

유학생 유치

유학생 교육에서 중국은 주변 개발국가의 유학생들을 집중적으로 유치하고 있다. 특히 중앙아시아, 서아시아를 거쳐 유럽까지 이어지는 육상 경로인 실크로드 경제 벨트와 중국의 해안에서 출발하여 동남아시아, 남아시아, 아프리카, 유럽까지 이어지는 해상 경로인 21세기 해상 실크로드 구축을 목표로 하는 일대일로 구상에 속하는 개발도상국의 유학생을 위주로 하고 있다.

2016년 4월, 공산당 중앙위원회와 국무원은 '새로운 시대의 교육 대외 개방에 관한 의견'을 발표하여 '실크로드 중국 정부 장학금'을 설립해 "매년 1만 명의 연선국가 신입생이 중국에 와서 공부하거나 연수할 수 있도록 지원하겠다"고 밝혔다.[19] 이는 2016년 7월 교육부에서 발표한 '일대일로 공동 건설 추진 교육 행동'에서 더욱 구체화되었다. 교육부는 '실크로드 중국 정부 장학금'을 설립하고, 고등교육기관은 "일대일로 공동 건설 계획에 따라 일대일로 참여 국가와 대학 제도 개선, 인재 양성 모델 혁신, 유학생 교육 품질 향상 등을 통해 다양한 형태의 협력과 교류를 진행해야 한다"고 밝혔다.[20] 지방 정부도 관련 장학금 관리 계획을 시행했다. 베이징시는 2016년 11월 '베이

---

19 新华社, 2016.04.29.
20 中华人民共和国教育部, 2016.

징시 외국 유학생 일대일로 장학금 프로젝트 관리 규정(시행)'을 발표했다. 이 규정은 "전국 유학 작업 회의에서 '유학생 사업 가속화'를 추진하는 정신을 바탕으로, 국가 '일대일로' 발전 전략을 실현하기 위해, 베이징시 외국 유학생 장학금 제도에 '일대일로' 장학금을 추가로 설립한다"고 명시하였다.[21]

중국의 위와 같은 정책에 따라 중산대학 남방학원, 운남대학 등 6개 대학은 국가발전개혁위원회 일대일로 연구원과 공동 건설 국가 유학생 수용에 관한 협약을 체결하였고 중국인민대학은 '실크로드 학원'을, 베이징사범대학은 '일대일로 학원'을, 광시대학은 중국-아세안연구원을 설립하여 연선국가들의 유학생을 유치하고 있다.[22] 이와 같은 계획에 힘입어 2016년 말에, 일대일로 프로젝트 연선국가의 중국 유학생 수는 20만 명을 넘어섰다.[23] 2023년에 발표된 '일대일로 교육 국제 교류 발전 조사 보고서'에 따르면, 학부 과정에서는 일대일로 연선국가 출신의 유학생이 전체 유학생 수의 60%를 차지하고, 박사과정 유학생이 전체 박사 유학생 수의 거의 70%에 달한다.[24]

문화 교류 활성화

중국이 가장 적극적으로 문화 교류를 진행하는 지역도 중앙아시아, 동남아시아, 남아시아, 아프리카 등 일대일로 계획에 포함되는 국

---

21   北京市教育委员会, 北京市财政局, 2016.

22   光明网, 2023.11.24.

23   经济日报, 2017.05.12.

24   光明网, 2023.11.24.

가들이다. 우선 중국 문화부는 2016년 '일대일로 문화 발전 행동 계획(2016~2020년)'을 발표하여 이들과의 문화 교류 계획을 구체적으로 밝혔다.[25] 이 계획에서 중국 정부는 문화 교류를 위해 문화 교류 협력 플랫폼 개선, 문화 교류 브랜드 구축, 문화 산업의 번영과 발전 촉진, 일대일로 지역의 문화 무역 협력을 촉진한다는 내용이다. 그 구체적인 방안으로는 첫째, 연선국가 및 지역과의 정부 간 조약 체결을 적극 추진하고, 인문 협력 위원회, 문화 연합 위원회 등 협력 메커니즘을 심화시키고, 둘째, 중앙 부처와 지방 정부 간 협력 메커니즘을 개선하며, 각 성과 자치구 및 직할시가 문화 교류, 유산 보호, 문예 창작, 문화 관광 등 분야에서 지역 협력을 진행하도록 장려한다는 것이다. 이와 더불어 일대일로 연선 국가 및 지역에서 중국 문화 센터 건설을 추진하고, 국제 포럼 및 무역 박람회 등에서 '일대일로' 문화 교류 섹션의 설립을 장려 및 지원하여 문화 교류 협력 플랫폼을 보완한다는 것이다.

이와 같은 정책에 따라 중국은 일대일로 지역 내외의 관련 국가들과 다양한 문화 교류 협력 프로젝트를 진행하고 있다. 실크로드 국제 문화 박람회, 실크로드 국제 영화제, 실크로드 유물전 등이 대표적이다. 실크로드 국제 문화 박람회(丝绸之路敦煌国际文化博览会)는 실크로드 정신을 연결 고리로 삼아 문명의 상호 이해와 문화 교류 협력을 주제로 하여, 민심의 교감을 목표로 하는 국제 행사로, 중국과 일대일로 지역 내외의 국가들 간의 문화 교류와 협력의 중요한 플랫폼

---

25   中国一带一路网, 2017.03.01.

이자 실크로드 문화 및 중국 문화를 세계에 알리는 중요한 창구로 자리 잡고 있다. '실크로드 국제 영화제'는 영화를 통해 일대일로 지역 내외의 각국 문화 교류와 협력을 촉진하고, 실크로드 정신을 계승하며 실크로드 문화를 홍보하는 것을 목표로 하고 있다. '실크로드 문화재 전시회'는 중국 전국 16개 성, 자치구 및 직할시에서 490여 점의 문화재를 모아 전시하는 것으로 '민심상통'을 위한 인문학적 기반 조성의 역할을 하고 있다. 이러한 문화 교류 플랫폼을 통해 중국은 실크로드 연선 국가들과 문화 교류를 활발히 진행하고 있다.

지방 정부는 이러한 정책 방향에 맞는 구체적 정책을 실행하고 있다. '육로 실크로드'와 '해양 실크로드 경제벨트'에 모두 해당하는 간쑤성은 2015년 선전 화창문화기술그룹(圳华强文化科技集团)이 첨단 기술을 활용하여 '팡터(方特)' 시리즈 테마 공원을 건립하는 등 특색 문화 제품과 프로젝트의 개발에 적극 참여하고 있다.[26] 산시성은 매년 문화 교류 시스템을 구축하기 위한 구체적인 계획인 '일대일로 건설을 위한 실행 계획(一带一路建设行动计划)'을 발표한다. 2019년에는 체계화된 인문교류 프로젝트의 형성을 주요 목표로 설정하고 국제 포럼, '일대일로 청년 우호 교류' 등의 활동을 개최하였다.[27] 2020년에는 중국의 전통 명절인 춘절을 기념하며, 세계 각국에 중국 문화를 소개하고, 해외 중국인 및 현지인들과의 문화적 유대감을 강화하는 목적으로 '해피춘절(欢乐春节)' 활동을 확대 개최하였다.[28] 이처럼

---

26   李凤亮, 宇文曼倩, 2016, p.50.

27   中国一带一路网, 2019.03.13.

28   陕西省人民政府办公厅, 2020.

지방 정부들은 문화 교류 활동을 적극적으로 전개하며 중국의 문화적 영향을 넓히는 데 중요한 역할을 하고 있다.

2. 평가 및 한계

본고는 앞 절에서 공공외교의 주요 행위자로서 중앙 정부와 지방 정부를, 구체적인 정책으로서 공공외교의 핵심 가치인 인문 교류와 문화 교류를 가능하게 하는 유학생 유치와 문화 교류 정책을 중심으로 중국 공공외교의 실시 현황을 살펴보았다. 그 결과, 중국은 주변 개발도상국, 특히 일대일로 계획에 포함된 국가들을 대상으로 유학생을 유치하고, 문화 교류를 활성화하기 위해 적극적으로 공공외교를 진행하고 있었다. 이러한 중국의 노력은 어느 정도 성과를 거둔 것으로 보인다. 2022년 아프리카 청년을 대상으로 한 주요국의 영향력과 호감도 조사에서 중국이 미국을 제치고 1위를 차지한 것이다.[29] 아프리카 지역은 일대일로에 포함되는 지역으로 중국은 아프리카 지역과의 유대를 강화하고 있다.

그러나 이와 같은 성과와 더불어 한계도 확인되었다. 앞선 논의 내용에서 살펴볼 수 있는 한계는 먼저, 국가의 과도한 주도이다. 중국의 경우, 각 지방 정부가 유사한 방식으로 공공외교를 진행하고 있으며, 성공적으로 수행한 지방정부의 외교도 중앙정부의 국가 대전략 방향성에 맞춰 교류 내용의 틀이 정해져 법적, 제도적으로는 상위법과 중

---

29 한겨레, 2022.06.14.

앙의 제도적 지침에 따라 운용해야 한다.[30] 공공외교는 한 국가의 정부가 상대국 국민들을 대상으로 펼치는 외교 활동이긴 하지만, 중앙정부가 제시하는 틀 안에서만 이루어지는 모습은 공공외교가 국가전략을 달성하기 위한 수단으로서 비칠 가능성을 높이며, 중국의 적극적인 공공외교가 오히려 국제 사회에서 위협적으로 받아들여질 가능성이 높아질 수 있다.

다음은 지역 편중의 심화이다. 유학생 유치와 문화 교류 등 다양한 공공외교 활동을 분석한 결과, 중국이 현재 공공외교를 집중적으로 실시하는 주요 대상국은 개발도상국이었다. 특히, 중국이 적극적으로 유학생 유치와 문화 교류를 추진하고 있는 국가들은 중국의 국가 대전략인 일대일로 지역에 포함되는 국가들이다. 이러한 일대일로 연선국가들에 집중된 공공외교 활동의 한계는 앞서 언급한 한계점과도 일맥상통한다. 즉, 중국의 공공외교는 단순히 국가 호감도를 높이려는 목적을 넘어, 일대일로 전략을 추진하기 위한 초석으로 활용되며, 국가 전략 달성을 위한 도구로 보이게 만드는 것이다. 중국이 미중 경쟁의 심화 등으로 인한 상호 경쟁의 맥락에서 공공외교를 자국의 이익 실현과 외교 정책 목표 달성을 위한 지정학적 수단(geopolitical statecraft)의 일환으로 사용하고 있다는[31] 부정적인 평가가 나오는 이유이다. 이와 같은 지역적 불균형은 서방 세계 및 선진국에서 중국에 대한 부정적인 인식을 해소하지 못하게 만들고, 미중 경쟁이 심화되는 상황에서 미국과 중국을 중심으로 한 국가들의 진영화를 더욱 가

---

30   김상규, 2022, p.97.

31   김태환, 2022, p.6.

속시킬 가능성이 있다.

Ⅳ. 한중 공공외교 강화를 위한 제언

1992년 수교 이후, 한국과 중국은 정치적, 사상적 차이에도 불구하고 활발한 인문 교류와 경제 교류를 통해 관계를 발전시켜 왔다. 그러나 최근 양국 관계가 경색되며 인문 교류도 급격히 감소하였다. 앞서 언급한 바와 같이, 인문 교류의 중요한 지표인 유학생 수를 살펴보면, 중국 내 한국 유학생 수가 급감하고 있음을 알 수 있다. 2023년 중국 지역 한국 유학생 수는 15,857명으로 이는 교육부가 관련 통계를 집계한 2001년 이래 최대치였던 2017년(7만 3,240명)과 비교했을 때 6년 만에 무려 78.3%가 감소한 수치이다.[32] 가파른 하락 곡선이 더 문제다. 중국 내 한국인 유학생은 2020년 4만 7,146명에서 2022년 1만 6,968명으로 약 64%나 급감하며[33] 올해까지 6년 연속 큰 폭으로 감소하고 있다. 유학생 감소로 대표되는 양국 관계 발전의 중요한 요소였던 인문 교류의 급감은 현재 경색된 양국 관계를 보여줄 뿐 아니라 향후 양국 관계의 전망도 어둡게 만든다.

무엇보다도 당장에 한국과 중국은 비약적인 관계 발전을 이룰 수 있었던 인문 교류의 회복을 위해 공공외교를 적극적으로 펼치고, 민간 교류를 활성화하여 상호 신뢰를 회복해야 한다. 이를 위한 첫번째

---

32 연합뉴스, 2023.12.25.
33 매일경제, 2023.07.10.

방안으로, 양국은 유학생 유치에 힘써야 한다. 유학생 교류는 단순히 현재 양국의 우호관계를 보여주는 것을 넘어, 미래 관계 발전의 기반이 되는 중요한 인문 교류이다. 그러나 앞서 살펴본 바와 같이, 최근 양국의 유학생 교류는 급격히 감소하였고, 줄어든 유학생의 숫자는 양국 관계의 미래 전망도 어둡게 하고 있다. 따라서 한중 양국은 상대국 유학생을 적극적으로 유치하여 미래 세대가 서로에 대한 이해를 넓히고 양국에 대한 호감도를 높이는 기회를 제공해야 한다. 이를 통해 현재 관계를 더욱 견고하게 만들고, 장기적으로 양국 관계의 안정적인 발전을 도모해야 한다.

둘째, 한국의 사드 배치 결정과 중국의 한한령 이후 감소한 양국의 문화 교류를 다시 확대해야 한다. 한한령 이전, 중국과 한국은 한중 합작 드라마 제작 및 한국 연예인들의 중국 TV 프로그램 출연 등을 통해 활발하게 교류하며, K-드라마와 K-팝 등 한국 대중문화를 매개로 양국 간 긍정적인 문화 교류가 이루어졌다. 그러나 한한령 이후, 중국 TV와 거리에서 쉽게 접할 수 있던 한국 드라마와 노래가 사라졌다. 일부 볼 수 있는 한국 연예인들은 한국 국적이 아닌 사람들이다. 문화 교류는 일상 속에서 상대 국가에 대한 호감을 높일 수 있는 효과적인 방법이다. 전 세계적으로 K-컬처가 큰 인기를 끌고 있는 지금, 한국 대중문화의 매력은 한중 간 경색된 관계를 회복하는 중요한 매개체가 될 수 있다. 따라서 양국은 문화 교류를 적극적으로 재개하여 민간 차원에서 긍정적인 인식을 확대하려는 노력을 기울여야 한다.

마지막으로, 양국 관계 회복의 핵심 요소인 정부 간 교류를 확대해야 한다. 중국 대외정책 결정에서 중앙 정부가 중요한 역할을 한다는 점을 고려할 때, 정부 간 교류 확대는 양국 관계 발전을 위한 필수적인 전제 조건이다. 따라서 한중 양국은 정부 인사들 간의 교류와 소통을 활성화하여 협력할 수 있는 부분을 찾아내고 적극적으로 협력하며 이를 통해 경색된 양국 관계 타개를 모색해야 한다. 물론, 한국과 중국 간에는 좁히기 어려운 차이점이 분명히 존재한다. 그러나 수천 년의 문화를 함께 공유한 이웃 국가로서 이 사실은 앞으로도 변함이 없다. 이러한 차이에도 불구하고 서로를 이해하려는 적극적인 노력을 해야 하는 이유이다.

이은주(李恩周)

이은주는 2024년 7월 베이징대학교 국제관계학원에서 국제관계학 박사학위를 받았다. 학위 논문은 "중미 경쟁하 한국의 외교 정책 선택"이며, 한미중 관계, 동북아 안보를 연구하고 있다. 현재 동아대학교 AI 연구소 전임 연구원으로 재직 중이다.

李恩周2024年7月毕业于北京大学国际关系学院，获得法学博士学位。论文题目为《中美竞争背景下韩国的外交政策选择（2013~2022）》。研究领域包括中美韩关系和东北亚安全。目前在东亚大学人工智能研究所担任专职研究员。

제3부

한중관계의 분야별 비교와
다면적 협력

제7장

한중 청년문화의 비교: '갓생'을 중심으로

추이루루(崔茹茹)

Ⅰ. 한중 청년 갓생 문화의 문제의식과 도전

현대 사회는 빠르게 변화하고 복잡해지는 가운데, 청년 세대는 새로운 문화적 현상들을 만들어내고 있다. 최근 한국 사회에서 '갓생'이 화두가 되고 있다. 갓생은 신을 뜻하는 갓(god)과 인생을 의미하는 생을 결합한 신조어로, 신처럼 모범적인 삶을 살면서 자신의 목표를 이루는 것을 말한다. 오늘날 많은 청년들이 더 나은 삶을 살기 위해 자발적으로 갓생에 도전하고 있다. 이전에 소셜미디어를 통해 중국 사회에서 큰 화제가 되었던 고도로 긴장되고 스트레스가 높은 자율적 생활 방식을 의미하는 유행어 '韓女作息(한국 여성의 일상생활 패턴)'이 타인에 대해 모범이 되려는 갓생과 비슷한 맥락을 갖는다. 이는 동기부여와 자아실현의 가능성을 담고 있기도 하지만, 성과사

회와 맥락을 같이 하는 개인적, 사회적 불안과 위험을 내포하기도 한다.[1]

'躺平(탕핑)'은 중국 청년문화의 새로운 현상으로 큰 관심을 받고 발전하고 있다. 탕핑은 단순한 문자 그대로의 의미인 몸을 눕혀 평평하게 펴서 이완시키는 것에서, 정신적인 붕괴, 이완 심지어는 자포자기로 진화되었다. 이에 대해 중국 청년문화 연구자들은 비유적인 현상의 관찰과 비판적 가치의 검토라는 두 가지 유형으로 나누어 탕핑문화 연구를 진행해 왔다. 전자는 두 가지 관점을 내포하고 있다. 한 가지는 탕핑문화가 현대 청년들이 더 나은 삶을 용감하게 추구하고 자아해방 하려는 새로운 경향을 반영하며 긍정적인 면이 있다고 주장하는 것이다. 다른 한 가지는 탕핑문화가 소셜미디어의 매개로 확산됨에 따라 청년 집단의 사고방식과 일상생활 등 여러 측면에 부정적인 영향을 미쳐 이를 바로잡고 시정해야 한다고 생각하는 것이다.[2] 비판적 가치 검토 측면에서 탕핑은 일종의 부정적인 의식 저항으로 간주되며, 일정한 긍정적인 역할을 하는 힐링 기능을 가지고 있지만, 쉽게 가치의 허무주의로 이어질 수 있다는 것이다. 이는 사회 문제를 가리게 되는 것뿐만 아니라 문제를 해결하는 데 필요한 사회적, 도덕적 자원을 더욱 소모할 것으로 추정한다.[3]

이처럼 갓생과 탕핑은 문화적 차이로 인해 한중 사회에서 서로 다른 이름이 붙고 문화적 내포도 다르지만, 자세히 살펴보면, 이들은 모

---

1   조유신, 라유빈, 이효준, 2023, p.228.

2   张萌, 2018, pp.32~37.

3   张丽军, 2022, pp.54~63.

두 한중 청년들이 세계 경제 불황, 취업에 대한 비관적 전망, 교육의 불평등 등 사회적 딜레마에 직면하여 보여주는 생존 방식과 사고방식을 반영하고 있다. 갓생이라는 생존 전략은 이들의 삶과 사고방식을 크게 변화시키고 있다. 갓생 문화는 청년들의 더 나은 삶을 위한 도전으로, 또는 사회의 높은 기대와 압력에 대한 반발로 이해될 수 있는 현상이다.

이에 본 연구에서는 갓생이라는 문화적 현상에 대한 한중 양국의 사례를 비교 분석하여, 갓생의 문제의식과 도전에 대해 살펴보고자 한다. 먼저, 갓생 문화의 의미와 특징을 살펴보고, 한중 양국의 청년들이 이 문화를 어떻게 받아들이고 있는지 살펴본다. 이어, 한중 갓생 담론의 이면에는 어떠한 차이점을 가지고 있는지, 무엇보다 한중 국가 정부와 사회기관들이 청년 갓생 문화가 반영한 문제에 대해 어떻게 지원을 시행하고 있는지 논의한다. 마지막으로, 갓생 문화에 대한 사회적 대응과정과 청년의 주체성을 강화할 수 있는 방안을 제안하고, 한중 양국의 청년들이 갓생 문화에 적극적으로 대응하고, 이를 통해 더 나은 삶을 위한 새로운 가능성을 모색한다.

이러한 연구는 한중 양국의 청년들이 직면한 사회적 딜레마를 이해하고, 갓생 문화를 통해 그들이 어떤 방식으로 대처하고 있는지 알아가는 데 중요한 의미를 가진다. 또한, 청년의 갓생 문화에 대한 이해를 통해, 양국 사회가 청년의 삶과 성장을 지원하고, 사회 발전에 기여할 수 있는 방안을 모색하는 데에도 도움이 될 것이다.

Ⅱ. 한중 청년 갓생 문화의 이론적 배경

1. 갓생의 실재

갓생과 탕핑은 얼어붙은 취업 시장에서 한중 청년들이 살아남기 위한 생존 전략이다. 한국경제인협회 '2023년 대학생 취업인식도 조사' 결과에 따르면, 졸업생들의 예상 취업률은 49.7%에 불과했다. 직장, 주거, 결혼 문제 등 고단한 현실에 무너지지 않기 위해 20, 30세대들이 갓생에 도전하는 것이다. 알바천국이 지난 10월 Z세대 749명을 대상으로 설문조사를 진행한 결과, 응답자의 77.4%가 '갓생을 추구한다'고 답했다. 갓생을 추구하는 이유는 스스로 삶의 만족도를 높이고, 무기력이나 번아웃 극복, 성취감, 미래에 대한 불안감 등으로 나타났다.[4] 갓생을 사는 방식은 다양하다. 이른 아침부터 일어나 운동과 독서를 하는 '미라클 모닝', SNS를 통해 공부를 인증하는 '공스타그램(공부와 인스타그램의 합성어)', 매주 혹은 매월 지출할 현금을 정한 뒤, 현금 다이어리에 목적 또는 시기에 맞게 쓸 돈을 넣어두고 그 한도 내에서만 소비하는 '현금 챌린지' 등은 한국 청년들이 갓생을 살아가는 대표적 방식이다.

이에 비해 중국 젊은이들 사이에는 "출근과 노력 중에 상향(上香)을 선택한다"는 '寺廟打卡(사찰 체크인)', 큰 금액 예금과 금 사들이기를 선호하는 저축 열풍, 퇴근 후 자신의 경력 계발을 위해 찾아간 야간 학교(夜校) 열풍, 대기업을 퇴사해서 자유와 자기계발을 추구하

---

4   권혁중, 2023.12.17.

는 SNS '大廠離職博主(대기업 퇴사 크리에이터)'로 성장하기 등 방식이 유행이다. 이 중에서 웨이보가 7.6만 명을 대상으로 "젊은이들은 왜 사찰에 찾아가는가"에 대한 설문조사를 진행한 결과, 가장 큰 이유로는 스트레스를 완화시키고 멘탈 트레이닝을 하고자 하는 것으로 나타났다.[5] 또한 올해 상반기에 小紅書(샤오홍슈)에서 '난 퇴사했다'는 이슈의 조회수가 2억 5천만 회에서 3억 8천만 회로 증가했으며, 관련 이슈 참여 인원은 3.5만 명에서 5.6만 명으로 증가했다.[6] 이를 바탕으로 '퇴사'는 더 이상 젊은이들의 자기 방치가 아니라, 트래픽을 가져올 수 있는 최신 장치이며 자신을 상품화시킬 수 있는 전략이 되고 있다.

이들 현상에 대한 관찰을 통해 갓생의 이면에는 우선, 불확실한 미래와 가혹한 경쟁에 노출된 청년들과 이들에게 가장 중요한 모토로 등장하는 생존이 있다는 점을 알 수 있다. 이런 점에서 이들 청년들이 각자도생의 전략을 세우고, 자원의 동원, 마음가짐의 형성, 그리고 도태되지 않고 살아남기를 꿈꾸는 자들로 스스로를 변화시켜 가는 특징을 지닌다. 그 과정에서 갓생은 스스로의 리듬을 늦추고 물질적 욕구를 낮추며 정신적 만족과 자아가치 실현을 추구하는 긍정적 탕핑과 일맥상통한다는 점도 알 수 있다.

그다음으로 생존주의의 압력에 대한 다양한 갓생 방식을 통해서 형성된 한중 청년들의 마음의 형식들로서는 독존주의와 공존주의라는 이념형들이 존재한다. 독존주의는 생존주의와 일정한 거리를 두

---

5   梁丽芬, 2024.07.31.

6   DT商业观察, 2024.06.11.

고, 개인화된 자율적 삶을 확보하고자 하는 마음가짐을 지칭한다. 여기에서 독(獨)은 타인들과의 교제나 사교로부터 벗어나려는 초월적 자세를 표상한다. 독존주의의 마음은 사회적 삶으로부터의 거리 두기, 혼자만의 안락한 공간에서의 독립된 삶에 대한 욕망, 강력한 개인주의적 가치, 타자들에 의해 자신의 삶이 교란될 가능성에 대한 거부 등을 내포한다. 2011년 경향신문에서 연애와 결혼, 출산을 포기한 세대라는 의미로 3포세대란 용어를 사용한 이후, 5포, 9포를 넘어 N포세대로 확대되면서 한국 청년문화의 독존주의가 부각되었다. 공존주의는 생존주의적 삶의 형식의 시대적 전횡에 문제를 제기하면서 다양한 형태의 집합적 라이프스타일을 대안으로 모색하는 마음가짐이다. 여기에서 공(共)은 타인들과의 공동체를 구현하고 그 안에서 삶의 의미를 찾아내고자 하며, 공적 문제들에 대해서 목소리를 내고 대응하고자 하는 태도를 집약한다. 시위나 집회, 공연, 학습, 세미나 등의 모임들을 통해서 공존주의자의 정체성이 형성되는 구체적 실천들이 발생한다.[7] 중국 정부는 '청년 발전 유형 도시 건설 시범사업에 관한 의견'을 발행함으로써 인간 중심의 새로운 도시화 전략을 확고하게 추진하는 과정에서 '청년 우선 발전' 이념을 적극 실천하고 있다.[8]

마지막으로 기술의 권한 부여를 받은 디지털 미디어 환경에서 다양한 이해 관계자들의 요구가 충돌함으로써 갓생 문화의 확산 채널을 확장시켰다. 기술 권한 부여를 실현한 온라인 사회에서, 현실 사회에서 다양한 이해 관계자들을 대표하는 개인이나 조직은 자신의 주

---

7   김홍중, 2015, pp.198~199.

8   杨菁, 刘俊娜, 2024.03.27.

체적 정체성을 온라인 공간에 대입할 수 있었고, 거기에서 새로운 이해 관계자를 재구성하거나 서로 영향을 주고받으며, 함께 온라인 생태계를 구축할 수 있었다. 온라인 공간에서 발생하여 청년들에게서 발견된 갓생 문화 뒤에는 실제로 현실 사회에서의 다양한 이해 관계자들이 온라인 기술 수단을 통해 자신들의 이익 요구를 표현하고 이익 추구를 실천하는 것이다. 과거 온라인 공간에서 '플렉스(자신의 성공이나 부를 과시하는 문화)'를 통해 성취감을 얻는 게 유행했다면, 앞으로는 작은 계획을 성공하는 데에서 성취감을 얻는 문화가 더 많아질 것으로 추정한다.

2. 청년의 소비절제 실천

장 보드리야르는 그의 저서 『소비의 사회』에서 인류는 소비에 의해 전면적으로 통제되며, 일종의 인코딩과 이 인코딩에 적합한 무의식적인 규율에 의해 길들어지며, 이에 따라 소비는 모든 이데올로기를 대체한다고 본다. 그러나 전 세계가 소비의 소용돌이에 휩싸였을 때, 서양 학자들은 소비절제(anti-consumption)에 관한 연구를 시작했다.

Zavestosk는 소비절제를 소비 행위 자체에 대한 저항과 혐오로 정의했으며,[9] Penaloza 등은 문화 비판의 시각에서 출발하여 소비절제의 본질이 소비문화와 의미 마케팅에 대한 저항임을 제안했다.[10] 이 두

---

9   ZAVESTOSKI S, 2022, pp.149~165.

10   PENALOZA, PRICE, 1993, pp.123~128.

가지 정의는 모두 소비자의 자발성이 소비절제의 실천에서 발휘하는 중요한 역할을 간과하고 있다.

王金林은 청년 집단의 소비절제를 사회적, 구조적 행위로 분류하고 개별성과 자발성의 행위가 아니라고 판단하였다. 즉 소비의 소용돌이에서 지치고 있던 '佛係(불계)청년(출세나 돈벌이 등 세속적인 욕심에 별다른 관심이 없이 욕망을 억제하며 사는 중국 청년들을 일컫는 신조어)'들은 소비할 능력이 없어서 소비절제 또는 저소비 방식을 선택했다.[11] 辜慧英은 청년 집단의 소비절제 실천이 현실 세계와 온라인 미디어 세계 사이의 큰 격차를 해소하기 위한 것으로, 저항의 방식을 통해 기존의 권위 가치를 녹여내어 가치를 재구성하며, 이를 통해 새로운 유형의 청년 문화를 구축한다고 주장하였다.[12]

기존 연구를 종합해 보면, 청년 집단의 소비절제 실천은 독립적인 이슈로 간주되지 않고, '불계', '탕핑', '저욕구' 등 청년 문화 이슈와 연동시켜서 살펴보고 있다. 또한 기존 연구는 모두 청년 집단의 소비절제 실천을 대외적인 현실 세계에 대한 수동적인 반응으로 보고, 이를 외부에서 내부로의 어쩔 수 없는 행위로 간주하여, 청년 집단의 자발성과 주체성의 각성을 무시하였다. 다시 말해 이들 연구는 소비의 사회에서 사람의 주체성이 전면적으로 상실된다는 장 보드리야르의 주장과 같은 맥락이다.

그러나 '나'답게 살기 원하는 Z세대 청년이 한중 소비 시장의 주력군으로 성장하고 있다. 그들이 추구하는 갓생은 일종의 라이프스타

---

11   王金林, 2018, PP.39~42.

12   辜慧英, 侯凡跃, 2022, pp.104~113.

일로 개인의 가치, 동기, 개성, 감정 등이 반영되는 것으로, 개인의 욕구에 영향을 미쳐 최종적으로 소비행동으로 나타난다. 우선, 청년들이 소비를 줄이는 동시에, 건강, 관계, 취미, 개인 성장 등에 더 관심을 가질 수 있는 여건을 조성하고, 이는 갓생 문화의 핵심 가치와 일맥상통한다. 그다음으로, 소비절제를 통해 청년들은 자신의 시간과 에너지를 다른 활동, 특히 자기계발에 투자할 수 있다. 이러한 자기계발 활동은 갓생 문화에서 중요한 요소로, 청년들이 더 나은 삶을 위한 투자로 간주된다. 또한 소비절제는 청년들의 자신의 삶과 소비 패턴에 대한 더 큰 통제권을 제공한다. 이 또한 갓생 문화에서 중요한 요소로, 청년들이 자신의 삶을 주도적으로 만드는 데 기여할 수 있다. 따라서 본 연구는 한중 청년의 자기 주체성 극대화 추구 의지를 기반으로, 이들의 소비절제 실천이 갓생 문화의 실재를 이해하는 데에 중요한 영향을 미칠 것으로 보이고 있다.

3. 온오프라인 자기계발 연계 플랫폼

현재 한중의 젊은 세대는 과거 세대가 경험하지 못한 취업난에 직면해 있으며, 국가나 기업이 개인의 성공을 보장하지 않는 사회적 환경에서 살아가고 있다. 이에 따라 오직 지속적인 자기계발을 통해 경쟁력을 갖춘 개인만이 스스로를 보호하고 성공할 수 있다는 개개인의 자기계발 논리가 확고하게 자리 잡고 있다. 이러한 신자유주의적 자기계발의 원리는 자기를 문제화함으로써 자신을 되돌아보고, 스스로의 장단점에 대해 분석해 보는 등의 자기 분석을 통해 좀 더 '나은

나'로 발전하는 것에 의의를 둔다.[13]

청년 세대가 더 나은 삶을 추구하기 위해 갓생에 도전하는 모습은 자기계발의 주체로서의 모습을 보여준다. 이들의 노력은 자격증 취득, 학점 관리, 인턴십 경험, 외국어 연수, 취미 활동 참여 등 영역은 물론이고 타인에게 좋은 인상을 주는 능력, 표정과 태도를 관리하는 능력, 운동과 다이어트를 통해 몸매를 관리하고, 인간관계를 유지하는 기술 등 보다 나은 나로 발전할 수 있는 모든 영역에서 이루어지고 있다. 이는 제한된 사회 자원과 기회를 얻기 위해 치열한 경쟁에서 이길 수 있도록, '더 나은 나'로서의 성장이 필수적이라는 것을 인식하고 있기 때문이다.

앞에서 언급한 바와 같이 기술의 권한 부여를 받은 디지털 미디어 환경에서 갓생 문화는 온라인 공간에서 발견되며 급속도로 확산되었다. 하지만 보다 나은 나로 발전할 수 있는 모든 영역에서 이루어지고 있는 자기계발은 실은 온오프라인 연계 플랫폼을 통해 표출되는 특징을 보인다. 이러한 플랫폼은 청년들이 자신의 인생을 더욱 풍요롭고, 의미 있게 만들기 위해 온라인과 오프라인 환경에서 제공되는 다양한 자기계발 기회를 활용하는 데에 중점을 둔다. 이러한 온오프라인 자기계발 플랫폼과 갓생 문화 간의 관계는 밀접하고 상호 보완적이며 다음과 같은 방면에서 드러난다.

우선, 이러한 플랫폼은 사용자 중심의 접근 방식을 통해 청년들이 자신의 필요와 관심에 맞는 교육과 활동을 선택할 수 있다. 이는 갓생

---

13   김기덕, 2020, p.190.

문화에서 강조되는 개인의 자기주도적인 삶의 방식과 일맥상통한다. 그다음으로 온오프라인 자기계발 플랫폼은 청년들이 서로의 경험과 지식을 공유하고, 협력할 수 있는 커뮤니티를 형성할 수 있다. 이러한 커뮤니티는 갓생 문화에서 중요시되는 소셜 네트워킹과 사회 참여를 증진시킨다. 또한 이러한 플랫폼을 통해 청년들은 자신의 경험과 학습을 통해 성장하고, 이를 통해 자신의 인생을 더욱 의미 있게 만들 수 있다. 이는 갓생 문화에서 중요시되는 자기반성과 삶의 의미를 위한 노력을 의미한다. 이에 갓생 문화를 이해하는 데에 있어 청년들의 자기계발에 유익한 온오프라인 연계 플랫폼을 살피는 게 중요하다.

III. 한중 청년 갓생 문화의 사례 비교분석

이러한 이론적 배경 검토를 통해 한중 청년 갓생 문화에 대한 비교분석을 진행하기 위하여 본 연구는 첫째, 갓생을 추구하는 한중 청년의 마음의 형식 유형인 독존주의와 공존주의를 나타내며, 둘째, 기술의 권한 부여를 받은 디지털 미디어 환경에서 다양한 이해관계자가 존재하고, 셋째, 갓생 라이프스타일을 추구하는 과정에서 청년의 소비 주체성이 부각되고, 넷째, 온오프라인 자기계발 연계 플랫폼을 활용하기까지 모두 내포하는 대표적 사례를 선정하고자 하였다. 이에 부합한 연구 대상으로 한국의 사단법인 니트컴퍼니(NEET Company)와 중국의 청년 야간학교(青年夜校)를 선택하였다.

니트컴퍼니는 청년 니트(NEET)의 사회적 고립을 방지하고 일과 삶으로 회복을 지원하기 위한 커뮤니티 플랫폼으로 무업기간의 청년들이 가상의 회사를 통해 사회적 관계를 형성하고 자신만의 삶의 방식을 탐색할 수 있는 기회를 제공한다. 청년 야간학교는 취미나 직업 스킬 향상을 원하는 사람들을 위해 운영되는 야간 학습 학교이다. 이 교육 방식은 1980년대와 1990년대 중국 사회에서 매우 인기가 있었으며, 최근 다시 젊은 세대에게서 인기를 얻고 있다. 청년 야간학교는 새로운 기술을 배우고 경쟁 우위를 유지할 수 있는 동시에 청년들의 여가 생활을 풍부하게 하고 정신세계를 충만하게 만드는 갓생 플랫폼이다.

본 연구는 한중 청년 갓생 문화를 대표하고 있는 니트컴퍼니와 청년 야간학교의 전반적 성격, 갓생 플랫폼으로서의 방향성 및 콘텐츠의 특징을 비교 분석한다. 이를 바탕으로 한중 갓생 문화가 가지는 양상을 유형화하고, 비판적 가치 검토의 측면에서 한중 갓생 담론을 포착하고자 한다. 궁극적으로 갓생이라는 삶의 방식이 한중 사회와 청년들에게 선택받게 된 이유와 그 원리를 파악함으로써 이를 통해 갓생에 내재해 있는 한중 청년들의 특성이 드러날 것으로 보인다.

1. 조직 특성: 가상화된 조직의 역동성과 구조적 안정성

정보 통신 기술의 급속한 발전과 인터넷의 광범위한 활용 등으로 새로운 형태의 조직이 나타나고 있다. 무업기간의 청년들에게 가상화된 조직 체험을 제공해 주는 니트컴퍼니는 앞장서고 있다. 표 7-1

표 7-1. 니트컴퍼니의 조직 역사

발전 단계	주요 활동 내용
2019년 니트생활자 커뮤니티 시작	- 별 액티비티 프로젝트 운영 - 서울 NPO지원센터 비영리스타트업 선정 - 니트컴퍼니 시즌1 운영 - 기획전시 '내 직업 설명서'
2020년 니트생활자 임의단체 등록	- 니트의 경제적 자립을 위한 '아무거나 실험실' - 니트컴퍼니 시즌2, 3, 4회 운영 - 오프라인 기획전시 '백수의 재발견' - 온라인 기획전시 '틀, 틈' 운영 - 서울시 청년청, 무업 청년의 일상 활력 증진 콘텐츠 개발 - 카카오임팩트재단X소풍 NEXT STEP 인큐베이팅 프로그램 참여 - 사랑의열매X다음세대재단 비영리스타트업 인큐베이팅 참여
2021년 니트생활자 사단법인 설립	- 니트컴퍼니 시즌5 운영 with 카카오프로젝트 100 - 니트컴퍼니 서대문점 시즌6 운영 with 고용노동부, 서대문구 - 니트컴퍼니 광주점, 부산점, 화성점 with 청년센터, 경제진흥원, 청 년지원센터
2022년 니트생활자 사무실 오픈	- 나눔과 꿈, 공공상생연대기금, 비영리스타트업 성장 지원 사업 선정 - 무업 청년 커뮤니티 플랫폼 '닛커넥트(neetconnect.kr)' 오픈
2023년 니트생활자 니트연결망 확대	- 월별 걷기모임 '니트워킹데이' 운영 - 니트청년 알럼나이의 기회 창출 프로젝트 '니트잡화점' 협업 - 자립준비청년 'JUMP STAGE 지원사업' 커뮤니티 운영 - 채식지향생활자 소모임 프로그램 기획/운영 - Lab2050 청년 정책 연구 사업 참여

과 같이 니트컴퍼니의 조직 역사[14]를 들여다보면 니트컴퍼니는 비영
리스타트업 커뮤니티로 시작하여 경제적 자립을 목표로 하는 사단법
인 설립, 정부, 기업과의 제휴를 거쳐 의사소통 플랫폼 구축과 니트연
결망 확대의 단계로 진급하였다. 니트생활자는 기존 운영하던 회사
놀이 콘셉트의 니트컴퍼니에서 나아가 유형에 맞는 프로그램으로 청

---

14   니트생활자 홈페이지 내용 참고 및 정리, http://neetpeople.kr/about.

년들의 사회적 자원을 쌓을 수 있도록 지원하였다.

이 과정에서 조직 니트생활자의 주요 활동 내용은 기간별, 주제별, 프로젝트형 등 불확정한 콘텐츠들로 강한 역동성을 지닌다. 역동성은 환경 상황의 변화 정도를 나타내는 불안정성과 그러한 변화의 예측 불가능성을 의미한다.[15] 이는 고객이나 경쟁자 행동에 영향을 받기 때문에 소비자 선호의 변화와 산업 내에서 경쟁자들의 활동으로 야기되는 경쟁의 변화 등을 포함하는 개념이다. 관련된 연구들은 환경 역동성이 높아지면 현재 상품이나 서비스의 수명 주기는 단축되기 때문에 기업 성과에 더 긍정적인 영향을 미칠 것이라는 입장을 취하고 있다.[16] 따라서 역동적인 환경에서 제품이나 서비스 혁신은 지속적으로 변화하는 고객의 니즈를 더 잘 충족시켜 주고 우월적인 고객 가치를 창출함으로써 고객의 만족을 높여줄 수 있을 것이다.

니트 청년들은 진로 탐색과 진로 발달 과정에서 다양한 어려움을 겪고 있다. 정부는 니트 청년 등 진로 탐색과 취업에 어려움을 겪는 '취업취약계층'을 지원하기 위한 프로그램들을 실시해 왔지만 이러한 프로그램들은 직업기술훈련과 취업알선 등 단기간에 취업할 수 있도록 지원하는 기능에 집중되어 있어서, 니트 청년 등 당장 직업훈련이나 구직활동 참여를 희망하지 않는 계층에게는 적합하지 않은 한계가 있었다. 구직활동을 단념했거나 충분한 준비과정을 필요로 하는 니트 청년들에게는 구직 동기를 높이거나 진로, 직업을 충분히 탐색하고 직업에 대한 적응력을 높일 수 있는 프로그램이 필요했

---

15   권보경, 2023, p.303.
16   이미아, 이유재, 정나영, 2023, p.198.

는데, 니트컴퍼니는 그 틈을 채워주고 있다. 니트컴퍼니는 기획전시 '내 직업 설명서'와 '백수의 재발견', 닛커넥트 커뮤니티, 월별 걷기모임 등 일상 활력 증진 콘텐츠를 개발함으로써 니트 청년이 새로운 도전에 대한 두려움을 극복하고 지속적인 개인 발전을 이룰 수 있게 도와주고 있다. 이러한 가상화된 조직의 역동성은 조직이 변화를 주도하고 변화의 주체로서의 역할을 수행하고 있다고 볼 수 있다.

이와 달리 중국의 청년 야간학교는 분명한 구조적 안정성을 지닌다. 우선, 청년 야간학교는 주로 공산당과 정부가 주관하여, 당군(党群)서비스센터, 청년의 집 등 기지에서 활동을 진행함으로써 조직의 안정성과 권위성을 확보하고 있다. 그다음으로 청년 야간학교는 다양한 업계협회, 예술단체, 공익 조직 등과의 협력을 통해 안정적인 자원 지원 체계를 구축하였다. 특히 정부는 서비스 구매, 공익 강사 채용 등의 방법으로 청년 야간학교에 안정된 재정적 지원을 제공하고 있다. 또한 단중앙(团中央)은《청년의 집: 청년 야간학교 프로젝트 실행 지침(青年之家: 青年夜校项目实施指引)》을 발표하여 야간학교의 발전에 강력한 정책적 지원을 하고 있다. 마지막으로, 청년 야간학교는 커리큘럼 구성, 교사 선발, 시장화 운영 등 면에서 체계화되고 규범화된 관리 표준을 마련하여 운영하고 있다. 이에 의해 청년 야간학교는 청년들에게 더 다은 서비스를 제공하고 청년의 전면적인 발전을 촉진시킬 수 있는 것이다.

2. 공급 주체: 프로젝트형 전략적 제휴와 전문성 커리큘럼형 다 주체 참여

급변하는 디지털 환경에서 지식과 정보가 경제활동에서 주도적인 가치 창출의 원천이 되었으며, 이와 같은 기술과 지식을 기업의 활동과 소비자들의 생활에서 적용하는 새로운 형태의 비즈니스의 비중은 지속적으로 확대되어 활용되고 있다. 니트컴퍼니의 경우, 5인 내외 리더팀이 직무 기반 정부 사업을 신청하고 참여하거나 실전형 온오프라인 프로젝트를 수행하고 결과물을 제출하는 방식의 비즈니스로 프로젝트형 사업으로 볼 수 있다. 이때 조직의 공급 주체는 프로젝트 기반의 전략적 제휴로 그림 7-1과 같이 불특정한 참여 주체가 특징이다. 프로젝트형 제휴의 특성상 다양한 참여자가 참여할 수 있는 구조를 가지고 있다. 이는 다양한 전문지식과 경험을 가진 사람들의 참여를 가능하게 한다. 또한 프로젝트 기반의 협력은 조직의 유연성과 적응력을 강화시킨다. 조직은 다양한 환경 변화에 신속하게 대응할 수 있다.

반면, 청년 야간학교의 공급 주체는 그림 7-2와 같이 주로 당단조직, 지방정부, 대학교 그리고 기업으로 분류하고 있다. 보다 안정적인 공급 주체에 힘입어 청년 야간학교는 중국 청년들에게 취업기술반, 생활취미반, 비물질문화유산반 등 전문성이 강한 커리큘럽을 제공하고 있다. 커리큘럼의 전문성은 청년들에게 실질적인 기술이나 지식을 제공함으로써 참여 의도를 높일 수 있다. 안정적인 공급 주체의 지원은 야간학교의 운영을 안정화시키는 동시에 질 높은 교육 서비스

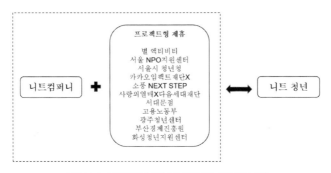

그림 7-1. 니트컴퍼니의 프로젝트형 전략적 제휴

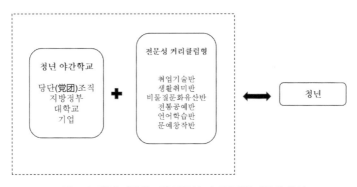

그림 7-2. 청년 야간학교의 전문성 커리큘럼형 다주체 참여

를 제공할 수 있는 기반을 마련한다. 이는 야간학교의 장기적인 발전과 청년들의 안정된 교육 경험을 보장하는 데 기여한다.

결론적으로, 니트컴퍼니는 유연성과 다양한 참여자를 중시하는 프로젝트형 전략적 제휴를 통해 조직의 역동성을 강화하고, 청년 야간학교는 전문성이 강한 커리큘럼과 안정적인 공급 주체의 참여를 통해 구조적 안정성을 확보하고 있다. 이러한 특성들은 각각의 조직이 직면한 환경과 목적에 적합한 운영 모델을 선택하고 실행하고 있음을 보여준다.

3. 수요 주체: 정서적 결핍 극복

니트 청년은 크게 공황장애나 불안, 우울 등을 겪고 있는 심신장애형, 전공이 맞지 않거나 무엇을 해야 할지 막막한 진로탐색형, 가족과 직장, 건강상의 문제로 일을 하지 못하는 소진휴식형으로 나뉜다.[17] 코로나19로 인한 경제 불황, 지속적 취업 실패, 불안정한 고용 형태, 착취와 경쟁이 만연한 노동환경 등이 이들을 니트 상태로 만들어버렸기 때문이다. 이에 니트생활자의 핵심 이념은 '경험을 통한 전환', '공존을 위한 연결', '자율에 의한 재미'이다. 또한 니트생활자는 직업을 알선하거나 금전적 지원을 하던 기존의 니트 청년 지원 방식과 달리 자신의 삶을 주체적으로 이끌어갈 수 있는 의지 회복에 주목한다.

청년 야간학교가 인기를 끌고 있는 배후에는 청년들의 정신적 삶의 부족함이 드러난다. 치열한 직장 생활을 하면서 많은 청년들은 신체적, 정신적으로 지쳐가며, 마음의 피난처와 정신적인 즐거움을 찾고 있다. 청년 야간학교의 등장은 이러한 빈자리를 잘 메울 수 있다. 중국청년신문 사회조사센터가 대도시에서 생활하는 18~35세 청년 1,988명을 대상으로 실시한 설문조사에서, 97.2%가 외로움을 느낀다고 밝혔고, 20.6%는 자주 외로움을 느낀다고 답했다. 그전에 인기 있었던 온라인 '지식 유료 강의'보다 야간학교는 더욱 청년들의 이상적

---

17   강은진, 2022.11.

인 오프라인 소셜 장소로 여겨진다. 청년 야간학교는 여가 시간을 이용하여 청년들의 문화적 지식, 전문 기술, 정신적 삶을 풍부하게 해주는 중요한 교육 방식이다. 중국 청년들의 포괄적인 성장 수요가 점점 증가하고 있으며, 야간학교는 새로운 문화 트렌드로 변모되어, 많은 청년들의 야간 생활의 핵심 구성 요소가 되고 있다. 이 과정에서 중국 청년은 소극적 참여에서부터 적극적 선택으로, 물질적 생존 필요에서 정신적 삶의 확장으로, 그리고 단계적 목표에서 평생교육의 적극적인 전환으로 이뤄지고 있다.

이처럼 수요 주체의 측면에서 살펴볼 때 한중 갓생 문화의 이면에는 한중 청년들이 일상 속의 압력에서 벗어나 가벼운 여가 시간을 즐기고, 자원 압축, 사회적 기대 등 소셜관계의 구속에서 해방하며, 사회구성원으로서의 역할 수행 및 취미 생활을 통한 커뮤니티 강화 등 체험으로 정신적 결핍을 극복하고 삶의 의미를 감수하자는 의지가 보인다.

Ⅳ. 한중 청년 갓생 문화의 이해 심화와 제언

본 연구는 한중 청년의 갓생 문화를 비교 분석하여, 각각의 문화적 특성과 정부 및 사회 기관의 지원 방식을 살펴보았다. 연구 결과, 한국의 니트컴퍼니와 중국의 청년 야간학교는 조직 특성, 공급 주체, 수요 주체 등에서 차이를 보였다. 한국의 니트컴퍼니는 가상화된 조직의 역동성을 통해 니트 청년들의 진로 탐색과 개인 발전을 지원하는 반면, 중국의 청년 야간학교는 구조적 안정성을 바탕으로 청년의 전면적인 발전을 촉진하고 있다.

먼저, 조직 특성에서의 차이를 보면, 한국의 니트컴퍼니는 변화를 주도하고 변화의 주체로서의 역할을 하는 동적인 조직인 반면, 중국의 청년 야간학교는 당과 정부의 주관 아래 안정적으로 운영되고 있는 전통적인 조직으로 판단된다. 이러한 조직 특성은 각국의 사회 문화 및 시스템에 기인한 것으로 보인다.

두번째로, 공급 주체의 차이에서 한국의 니트컴퍼니는 프로젝트형 전략적 제휴를 통해 불특정 다수의 참여자를 모으는 반면, 중국의 청년 야간학교는 당, 정부, 대학교, 기업 등 안정적인 공급 주체를 보유하고 있다. 이는 한국의 니트컴퍼니가 더욱 민간 중심적이고, 중국의 청년 야간학교가 정부 주도적인 특징을 가지고 있음을 의미한다.

마지막으로, 수요 주체의 차이를 살펴보면, 한중 청년 모두 정서적 결핍을 극복하고 삶의 의미를 찾으려는 의지가 있으나, 그 방식과 정도에서 차이를 보인다. 한국의 니트컴퍼니는 일상 활력 증진을 통해 니트 청년들이 새로운 도전에 대한 두려움을 극복하고, 중국의 청년 야간학교는 전문성이 강한 커리큘럼을 통해 청년들의 취업 및 생활 질을 향상시키는 데 초점을 둔다.

이에 근거해 몇 가지 제안을 할 수 있다. 향후 한중 양국은 청년의 갓생 문화에 대한 이해를 깊게 하기 위해서는 문화적, 사회적 차이를 고려한 더욱 구체적인 연구가 필요하다. 이러한 연구는 청년의 가치관, 생활 방식, 그리고 사회적 도전에 직면했을 때의 태도와 대처 전략을 깊이 있게 이해할 필요가 있다. 특히 연구는 청년의 개인적 차이에 주목해야 한다. 가정 배경, 교육 수준, 경제 상황, 그리고 소재 지역 등이 그들의 갓생 문화에 어떻게 영향을 미치는지 포함해야 한다.

또한, 청년의 갓생 문화가 반영된 사회 문제에 대해 정부와 사회 기관이 더욱 적극적으로 대응할 수 있는 방안을 모색해야 한다. 이는 목적을 가지고 정책과 계획을 수립하는 것이 포함되며, 직업 생활의 속도를 선택적으로 또는 강제적으로 늦추는 청년을 지원하기 위한 것이다. 정부는 직업 훈련, 심리 건강 지원, 그리고 창업 자원을 제공하여 청년이 노동 시장과 사회의 변화에 더 잘 적응할 수 있도록 노력할 필요가 있다. 특별히, 청년의 주체성과 참여를 중심으로 한 지원 프로그램의 개발은 그들의 목소리와 필요가 결정 과정에서 중요시되도록 해야 한다. 이는 청년 자문 위원회의 설립, 포럼과 세미나의 개최, 그리고 정책 수립 과정을 대중 참여로 열어놓는 것으로 실현할 수 있다.

마지막으로 청년의 갓생 문화를 이해하고 지원하는 전문 인력의 양성이 중요하다. 이는 교육 종사자, 직업 상담사, 심리 건강 전문가 등이 포함되며, 그들은 청년 문화와 심리 특성을 이해하는 교육을 받아야 한다. 이는 청년을 더욱 효과적으로 지원하고 서비스를 제공하기 위해 필요하다.

이러한 노력은 청년의 삶의 질 향상에 기여할 뿐만 아니라, 국가의 미래 발전에도 중요한 의미를 가질 것이다. 청년의 개인과 직업 발전을 지원함으로써, 사회는 다음 세대의 리더와 혁신자를 키울 수 있으며, 이는 경제 성장과 사회 진보를 촉진한다. 또한, 청년이 직면한 문제를 해결함으로써, 사회는 청년의 만족도와 소속감을 강화할 수 있으며, 이는 사회의 안정과 조화를 촉진한다.

추이루루(崔茹茹)

추이루루는 2023년 2월 한양대학교 문화콘텐츠학 박사학위를 받았다. 학위논문은 "Bilibili 일상 브이로그 채널에서 나타나는 준사회적 상호 작용 연구"이며 중국 소셜미디어 청년문화 커뮤니티를 연구하고 있다. 현재 중국 네이장사범대학 인터넷과 뉴미디어학과 전임강사로 있다.

崔茹茹于2023年2月获得汉阳大学文化内容学博士学位, 博士论文题目为《Bilibili日常Vlog频道中的准社会互动研究》, 专注于探索中国社交媒体上的青年文化社区。现担任内江师范学院网络与新媒体专业的专任教师 。

제8장

한중 문화산업의 비교:
웹소설의 IP화를 중심으로

김하나(金恩惠)

Ⅰ. 웹소설을 통해 한중 문화산업을 비교하는 이유

웹툰, 웹소설, 웹드라마 등은 현재 한국에서 일명 '웹콘텐츠'[1]로 함께 묶인다. 이들 '웹콘텐츠'는 모두 인터넷의 기본 프로그램인 '웹 (Web)'을 활용하며 인터넷을 통해 전파하는 특징을 갖고 있다. 예를 들면 웹툰이나 웹소설의 경우, 웹페이지의 형식에 맞추어 스크롤을 위아래로 내리며 열람할 수 있게 연재되며, 웹드라마 역시 전통적인 텔레비전 드라마보다 플롯을 간결하게 하거나 편당 시간을 짧게 구성하는 식으로 인터넷에서 쉽게 공유될 수 있게 만들어지고 있다.[2]

1　한혜원,김유나, 2015, pp.31~52.
2　김미라, 장윤재(2015)는 웹드라마를 다음과 같이 정의한다(p.299.). "기존 방송매체가 아닌 인터넷, 모바일 등 온라인 동영상 스트리밍 서비스를 통해 제공되는 드라마를 지칭하며 '모바일 드라마', 'SNS 드라마' 등으로 불린다." 이 같은 정의는 대다수의 연구에서 공유되고

인터넷을 통해 전파하는 이들 '웹콘텐츠'는 인터넷의 보급, 특히 핸드폰을 기반으로 하는 모바일 인터넷의 보급과 함께 시장 성장을 거듭하고 있으며, 출판사, 서점, 통신사 등 다양한 사업자의 투자를 이끌어내고 있다. 그리고 이같이 다양한 투자를 바탕으로 하는 꾸준한 시장 성장 속에서, 이들은 웹콘텐츠로서뿐만 아니라 영화, 드라마 또는 애니메이션 등 다양한 문화콘텐츠로 제작되며 문화산업의 콘텐츠 '원천'으로 각광받고 있다.

위와 같은 '각광'은 물론 웹콘텐츠 자체의 재미, 그리고 창작자 개개인의 역량과 한국의 문화사회적 환경, 정책적 지원 등 요소가 종합적으로 작용한 결과다. 그러나 상술했듯, 웹콘텐츠는 인터넷의 기본 프로그램인 웹을 활용하면서 인터넷을 통해 전파한다. 따라서 기술적으로 보면 웹콘텐츠는 인터넷 인프라만 갖추어진다면, 누구든, 또는 어떤 나라든 얼마든지 생성 가능하고, 또 공유될 수 있다. 그리고 이는 현재 다양한 사례를 통해 증명되고 있다. 가령 넷플릭스나 디즈니플러스 같은 OTT 플랫폼은 인터넷에서 다운받지 않고 바로 보는 스트리밍 영상 서비스를 통해 북미, 유럽, 아프리카, 아시아 등 지역에서 방대한 이용자를 확보하였다.[3] 또 다른 예로, 한국에서는 주로 '웹툰'이라고 불리는 '인터넷 만화' 서비스의 경우, 개별 작품뿐만 아니라 전문 플랫폼을 해외로 수출하며 한국적 웹툰 시스템을 바탕으

있으나, 일부 연구에서는 다르게 정의하기도 한다. 가령 강건해(2020)는 웹드라마를 웹을 매개로 활용되는 드라마로 정의하며, 웹에 적합한 형식으로 게재되는 드라마를 '웹플랫폼 드라마'라 명명한 바 있다(p.8.).

3   Statistia, 2024.

로 하는 타국적 작가의 '웹툰'을 만들어내고 있다.[4] 게다가 한국의 웹
툰과 유사한 '인터넷 만화' 서비스의 시장 확장은 비단 한국에 국한
된 현상이 아니다. 가령 동남아시아에서도 만화는 다양한 현지 인터
넷 기반 플랫폼을 통해 이용자를 확장하고 있다.[5] 그리고 이는 웹을
기반으로 전파하는 웹드라마나 웹툰과 '웹콘텐츠'라는 이름으로 함
께 묶이는 웹소설의 경우도 마찬가지다. 가령 한국의 웹소설은 국내
에서뿐만 아니라 다양한 나라로의 수출을 통해 시장을 확장하고 있
다. 또한 북미, 중국, 일본 등에서도 유사한 '소설'이 가파른 시장 성
장을 보이고 있다.[6]

웹소설은 '소설'을 사용한 이름에서도 드러나듯, 문자를 중심으로
한다. 종이책 소설과 웹소설의 유사성을 되짚는 연구의 꾸준한 등장
은 이를 반증한다.[7] 그러나 동시에 웹소설은 또 '웹' 소설로서, 종이가
아닌 인터넷을 통해 전파하는 특징을 가지고 있다. 즉, 웹소설은 그
이름처럼 문자 중심의 '소설'적 특징을 가지면서 동시에 인터넷을 통
해 전파하는 웹콘텐츠다. 그렇기 때문에 웹소설은 함께 웹콘텐츠로
묶이는 웹드라마나 웹툰보다 훨씬 시각적 자극이 부족하다고도 할
수 있다. 만약 이러한 각도에서 본다면 앞에서 언급한 한국의 웹소설

---

4   네이버나 레진을 비롯한 한국의 주요 웹툰 플랫폼들은 2014~2015년경부터 전문 플랫폼을
    통한 해외 수출을 시작했다. 참조: 류유희, 이승진, 2016, p.109.

5   김정태, 2022.

6   이용준, 최연, 2017, pp.79~113.

7   웹플랫폼을 기반으로 웹소설의 '읽기'와 '쓰기'와 전통적인 '읽기'와 '쓰기'의 차이를 분석
    하는 연구는 그 대표적인 예다. 가령 류수연(2022)은 웹플랫폼 기반의 '읽기'가 '스토리텔링
    (storytelling)'에서 한 발 더 나아가 '송신자와 수신자가 진정으로 연결되는 경험'을 중시하
    는 '스토리 스케이핑(story scaping)'을 가능하게 만들었다고 분석한다(p.84.).

의 국내외의 가파른 시장 성장, 그리고 한국의 그것과 유사한 '소설' 이 북미, 중국, 일본 등 지역에서 보이고 있는 가파른 시장 성장은, 상당히 이례적이라 할 수 있다.

그러나 그렇다면, 문자 중심이기 때문에 '시각적 자극이 부족한' 웹소설은 어째서 한국뿐만 아니라 북미나 중국, 일본 등 지역에서도 가파른 시장 성장을 보이고 있는 것일까?[8] 본고는 인터넷을 통해 전파하는 다양한 나라의 '웹소설' 중에서도 한국 웹소설과 유사한 점이 유독 많은 중국의 '웹소설'[9]을 통해 이 같은 문제에 답하고자 한다. 아래에서는 그 유사성과 차이점을 구체적으로 짚어볼 것이다.

Ⅱ. 이야기가 '유동(流动)'하는 한중의 문화산업

1절에서 언급했듯, 현재 한국의 웹소설은 웹콘텐츠로서뿐만 아니

---

8   논자는 박사논문에서 중국 웹소설과 한국, 일본 웹소설의 생산기제의 확립 과정을 중심으로 중국 웹소설이 한국, 일본에 비해 문화산업에서 핵심적인 위치를 갖고 있음을 논했다. 본고는 그 연장선상에서, 현재 중국과 한국은 모두 '유동적 이야기 환경', 즉 하나의 이야기가 다양한 문화콘텐츠를 통해 유동적으로 전개되는 문화산업환경을 갖추고 있지만, 양국의 웹소설이 이 같은 환경에서의 '유동'이 차이를 보이고 있음을 조명하였다. 본고의 목적은 이러한 차이를 바탕으로 한중 양국의 문화산업환경의 차이를 진단하는 것이다. 참조: 金恩惠, 2022.

9   중국에서 한국의 웹소설과 유사한 의미로 쓰이는 용어는 '인터넷 문학(网络文学)'이나, 한국의 '웹소설'과 중국의 '인터넷 문학' 모두 일반적으로 문학보다는 게임이나 만화 또는 애니메이션 등 오락 미디어와 가까운 개념으로 논의되고 있다. 따라서 본고는 한국의 '웹소설'과 중국의 '인터넷 문학'은 인터넷을 통해 전파하는 오락 중심의 문자미디어라는 의미에서는 차이가 없다고 보고, 이들을 '웹소설'이라 부를 것이다. 참조: 邵燕君, 2020; 김희경, 2020, pp.8~9.

라 영화, 드라마 또는 애니메이션 등 다양한 문화콘텐츠로 제작되며 문화산업의 콘텐츠 '원천'으로 각광받고 있다. 그리고 이는 중국의 '웹소설' 역시 마찬가지다. 웹소설을 원작으로 하는 영화나 드라마가 해마다 늘어나는 것은 물론이고, 심지어는 웹소설을 주축으로 하는 문화콘텐츠산업(文化創意行业)을 논하는 '웹소설+(网络文学+)' 회의가 해마다 개최되며 다양한 업계 전문가와 연구자들을 집결시키고 있다. 즉, 현재 한국과 중국에서 웹소설은 명실상부 각자의 문화산업의 '원천'이라고 할 수 있다.

그렇다면 이들은 어떻게 이러한 위치를 가지게 된 것일까? 이들은 어떤 점에서 유사하고, 어떤 점에서 차이를 보이고 있을까? 본고는 이 같은 문제의식을 가지고, 아래에서는 먼저 한중의 문화산업이 모두 다양한 문화콘텐츠를 기반으로 하나의 이야기를 여러 가지 형식으로 변주하여 향유하는 환경을 공유하고 있음을 살필 것이다. 이를 바탕으로, 한중의 웹소설이 모두 문화산업의 '원천'으로서 다양한 콘텐츠 형식에서 '유동(流动)'적으로 존재하고 있음을 되짚고자 한다.

1. 한국 문화산업의 '유동적 이야기 환경'

2022년, 한 매체에서는 그해 한국에서 제작된 방송영상 콘텐츠 중 웹툰, 웹소설을 원작으로 하는 콘텐츠가 40편에 달한다고 보도했다.[10] 이 보도에서도 언급하고 있듯, 이 수치는 네이버나 카카오로 대표되는 대형 플랫폼의 웹툰, 웹소설을 대상으로 한 것이다. 이를 고려한다

---

10   전자신문, 2022.12.14.

면 실제로 제작된 웹툰, 웹소설 원작의 방송영상 콘텐츠는 훨씬 많을 것이라 짐작할 수 있다. 또한, 방송을 위한 영상 콘텐츠뿐만 아니라, 현재 한국의 웹툰, 웹소설은 웹에서도 여러 가지 형식으로 변주되고 있다. 심지어 아직 인터넷이 보급되기 이전, 전화선을 통해 연결하는 'PC통신'에서 연재되어 인기를 끌었던 소설을 발굴하여 웹툰으로 제작하여 재연재를 할 정도다.[11]

즉, 현재 한국에서 웹콘텐츠는 영화나 드라마를 비롯한 방송영상 콘텐츠의 원천으로 활용되며 '하나의 이야기를 여러 가지 형식으로 즐길 수 있게' 만들어지고 있으며, 동시에 웹콘텐츠끼리도 부단히 서로를 활용하며 웹 자체에서 매우 편리하게 '하나의 이야기를 여러 가지 형식으로 즐길 수 있게' 만들고 있다. 그리고 이렇게 매우 편리하게 '하나의 이야기를 여러 가지 형식으로 즐길 수 있는' 환경 속에서, 한국에서는 이야기 형식에 구애받지 않고, 영화나 드라마 또는 웹툰, 웹소설 등 여러 가지 콘텐츠를 넘나들며 유동적으로 존재하는 '이야기'들이 늘어나고 있다.

예를 들면 전문 작가를 기용하여 웹소설 플랫폼에서 웹소설을 연재하는 방식을 통해 세계관을 구체화시키는 게임[12]은 이 같은 '유동적 이야기'의 대표적인 사례라 할 수 있다. 이들은 원본 콘텐츠의 형식에 구애받지 않고 여러 가지 형식의 콘텐츠 속에서 유동적으로 이야기를 전개하고 있으며, 이러한 흐름 속에서 어떤 개별 콘텐츠가 아닌, 그 콘텐츠와 연관된 콘텐츠 전반을 모두 포함하는 지적재산권, 즉

---

11   참조: 퇴마록.
12   다음은 대표적인 사례다. 넷마블, 2024.02.13.

IP(Intellectual Property)는 한국의 문화산업에서 전에 없이 중요해지고 있다. 이를 드러내듯, 현재 한국의 정부문건이나 학술연구에서는 인기 IP, 대형 IP, 슈퍼 IP, IP 마케팅 등의 용어를 빈번하게 사용하고 있으며, 심지어는 어떤 작품명 뒤에 IP를 붙여 그 작품을 기반으로 하는 판권 운용을 가리키는 경우도 빈번하다. 또한 현재 IP는 웹툰이나 웹소설 등을 비롯한 '이야기' 기반 웹콘텐츠에서뿐만 아니라 연예계, 출판업계 등 다양한 영역에서 사용되며 시장을 확장하고 있다.[13] 한 마디로, 현재 한국에서는 '원작'의 콘텐츠 형식이 무엇이든지를 무론하고 그것을 '여러 가지 형식으로 즐길 수' 있으며, 이는 다양한 산업에서 활용되고 있다.

이러한 관점에서 보면 웹소설이 글자 중심임에도 불구하고 한국에서 꾸준한 시장 성장을 보이고 있는 것은, 그것이 다른 콘텐츠로 계속해서 변주되며 글자 중심의 미디어로서 갖고 있는 부족함을 채워가고 있기 때문이라 할 수 있다.

2. 중국 문화산업의 '유동적 이야기 환경'

한 가지 이야기를 여러 형식으로 변주하여 전개하는 '유동적 이야기 환경'은 한국뿐만 아니라 중국에서도 공유되고 있다. 예를 들어 2011년, 중국의 IT 대기업 텐센트(腾讯)에서는 '범오락(泛娱乐)' 개념을 제창하였으며, 7년 뒤에는 이를 심화하는 개념인 '신문창(新文

---

13   IP 기반 비즈니스 모델에 관한 연구로는 다음을 참조하였다: 박찬수, 유준우, 김연배, 2016; 조원진, 김홍엽, 2019.

創)' 개념을 제시했다.[14] '범오락'과 '신문창'은 그 이름 그대로 텐센트 산하의 문화콘텐츠를 '넓게(泛)', '새롭게(新)' 활용하려는 계획으로, 그중에서도 웹소설은 텐센트의 핵심적인 콘텐츠 '원천'으로 자리하고 있다. 예를 들면 텐센트는 '범오락' 개념을 제기한 2015년 당시 중국 '웹소설' 시장을 이끌던 여러 소설사이트를 인수/합병하는 행보를 보였다.[15] 이후 텐센트는 인수/합병을 통해 확보한 웹소설을 적극적으로 산하 만화 플랫폼 또는 게임 플랫폼의 '원천' 콘텐츠로 활용하기 시작했고, 이는 원천 콘텐츠를 중심으로 다양한 콘텐츠를 운용하는 IP 밸류체인의 구축으로 이어졌다. 이를 드러내듯, 현재 '범오락' 개념은 텐센트뿐만 아니라 다른 기업, 심지어는 정부에서도 사용되고 있다.

이러한 흐름 속에서, 한국과 마찬가지로 현재 중국에서도 IP, 즉 지적재산권은 '원천' 콘텐츠를 활용한 콘텐츠 전반을 가리키는 용어로 광범위하게 활용된다. 가령 중국 매체에서는 다양한 기업의 사례를 통해 IP의 가치를 분석하거나, IP를 기반으로 하는 밸류체인의 가치를 보도하고 있다. 대표적인 예로, 지적재산권을 뜻하는 IP는 문화경제나 희곡, 영화 또는 방송예술 등의 영역에서 핵심 키워드로 사용되고 있다.[16]

예를 들면 원작이 있는 드라마를 'IP드라마(IP剧)'라고 부르고, 다

---

14   腾讯, 2018.04.23.
15   참조: 阅文集团, "发展历程."
16   CNKI 검색 결과, 지적재산권을 뜻하는 IP는 문화와 그와 연관된 영역, 예를 들면 문화경제(文化经济), 희곡, 영화, 방송예술(戏剧电影与电视艺术), 문화(文化), 미술, 서예, 조각과 사진(美术书法雕塑与摄影), 여행(旅游) 등 영역에서 잦은 빈도로 사용되고 있다.

양한 콘텐츠로 변주되며 인기를 끄는 캐릭터를 'IP캐릭터(IP角色)'라고 하고, 어떠한 IP를 활용하여 이미지를 구축하면 'IP이미지(IP形象)'라고 하는 식이다. 또한, 이들은 만화IP(漫画IP), 게임IP(游戏IP)와 같은 식으로 그 IP 운용의 출발점이 되는 원작 콘텐츠를 표기하기도 한다. 이러한 사례는 한국의 경우와 마찬가지로, 중국 역시 이야기의 원래 형식이 무엇인지를 무론하고 그것을 다양한 형식으로 변주하여 향유할 수 있는 환경을 갖고 있고, 이러한 흐름이 다양한 산업에서 나타나고 있음을 드러낸다.

이 같은 각도에서 본다면, 한국과 마찬가지로 문자 중심이기에 시청각적 자극을 주는 영화나 드라마 등 콘텐츠에 비해 이용자에 대한 감각 자극의 부족함에도 중국 웹소설이 IP 밸류체인의 핵심으로 기능하고 있는 이유는, 한국과 유사하게 중국 웹소설 역시 다른 콘텐츠로 부단히 변주되며 웹소설로서 갖고 있는 감각 자극을 지속적으로 보충하고 있기 때문이라 할 수 있다.

Ⅲ. '유동적 이야기 환경' 속 한중 웹소설의 IP화 차이

2절에서는 IP가 양국에서 모두 핵심적인 개념으로 대두하였음을 살펴보고, 이 같은 흐름을 중심으로, 한국과 중국이 하나의 이야기를 여러 가지 형식으로 변주하여 향유하는 문화산업적 환경을 공유하고 있음을 살펴보았다. 본 절에서는 위의 논의를 바탕으로 한중 웹소설이 어떻게 문화산업의 '원천'으로 활용되는지를 조명하여 이들의 '원천화'가 어떻게 각자의 문화산업적 환경을 반영하고 있는지를 살필 것이다.

1. 한국 웹소설: '유동적 이야기 환경'의 확장

위에서 IP 개념의 대두를 통해 제시한 어떠한 이야기를 하나의 형식이 아닌 여러 형식으로 변주하는 흐름은 근래 들어 새롭게 한국 문화산업에 제시된 것은 아니다. 예를 들면 1990년대 말, 한국의 여러 신문사들은 앞다투어 'OSMU(One Source Multi Use)'라는 개념을 사용한 기사를 보도하고 있는데, 여기서 OSMU는 말 그대로 하나의 '원천(source)'를 '다양한 용도(multi use)'로 사용하는 것으로, 위에서 언급한 웹소설의 IP 운용과 매우 유사하다.

가령 1996년, 한국에서는 "「원 소스 멀티 유즈」개념으로 고품질의 드라마를 만들어 음반, 비디오, 캐릭터 등 다양한 부대 사업을 펼칠 생각"[17]이라는 내용이 MBC의 '대형' 기획 드라마로 소개되었으며, 같은 해 보도된 또 다른 기사는 드라마를 원작으로 하는 만화를 소개하며 이를 "하나의 소재나 대본을 가지고 드라마, 영화, 음반, 만화 등 다양한 매체로 생산해 내는 「원 소스 멀티 유즈」개념을 도입한 국내 첫 사례"[18]라고 평가하고 있다. 위의 사례는 원 소스 멀티 유즈, 줄여서 OSMU라고 불리는 이 용어가 한국 문화산업 전반에서 대략

---

17   조선일보, 1996.07.23.
18   한겨레, 1996.07.08.

1990년대 말부터 사용되어 왔음을 드러낸다. 한국에서 문화산업 관련 정책이 대략 1990년대부터 도입되었고, 이 시기 대중매체의 발달과 함께 대중문화가 급속도로 전파되었음을 고려한다면, II절에서 언급한 것과 같은 웹소설을 영화나 드라마 등 다양한 형식으로 변주하여 IP화 하는 흐름은 최소 1990년대부터 만화나 드라마를 다양한 형식으로 '멀티 유즈' 해온 흐름이 이어져온 것이라 할 수 있다.

바꿔 말해 IP라는 용어의 잦은 사용으로 상징되는, 형식에 구애받지 않고 다양한 콘텐츠를 넘나들며 전개되는 '유동적 이야기 환경'은 한국에서 1990년대 말, 대중매체의 발달과 대중문화의 확산 속에서 대두된 OSMU, 즉 하나의 이야기를 여러 가지 형식으로 만들어 생산/소비해온 환경의 연장선상에 있다. 이러한 각도에서 본다면, 현재 한국의 웹툰이나 웹소설을 비롯한 웹콘텐츠의 활발한 IP 운용은 인터넷의 보급과 함께 인터넷을 기반으로 하는 콘텐츠의 시장 확장이 일어나면서, 기존의 '유동적 이야기 환경'의 확장이 일어난 것이라 할 수 있다.

그리고 이 같은 각도에서 본다면, 현재 한국에서 웹소설이나 웹툰 등 웹을 통해 전파하는 콘텐츠를 묶어서 '웹콘텐츠'라고 부르고, 심지어 이들을 모두 아우르는 개념으로 '콘텐츠'를 사용하는 것은, 적어도 1990년대 말부터는 이미 만화나 드라마 등을 운용하는 'OSMU'가 활발하게 전개되던 문화사회적 환경의 반영이라 할 수 있다.

또한, 1990년대부터 이야기를 만화나 드라마 등 다양한 콘텐츠로 변주해온 문화사회적 환경은, 현재 한국에서 웹소설 이용자가 마찬

가지로 웹을 통해 '연재'되는 웹콘텐츠인 웹툰의 이용자보다 적은 것에서도, 웹툰 시장보다 웹소설의 시장 규모가 작은 것에서도 확인 가능하다.[19] 문자를 중심으로 하는 웹소설은, 영화나 애니메이션, 게임 등의 콘텐츠가 범람하는 문화사회적 환경 속에서 상대적으로 이용자에 대한 소구력이 떨어질 수밖에 없었던 것이다.

2. 중국 웹소설: '유동적 이야기 환경'의 원천

IP가 중국 문화산업의 키워드로 자리했다는 것은 이미 위에서 언급했다. 그러나 주목할 만한 것은 중국의 웹소설 IP, 즉 웹소설을 기반으로 하는 IP 운용에 대한 연구는 다른 콘텐츠 기반 IP 운용에 관한 연구보다 압도적으로 많다는 사실이다. 예를 들어 CNKI에서 웹소설IP라는 키워드로 검색되는 연구는 모두 334편이다. 그러나 한국에서 자주 '웹소설'과 함께 묶이는 '웹툰'은 중국에서 일반적으로 '인터넷 만화(网络漫画)'라고 불리는데, '인터넷 만화' IP에 관한 연구는 7편뿐이다. 만화IP라고 검색하는 경우, 결과는 23편이나, 이 둘을 모두 합쳐도 '웹소설IP' 관련 연구에 훨씬 못 미친다. 또한, 게임 IP에 관한 연구는 200편 남짓으로, 웹소설 IP에 관한 연구가 그보다 훨씬 많다.[20] 즉 현재 중국의 문화산업에서 웹소설은 다른 콘텐츠보다 훨씬 더 원천 콘텐츠로서 연구자들의 주목을 받고 있다.

물론 게임이나 만화 등 '그림'을 중심으로 하는 콘텐츠는 문자를

---

19   내외방송, 2023.01.29.
20   검색일은 모두 2024년 9월 29일이다.

중심으로 하는 웹소설보다 상대적으로 많은 자본과 인력을 필요로 한다. 한마디로 웹소설은 문자를 중심으로 하기에 게임이나 만화 같은 '그림' 미디어보다 상대적으로 자본과 인력 부담이 적다. 이러한 각도에서 본다면 중국의 IP에서 '웹소설'이 상대적으로 부각되는 것은 지극히 자연스러운 현상이라 할 수 있으며, 따라서 관련 연구가 잦은 빈도로 전개되는 것 역시 이상할 것 없다. 그러나 본고에서 주목하는 것은, 중국 웹소설의 방대한 이용자다. 최신 통계에 따르면, 2023년 기준 중국의 '웹소설' 이용자는 모두 5.5억 명이다.[21] 같은 시기 중국 전체 인터넷 이용자가 10.92억 명[22]임을 고려한다면, 전체 인터넷 이용자의 50%가 모두 '웹소설' 이용자인 셈이 된다. 이 같은 수치는 한국 웹소설과 비교했을 때 더욱 주목할 만하다. 한국 웹소설의 경우, 같은 해 기준 이용자는 모두 587만 명으로 집계되었는데, 이는 전체 인터넷 이용자(4,774만 6,871명)의 약 12% 정도에 불과하다.

즉, 중국 웹소설이 위와 같이 게임이나 웹툰보다 훨씬 더 잦은 빈도로 IP화 하는 흐름은, 중국 웹소설의 전체 인터넷 이용자 50%에 달하는 방대한 이용자를 반영하는 것이기도 하다. 이미 많은 이용자를 확보한 콘텐츠의 경우, 그것을 다른 형식으로 변주하면 그렇지 않은 콘텐츠보다 훨씬 더 안전하게 이용자를 확보할 수 있기 때문이다.

그러나 앞에서도 언급했듯, 한국의 상황은 이와 사뭇 다르다. 한국에서는 웹소설보다 웹툰이 훨씬 더 많은 이용자를 확보하였으며, 따

21　新华网, 2024.07.15.

22　中国互联网络信息中心, 2024, p.1.

라서 IP 운용 역시 웹소설보다 웹툰이 훨씬 더 많다.[23] 웹소설이 글 중심이고, 웹툰이 그림 중심임을 고려한다면, 웹툰이 웹소설보다 훨씬 더 직관적이라고 할 수 있다. 한국에서 웹툰이 웹소설보다 더 많은 이용자를 기반으로, 더 자주 IP화 하는 흐름 역시 이러한 이유 때문이라 설명할 수 있을 것이다. 그러나 그렇다면 왜 중국에서는 그림보다 직관적이지 않은 글 중심의 웹소설이 직관적인 그림 중심의 웹툰보다 더 많은 이용자를 가지고, 더 잦은 IP화를 전개하고 있는 것일까?

이는 물론 중국 웹소설이 그 자체로 갖고 있는 '재미'와 오랜 시간 동안 이용자와 호응하며 만들어낸 연재시스템이나 상업모델, 그리고 정부나 기업 차원의 다양한 투자와 지원을 빼놓고는 이야기할 수 없다.[24] 그러나 중국 웹소설의 잦은 IP화와 방대한 이용자는 중국 문화 산업에서 그것이 갖고 있는 '위치'의 반영이기도 하다.

논자는 졸고[25]에서 중국 내에서 전개되고 있는 관련 논의를 소개한 바 있다. 요약하자면, 현재 중국 웹소설은 중국 국내뿐 아니라 해외로도 뻗어나가며 시장 성장을 거듭하고 있는데, 중국에서는 그 시장 성장의 요인을 '중국적인 것', 구체적으로 말해서, 중국 웹소설이 중국에서 누적한 콘텐츠나 중국의 이용자를 대상으로 만들어낸 연재 시스템 및 유료모델을 비롯한 시스템의 '우수성' 때문에 중국 웹소설이 지금과 같은 시장 성장을 거둔 것이라고 주장하는 연구들이 지속

---

23 웹소설 시장 규모 참조: 연합뉴스, 2023.09.07. 웹툰 시장 규모 참조: 문화일보, 2024.07.08.

24 예를 들면 邵燕君, 李强(2023)의 연구는 중국의 온라인 게임, 영상, 웹소설을 비롯한 콘텐츠의 이용자가 정부의 인터넷 인프라 보급 정책 속에서 증가하였음을 지적하고 있다 (p.72.).

25 김하나, 2024, pp.107~122.

적으로 등장하고 있다. 논자는 이러한 흐름 속에서 중국 웹소설은 중국의 민족 자긍심 고취의 매개로 활용되고 있다고 분석하였으며, 이러한 논의가 주로 중국 웹소설은 중국 특색의 사회주의 환경 속에서 상대적으로 부족했던 대중문화의 영역을 채우며 폭발적으로 성장했기에 다른 나라보다 '우수'하다는 주장을 중심으로 전개되고 있음을 살펴보았다.

이 같은 주장이 맞는지 틀린지를 차치하더라도, 전체 인터넷 이용자의 50%에 달하는 중국 웹소설의 방대한 이용자는 확실히 주목할 만하다. 특히, 위에서 이미 언급했듯 현재 한국과 마찬가지로 중국 역시 한 가지 이야기를 게임이나 만화 등 여러 가지 형식으로 변주하는 IP 개념이 대두되었고, IP화 하는 콘텐츠는 점점 더 다양해지고 있다. 그러나 그럼에도 불구하고 여전히 방대한 이용자를 바탕으로 IP 밸류 체인에서도 다른 콘텐츠보다 훨씬 잦은 빈도로 IP화 하는 중국의 웹소설은 확실히 '중국 특색 사회주의' 환경의 반영이라고 할 수 있다.

IV. 차이 너머의 협업을 위한 제언

위의 논의를 종합하자면, 현재 한국과 중국은 어떠한 이야기를 다양한 콘텐츠 형식으로 변주하여 즐길 수 있는 문화산업적 환경을 공유하고 있으며, 이러한 환경 속에서 콘텐츠는 그것이 원래 웹소설이었든지, 또는 웹툰이나 영화였든지에 구애받지 않고 다양한 콘텐츠를 넘나들며 '유동적'으로 전개되고 있다. 그러나 한중 양국에서 각각의 콘텐츠가 '유동'하는 방식은 차이를 보이고 있었다. 본고는 중국의 웹소설이 한국보다 더 방대한 이용자를 기반으로, 더 잦은 빈도로 IP화 하고 있음을 구체적인 사례를 통해 확인하였다.

그러나 한중 양국의 웹소설은 상이한 문화산업을 기반으로 하고 있지만, 인터넷을 기반으로 전파한다는 특징을 공유하고 있다. 따라서 이들은 산업적 차원의 수출입이 아니어도 언제든지 인터넷을 통해 국경을 넘나들며 공유될 수 있다. 특히, 인터넷이라는 환경이 양국에서 모두 공유되고 있고, 이를 기반으로 다양한 문화가 공유되고 있음을 고려한다면, 이러한 '공유'는 더욱 주목할 만하다. 아래에서는 한중 웹소설의 2차 창작 사례를 통해 이러한 '공유'를 살펴보고, 이를 기반으로 하는 협업을 제안하고자 한다.

2차 창작은 그 이름 그대로 오리지널 창작물, 즉 1차 창작에 대한 '창작'이라고 할 수 있다. 그리고 그렇다면 2차 창작은 인터넷 시대 이후의 산물은 아니다. 예를 들면 번안소설의 경우, '외국 작품의 줄거리를 살리면서 자국의 언어와 전통적 유형으로 개작한 소설'[26]을 말하는데, 이는 외국 작품을 자국에 맞게 재창작한다는 의미에서 외국 작품에 대한 2차 창작이라고 할 수 있다. 그리고 일본 학자 아즈마 히로키가 '소통 지향적 미디어 환경'[27]이라는 말로 요약했듯, 미디어의 발전, 특히 인터넷의 발전과 함께 언제든지 인터넷을 통해 '소통'할 수 있게 된 지금의 환경에서, 2차 창작은 더 이상 어떠한 목적에

---

26   한국민족문화대백과사전 '번안소설(飜案小說)' 항목.

27   東浩紀, 2007, p.62.

따라 특정 유형의 집단에 의해 소비되는 것이 아닌, '큰 환경'으로 자리 잡게 되었다.

그 대표적인 사례가 바로 한중 양국의 웹소설에서의 2차 창작[28]이다. 가령 한국의 대표적인 웹소설 사이트에서 2차 창작은 매우 활발하게 전개되고 있다. 이들을 위한 장르 카테고리가 따로 개설되어 있을 정도다. 대표적인 예로, 중국의 웹소설에서 출발해 드라마, 애니메이션, 그리고 라디오 드라마로도 제작되었던 「마도조사(魔道祖师)」의 경우, 원작 소설이 완결된 지 약 8년이 지났음에도 불구하고 한국의 웹소설 사이트에서는 아직도 무료로 그것에 대한 2차 창작을 공유하는 이용자를 쉽게 찾아볼 수 있다.[29] 수익을 목적으로 하지 않고, 완결된 지 오랜 시간 이후에도 만들어지고 있다는 의미에서, 2차 창작은 기본적으로 상업적 수익이 아닌 이용자의 '열정'에 기초하고 있다고 할 수 있다. 그리고 이 같은 열정 기반 2차 창작은 중국의 경우에도 활발하게 전개되고 있다. 가령 한국에서 먼저 웹소설로 연재되어 웹툰으로도 제작된 「전지적 독자 시점」의 경우, 중국에서도 이미지 및 소설을 포함한 여러 형식의 2차 창작을 통해 공유되고 있다.[30]

즉, 현재 한중 웹소설은 문화산업 속에서 다양한 콘텐츠로 변주되며 수익을 창출하는 '원천 콘텐츠'로서의 웹소설을 공유하고 있을

---

28 본고는 웹소설의 2차 창작의 사례를 중심으로 논의를 전개하였으나, 2차 창작은 웹소설에 국한되지 않는 현상이다. 가령 명관도, 김경희(2017)의 연구는 2차 창작이 다양한 미디어를 넘나들며 전개되고 있음에 주목한다(p.450.).

29 가령 다음은 2024년에 웹소설 사이트 '조아라'에 연재된 '마도조사' 패러디 소설이다. https://www.joara.com/book/1685913

30 가령 다음은 중국 틱톡에 공유된 전지적 독자 시점의 2차 창작 영상이다. https://v.douyin.com/iARAdJeB/

뿐 아니라, 이용자 '열정'[31]을 기반으로 전개되는 웹소설을 공유하고
있다.

2차 창작은 이용자의 열정을 기반으로 하고 있으며, 그렇기 때문
에 '산업 밖'에서 시장에 다양성을 부여한다. 이러한 의미에서 2차 창
작은 양국의 협업에 주목할 만한 참조점을 제시하고 있다. 그러나 상
술했듯 2차 창작은 오리지널 창작물에 대한 '창작'이다. 따라서 필연
적으로 원작에 대한 저작권 문제가 있을 수밖에 없다. 따라서 이를 기
반으로 하는 협업을 위해서는 저작권 문제의 해결이 선행되어야 할
것이다.

김하나(金恩惠)

김하나는 2022년 6월 북경대학교에서 문학박사학위를 받았다. 학위논문은 "멀티미디어 환
경 속 웹소설의 생산기제 비교연구—한국, 중국, 일본을 중심으로"이며, 동아시아 대중문화
를 연구하고 있다. 현재 성균관대학교 유학동양한국철학과 4단계 BK21 교육연구단 박사후
연구원으로 있다.

金恩惠于2022年6月在北京大学获得文学博士学位, 博士论文题目是《多媒体环境下网络文
学生产机制比较研究——以中国、韩国、日本为中心》, 主要研究方向是东亚大众文化。
目前是成均馆大学儒学东洋韩国哲学系第四阶段BK21教育研究团的博士后研究员 。

---

31 이용자의 열정은 상업적 수익으로 이어지기도 한다. 가령 时文宏(2019)은 인터넷을 기반
으로 하는 독자의 소통과 이를 기반으로 하는 팬덤을 중국 웹소설 산업의 가장 큰 가치 원
천 중 하나라고 소개하고 있다(p.57.). 邵燕君(2020)의 연구 역시 욕망을 기반으로 하는 자
발적인 창작을 중국 웹소설의 중요한 성장 배경으로 제시하고 있다(pp.63~74). 또 汪永涛
(2022)의 연구는 중국 웹소설이 중국의 Z세대(1990~2000년대 초반 태생)의 감각에 소구
하며, 그에 맞추어 전개되는 '팬덤 경제'라고 정의하고 있다(pp.87~94).

제9장

한중 인구정책의 비교:
저출산 · 고령화 문제를 중심으로

위뤄잉(于若莹)

Ⅰ. 인구학적 위기에 놓인 한중 양국

중국과 한국을 포함한 동아시아 국가들은 지난 반세기 동안 눈부신 경제성장과 사회적 발전을 거듭해 왔다. 그 요인 중 하나는 풍부한 노동력이었다. 경제학에서는 이를 '인구 보너스'라 한다. 15~64세 생산가능인구의 비율이 상대적으로 높아 경제성장에 '보너스' 효과를 낸다는 의미다.

그러나 상황이 바뀌었다. 중국 인구는 2022년 14억 1,175만 명으로 전년에 비해 85만여 명이 줄었다. 출생 인구는 최고점이던 2016년 1,883만 명에서 2022년 956만 명으로 절반 수준이 됐다. 인구 감소는 1961년 이후 60년 만이었다. 생산연령인구(15~64세)도 2020년 8억 8,000만여 명으로 10년 전에 비해 4,000만 명 이상 줄었다. 여기에 고

180   한중 미래의 접점 찾기

령화가 겹치고 있다. 생산인구는 줄고 부양해야 할 인구가 증가하면 궁극적으로 경제가 장기 침체에 빠질 가능성이 높다. 경제학에서는 이를 '인구 오너스(Onus)'라 한다. 뉴욕타임스는 2023년 "중국이 단순한 인구 감소 수준이 아니라 해마다 500~1,000만 명의 노동인구가 사라지는 '인구학적 위기' 상황에 들어서고 있다"고 했다.[1]

한국 또한 급격한 저출산·고령화 문제로 심각한 생산인구 감소 상황에 직면하고 있다. 통계청의 연구보고서에 따르면 한국 인구는 올해(2024년) 5,200만 명에서 지속 감소해 2041년(4,985만 명) 처음으로 5,000만 명대의 벽이 깨지고 2072년에는 3,600만 명으로, 올해 대비 30.8% 줄어들 것으로 예상된다. 이에 따르면 한국의 전체 인구 가운데 고령인구(65세 이상) 구성비는 올해 19.2%에서 2072년 47.7%로 오를 것으로 전망된다. 같은 기간 생산연령인구 구성비는 70.2%에서 45.7%로 축소하는 것으로 관측된다.[2]

저출산·고령화 문제에 대응하기 위해 한국과 중국은 다양한 정책을 모색하고 있는데, 그중 하나가 지역 커뮤니티를 중심으로 한 정책이다. 이는 지역 불균형을 해소하고 각 지역의 특성과 문제에 맞는 맞춤형 해결책을 제시할 수 있다는 점에서 주목받고 있다.

최근 연구 동향을 살펴보면, 에이징 인 플레이스(Aging in Place) 전략,[3] 세대통합형 커뮤니티 모델,[4] 스마트 시티와 고령친화도시의 결

---

1   The New York Times, 2023.01.18.

2   통계청, 2023b.

3   Wiles, et al., 2012.

4   Kaplan, et al., 2017.

합,[5] 지역사회 주도형 돌봄 모델,[6] 생활권 중심의 복합 서비스 제공,[7] 사회적 경제를 활용한 지역 활성화[8] 등 다양한 접근 방식이 제시되고 있다. 이러한 연구들은 공통적으로 지역 커뮤니티의 역할을 강조하며, 지역의 특성과 자원을 활용한 맞춤형 해결책을 모색하고 있다.

본 연구는 한국과 중국의 저출산·고령화 현황을 비교 분석하고, 양국이 실시하고 있는 지역 커뮤니티 중심의 정책들을 살펴본다. 이를 통해 두 나라의 정책적 유사점과 차이점을 파악하고, 향후 양국이 협력할 수 있는 방안을 제시하고자 한다. 특히 농촌 활성화, 지역 특성화 개발, 고령화 대응, 청년 유입, 지역 경제 활성화, 스마트 기술 활용 등의 분야에서 구체적인 협력 방안을 모색한다.

이러한 연구는 동아시아 지역의 인구감소 문제에 대한 종합적이고 효과적인 대응 방안을 마련하는 데 기여할 수 있을 것으로 기대된다. 더불어 한국과 중국의 경험과 노하우를 공유함으로써, 양국뿐만 아니라 유사한 문제에 직면한 다른 국가들에도 유용한 시사점을 제공할 수 있을 것이다.

---

5   Marston, 2019, p.3525.

6   Greenfield et al., 2012, pp.273~284.

7   Lui et al., 2009, pp.116~121.

8   Iacovo, 2009.

Ⅱ. 한국과 중국의 저출산 · 고령화의 인구통계 현황

1. 중국의 저출산 · 고령화의 인구통계 현황

경제발전과 의료 및 사회복지 개선에 힘입어 중국의 기대 수명은 1974년의 60.2세에서 2021년의 78.2세로 증가하였다. 그러나 같은 기간 동안 합계출산율(Total Fertility Rate, TFR)은 4.2명에서 2022년에는 1.1명으로 감소했다.[9] 합계출산율은 가임기 여성이 평생 동안 낳는 평균 자녀 수를 의미하며, 이는 2022년 중국의 가임기 여성 1명이 낳는 자녀 수가 1.1명에 불과할 것임을 나타낸다. 이는 세계 평균인 2.3명, OECD 국가 평균인 1.51명에 비해 매우 낮은 수치다. 이 수치는 세계 주요 경제국 중 두 번째로 낮은 수치다. 중국은 출산율 감소를 반전시키기 위해 2016년부터 두 자녀 정책을 시행하기 시작했고, 2021년에는 3자녀 정책을 도입했지만 결과는 기대에 미치지 못했다. 중국의 출생인구는 2017년부터 7년 연속 감소해 2023년에는 2022년보다 54만 명 적은 902만 명이 태어나 사상 최저치를 기록했고, 2023년 총인구는 전년보다 208만 명이 줄어 2년 연속 마이너스 성장과 함께 감소폭이 확대되었다.[10] 출산정책의 전환은 중국 출생 인구의 감소 추세를 되돌리지 못했고, 출생 축적 효과는 기본적으로 끝났다고 할 수 있다.

출산율 감소와 기대수명 증가, 인구 이동 추세와 맞물려 중국 인

---

9   World Bank, 2024, p.24.

10   中国国家统计局, 2024.01.18.

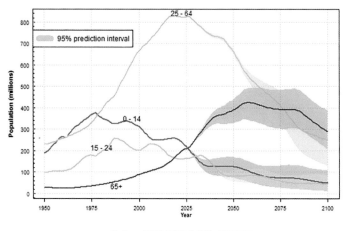

그림 9-1. 중국 연령계층별 인구구조

출처: United Nations, 2024

구의 고령화도 심화되고 있다(그림 9-1 참조). 중국은 고령화 사회
에 진입한 2000년 이후 고령인구의 규모와 비율이 빠른 증가세를 유
지하고 있다. 유엔 세계보건기구의 정의에 따르면 전체 인구 중 65세
이상 노인의 비율이 7% 이상이면 '고령화 사회(aging society)', 14%
이상이면 '고령 사회(aged society)', 20% 이상은 '초고령 사회(super-
aged society)'로 분류하고 있다. 중국 국가통계국이 발표한 자료에 따
르면, 2023년 말 중국의 총인구 중 60세 이상의 인구는 2억 9,700만
명으로 전체 인구의 21.1%를 차지하고 있다.[11] 국제 기준에 따르면,
중국은 2021년부터 중등도의 고령화 사회에 진입하였으며, 경도 고
령화 사회에서 중등도 고령화 사회로의 전환에는 12년이 소요되었
다. 이는 일본이 같은 과정을 완료하는 데 24년, 한국은 17년이 걸린

---

11   中国国家统计局, 2024.01.18.

것과 비교할 때, 중국의 고령화 속도가 매우 빠르다는 것을 시사한다. 예측에 따르면, 2050년에는 중국 인구의 30% 이상이 65세 이상이 될 것으로 보이며, 이로 인해 중국은 세계에서 고령인구가 가장 많고, 인구 고령화 속도가 가장 빠른 국가 중 하나로 자리매김할 것이다.[12]

중국의 고령화 문제는 빠른 속도와 대규모 인구 외에도 지역 및 도농 간의 분포 차이가 두드러진다는 특징이 있다. 고령화 인구는 주로 동부 지역에 집중되어 있으며, 이 지역은 전체 고령 인구의 약 40%를 차지한다. 특히, 동북 3성과 쓰촨성(四川省) 및 충칭시(重慶市)가 고령화 인구의 주요 집중 지역으로 나타난다. 이에 따라 고령화의 분포는 동쪽이 높고 서쪽이 낮으며, 북쪽이 높고 남쪽이 낮은 패턴을 보인다.

중국 도시와 농촌 간의 고령화 인구 비율에서도 차이가 나타나는데, 2020년 제7차 인구 조사에 따르면 농촌 지역의 고령화 비율은 23.81%로, 도시 지역의 15.82%보다 높은 것으로 나타났다. 이러한 경향은 중국의 고령화 문제를 더욱 복잡하게 만들고 있으며, 지역적 특성을 고려한 정책적 접근이 필요함을 시사한다.

2. 한국의 저출산 · 고령화의 인구통계 현황

한국도 급격한 저출산 · 고령화로 심각한 인구구조 변화에 직면해 있다. 2002년부터 시작된 초저출산이 지금까지 지속되고 있다. 2022년 기준 한국의 합계출산율은 0.78명으로, 1970년 통계 작성 이래 가

---

12 中国发展研究基金, 2020; 보고서에 따르면 2050년까지 중국의 65세 이상 노인 인구는 3억 8천만 명으로 전체 인구의 거의 30%를 차지하고, 60세 이상 노인 인구는 5억 명에 육박하여 전체 인구의 3분의 1 이상을 차지할 것으로 예상된다.

장 낮은 수치를 기록할 것으로 나타난다.[13] 이는 OECD 국가 중 최저 수준이며 인구 대체 수준인 2.1명에 크게 못 미치는 수치이다. 많은 선진국에서도 합계출산율이 대체 수준 이하로 하락하였지만 한국의 출산율만큼 낮은 수치를 보이는 국가는 없다. 뉴욕타임스는 한국 출산율을 "14세기에 유럽을 덮친 흑사병이 몰고 온 인구 감소를 능가하는 결과"라고 평했다.[14] 데이비드 콜먼(David Coleman) 영국 옥스퍼드대 명예교수가 OECD 38개 국가 중에서 '인구소멸국' 제1호로 한국을 지목했다. UN의 추산에 따르면 현재 출산율 0.78로 유지된다면, 한국의 인구는 2040년에는 4,500만 명, 2100년에는 950만 명, 2295년 인구가 자연 소멸할 것으로 보인다.[15]

저출산의 영향으로 한국 0~14세 유소년인구는 계속해서 줄어드는 추세이다. 2017년 668만 명에서 2024년 548만 명으로 줄어들었다. 유소년인구가 총인구에서 차지하는 비중도 같은 기간 13%에서 10.6%로 줄어들었다(연령층 인구구조 변화(그림 9-2) 참조). 반면 한국 인구의 기대수명은 2021년 기준 83.6세로 꾸준히 증가하고 있다. 이러한 추세로 인해 고령화가 빠르게 진행되어, 2023년 말 기준으로 인구통계를 집계한 이래 처음으로 70대 이상 인구가 20대 인구를 추월한 것으로 나타났다. 한국 통계청 자료에 따르면 2023년 기준 65세 이상 고령인구는 전체 인구의 18.4%로, 향후 계속 증가하여 2025년에는 20.6%를 기록하여 초고령사회로 진입하고, 2035년 30.1%,

---

13   최슬기, 2023.

14   The New York Times, 2023.12.02.

15   UN DESA, 2022.

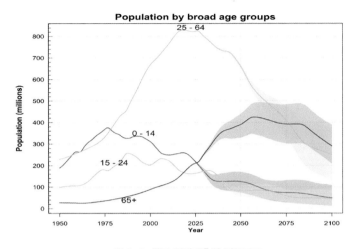

그림 9-2. 한국 연령계층별 인구구조

출처: United Nations, 2024

2050년에는 43%를 넘어설 것으로 전망되고 있다.[16]

한국의 고령화 현상은 또한 지역별로 큰 격차를 보이고 있다. 2022년 기준 농촌 지역(읍·면)의 고령화율은 25.0%로 농촌은 이미 초고령 사회로 진입했다. 특히 면 지역의 고령화율은 32.4%로 가파르게 증가하고 있다.[17] 도시 지역을 포함한 지역별 고령인구비중 상황을 보면 서울(18.96%), 경기(16.09%), 인천(17.12%) 등 수도권 지역은 초고령 사회와 비교적 거리를 두고 있지만, 도 단위인 전남(26.67%), 경북(25.35%), 강원(24.72%) 등 일부 지방의 고령화가 심각한 수준에 이르렀다.[18]

---

16   통계청, 2022; 2023a.

17   농업경제연구원, 2024, p.152.

18   연합뉴스, 2024.07.11.

이러한 인구통계학적 변화는 노동력 감소, 경제성장 둔화, 사회보장 부담 증가 등 다양한 사회경제적 문제를 야기할 것으로 예상된다. 따라서 출산율 제고를 위한 종합적인 정책, 고령인구의 사회참여 촉진, 지역별 특성을 고려한 맞춤형 고령화 대응 전략 등 다각적인 접근이 필요하다. 또한, 생산가능인구 감소에 대비한 경제구조 개혁 및 생산성 향상 방안 모색이 시급하다.

Ⅲ. 한국과 중국 저출산·고령화 문제의 유사성

1. 고령화 속도 및 인구구조 변화

한국과 중국은 동아시아 지역에서 가장 급속한 고령화를 경험하고 있는 국가들로, 그 추세에 있어 주목할 만한 유사성을 보이고 있다. 우선 두 국가는 모두 세계적으로 유례없이 빠른 속도로 고령화가 진행되고 있다. 한국의 경우 고령화 사회(노인인구 비율 7%)에서 고령 사회(14%)로 진입하는 데 17년이 소요되었으며(2000년→2017년), 중국은 이 과정에 23년이 걸릴 것으로 예상된다(2002년→2025년 예상). 이는 프랑스(115년), 미국(73년), 심지어 고령화의 대표적 사례로 꼽히는 일본(24년)과 비교해도 현저히 빠른 속도이다.

동시에 한국과 중국은 심각한 저출산 문제에 직면해 있다. 2022년 기준 한국의 합계출산율은 0.78명, 중국은 1.18명으로, 두 국가 모두 인구 대체율인 2.1명에 크게 못 미치고 있다. 또한 그림 9-3에서 볼 수 있듯이 한국과 중국의 합계출산율은 2000년대 이후 비슷한 추세를 보이고 있다. 이로 인해 한국은 65세 이상 인구 비율이 2022년 17.5%에서 2050년 40%[19]로, 중국은 2022년 14.9%에서 2050년 30% 이상[20]으로 증가할 것으로 예측된다.

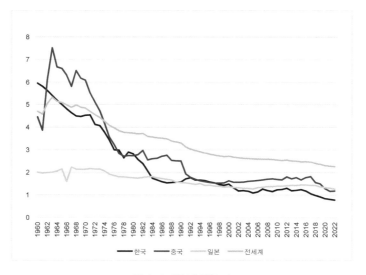

그림 9-3. 합산출산율 비교

출처: World Bank

또한 낮은 출산율 추세 지속 시, 인구 피라미드는 생산가능인구가 두꺼운 항아리형 인구구조에서 60세 이상이 두꺼워지는 역삼각형 인구구조로 변화할 것으로 예상된다. 2021년 5월에 발표된 중국의 제7차 인구조사 결과에 따르면, 2010년 대비 2020년 전체 인구

---

19 통계청, 2023b.

20 第一财经, 2024.01.13.

에서 0~14세, 15~59세, 60세 이상 인구의 비율은 각각 1.35% 증가, 6.79% 하락, 5.44% 증가하는 것으로 기록됐다.[21] 같은 기간 한국 전체 인구에서 0~14세, 15~64세, 65세 이상 인구의 비율은 각각 3.9% 하락, 1% 하락, 4.9% 증가하는 것으로 기록되어 중국에 비해 더 극단적인 항아리 구조를 보이고 있다. 이러한 변화는 인구 피라미드의 상층 집중 경향이 더욱 심화되고 있음을 시사한다(그림 9-4 참조). 따라서

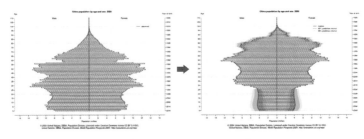

중국(좌측: 2020년; 우측: 2050년)

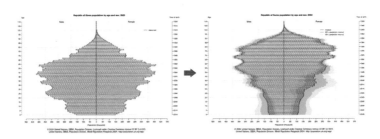

한국(좌측: 2020년; 우측: 2050년)

그림 9-4. 인구 피라미드

출처: United Nations, 2024

---

21   新华网, 2021.05.11.

출산 정책의 조정 및 개선은 지속적인 인구 고령화 추세를 되돌리거나 노인 인구의 급증 문제를 해결하는 데 한계가 있으며, 고령화 속도를 늦추고 고령화 수준을 조절하는 데에도 상대적으로 제한적인 영향을 미칠 것으로 보인다.

2. 지역 인구감소와 고령화 격차

두 국가 모두 지역 간 인구 및 고령화 격차가 뚜렷하게 나타나고 있다. 한국의 경우 지역 인구감소의 분포는 대체적으로 서남부에서 북동쪽으로 이어지는 지역에서 감소 경향이 나타난다. 특히 호남 남해 연안지역, 중부 서해안 연안지역, 산지가 많은 경북 및 강원 내륙 지역에서 인구감소 경향이 두드러지게 나타나고 있다. 인구감소의 지역별 편차는 주로 인구이동과 같은 사회경제적 요인으로 설명할 수 있지만, 일부 연구에 따르면 인구 감소의 폭이 큰 지역에서 자연 인구 감소의 폭도 상대적으로 높게 나타났는데, 이는 해당 지역의 출생률이 낮아서가 아니라 고령 인구의 비율이 높기 때문이라고 한다.[22]

지역에 따라 고령화 격차도 커지고 있다. 2020년 7월 기준에 따라 한국 261개 시군구 중에는 109개가 이미 초고령 사회에 진입해 있으며, 이는 전체 시군구에서 41.8%를 차지하고 있다. 65세 이상의 고령 인구 비율 상위 지역은 주로 경북, 전남, 경남에 위치한다.[23] 농촌 지역(읍·면부)의 고령화율이 23.8%로 도시 지역의 14.7%보다 현저히

---

22   이상림 외, 2018, pp.67~73 참조.

23   경향신문, 2021.12.26.

높다.[24] 고령 인구 비중이 높은 상위 20개 기초 지자체는 대부분 농촌 지역에 위치하며 고령화율이 40%를 넘는다.[25]

중국의 인구감소 분포 또한 뚜렷한 지역 차이를 보이고 있다. 대체적으로 동북부와 중서부 내륙 지역에서 두드러지게 나타나고 있다. 2020년 제7차 인구조사 결과에 따르면, 2010~2020년을 2000~2010년과 비교했을 때, 인구 마이너스 성장을 보인 성(省)들이 모두 남쪽 지역에 있었던 것에서 모두 북쪽 지역에 있는 것으로 바뀌었다. 특히, 동북 3성(랴오닝, 지린, 헤이룽장성)의 경우 지난 10년 동안 인구는 1,101만 명이 감소했으며, 총인구에서 차지하는 비중은 2010년 8.18%에서 6.98%로, 1.20% 감소했다.[26] 공식 설명에 따르면, 동북 지역 인구가 뚜렷한 감소 추세를 보이는 것은 주로 장기간의 낮은 출산율로 인한 누적된 인구 마이너스 성장과 인구 순유출이라는 두 가지 요인이 겹친 결과다. 이와 동시에 동북 지역의 고령화 정도가 상당히 심각하다는 점에 주목해야 한다. 지난 10년 동안 동북 지역 65세 이상 인구의 비중이 16.39%로, 7.26% 상승했으며, 이는 전국 평균 수준을 웃도는 수치다.

중국 인구 고령화의 지역적 차이와 도농 간의 차이도 커지고 있다. 중국 제7차 인구조사 결과에 따르면, 전국 336개 도시의 인구 연령 구성을 분석한 결과, 149개 시가 이미 고령 사회에 진입했으며, 이는 동북지역, 청두(成都)-충칭(重慶) 도시군(群), 황허(黃河) 중하류, 중

---

24   뉴시스, 2021.07.16.

25   KBS 뉴스, 2024.01.03.

26   中新社, 2021.05.13.

부지역, 장강삼각주(長江三角洲) 지역에 집중되어 있는 것으로 나타났다.[27] 그리고 중국 농촌 인구의 고령화 정도가 이미 도시 지역의 고령화 정도를 초과하여 고령화의 '도농 역전' 현상이 나타났다. 즉, 농촌이 도시보다 고령화가 더 일찍 시작되고 정도가 더 높으며, 고령인구의 비중도 더 크다. 제7차 인구조사 결과에 따르면, 2020년 중국 농촌 지역의 고령화율이 17.72%로 도시 지역의 11.11%보다 크게 상회하고 있으며 동북 지역과 서부 지역 간의 격차도 두드러진다.[28]

3. 고령화의 사회경제적 영향

앞에 서술한 바와 같이 생산가능인구의 급속한 감소로 인해 부양인구비 상승 등 여러 가지 사회문제가 발생할 수 있다. 한국과 중국은 지난 10년간 고령화 인구가 2배 가까이 증가했다. 2019년 한국의 노년부양비가 20%를 넘어선 데 이어 중국은 2022년에 처음으로 20%를 돌파했다. 노년 부양비란 생산가능인구(15~64세) 100명에 대한 고령인구(65세 이상)의 비를 말한다. 세계은행의 통계(그림 9-5)에 따르면 노년 부양비에 있어 일본에 비해 한국과 중국은 유사한 추세를 보이고 있다. 고령인구 비율이 점차 증가할 것으로 예상됨에 따라 부양비 역시 크게 증가할 것으로 전망된다.

급속한 고령화는 두 국가에 유사한 사회경제적 도전을 제기하고 있다. 주요 영향으로는 노동력 감소, 경제 성장 둔화, 사회보장 부담

27 　第一财经, 2021.09.06.
28 　国家卫生健康委员会老龄健康司, 2021.10.15.

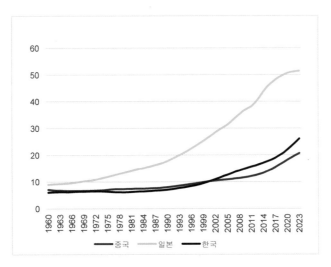

그림 9-5. 노년 부양비

출처: World Bank

증가 등을 들 수 있다. 특히 생산가능인구의 감소는 경제 성장의 지속 가능성에 대한 우려를 낳고 있으며, 연금 및 의료보험 등 사회보장 제도의 재정 부담 증가도 심각한 문제로 대두되고 있다. 지난 7월 1일 한국은행이 발표한 보고서 〈2차 베이비부머 은퇴 연령 진입에 따른 경제적 영향 평가〉에 따르면, 2035년까지 노동시장에서 상당수 노동력이 빠져나가면서 한국의 연간 경제성장률은 0.38% 하락할 것으로 예상된다.[29] 중국의 상황도 역시 좋지 않다. 프랑스 투자은행(나틱시스) 아시아태평양 담당 수석이코노미스트인 알리시아 가르시아 에레로(Alicia Garcia Herrero)에 따르면 2035년부터 생산가능인구의 축소

---

29 이재호 등, 2024.

는 중국의 경제 성장률에 매년 1.36% 감소 효과가 나타난다. 연간 경제성장률은 1% 선까지 떨어질 것으로 전망한다.[30]

Ⅳ. 한국과 중국의 저출산 · 고령화 대응과 협력

1. 한국과 중국의 지역 커뮤니티 정책비교

앞에 서술한 바와 같이 한국과 중국은 저출산 · 고령화 문제에 있어 주목할 만한 유사성을 보이고 있다. 두 국가 모두 세계적으로 유례없이 빠른 속도로 고령화가 진행되고 있으며, 인구 대체율에 크게 못 미치는 심각한 저출산 문제에 직면해 있다. 이로 인해 양국의 인구구조는 급격히 변화하고 있으며, 지역 간 인구감소와 고령화 격차도 뚜렷하게 나타나고 있다. 이러한 인구 변화는 노동력 감소, 경제 성장 둔화, 사회보장 부담 증가 등 유사한 사회경제 문제를 야기할 것으로 예상된다.

이러한 저출산 · 고령화 문제에 대응하기 위해 한국과 중국은 다양한 정책을 모색하고 있는데, 그중 하나가 지역 커뮤니티 정책이다. 이 정책은 지역 간 불균형을 해소하고 각 지역의 특성과 문제에 맞는 맞춤형 해결책을 제시할 수 있다는 점에서 주목받고 있다. 지역 커뮤니티를 중심으로 한 정책은 인구 감소 지역의 활력을 회복하고, 세대 간 연대를 강화하며, 한정된 자원을 효율적으로 활용할 수 있게 한다.

---

30   Herrero, 2024.

또한 이러한 접근 방식은 지역 주민들의 실질적인 삶의 질 향상을 도모하여, 간접적으로 출산율 제고와 고령층 삶의 질 개선에 기여할 수 있다. 따라서 한국과 중국은 저출산·고령화라는 공통된 사회적 도전에 대응하기 위한 전략으로 지역 커뮤니티 정책을 중요하게 다루고 있으며, 이를 통해 각 지역의 특성을 반영한 균형 있는 발전을 추구하고 있다.

한국의 지역 커뮤니티 정책으로는 귀농귀촌 지원 정책, 도시재생 뉴딜사업, 지역소멸대응 특별법 등이 대표적이다. 귀농귀촌 지원 정책은 2009년부터 본격적으로 시행되어 농촌으로의 인구 유입을 촉진하고 있다. 이 정책은 귀농귀촌종합센터 운영, 주거 및 농지 지원, 교육 프로그램 제공 등을 통해 도시민의 농촌 이주를 지원한다. 도시재생 뉴딜사업은 2017년부터 시행되어 쇠퇴한 도시 지역의 활성화를 목표로 하고 있다. 이 사업은 주거환경 개선, 문화시설 확충, 일자리 창출 등을 통해 지역 공동체를 강화하고 인구 유출 방지에 기여하고 있다. 2021년 제정된 지역소멸대응 특별법은 인구감소지역에 대한 종합적인 지원 체계를 구축하였다. 이 법에 따라 지방자치단체는 지역 특성에 맞는 대응 계획을 수립하고, 중앙정부는 재정 지원과 규제 완화 등을 통해 이를 지원하고 있다. 이외에도 '청년마을' 조성 사업, '마을기업' 육성 정책 등을 통해 젊은 세대의 지역 정착을 유도하고 있다.

이러한 정책들은 지역 커뮤니티의 활성화와 인구 유입에 일정 부분 기여하고 있으나, 여전히 수도권 집중 현상과 지방 소멸 위기는 지속되고 있다. 따라서 향후 정책의 실효성을 높이기 위해서는 지역별 특성을 고려한 맞춤형 접근, 지역 주민의 적극적인 참여 유도, 장기적이고 지속 가능한 발전 모델 구축 등이 필요할 것으로 보인다. 더불어, 디지털 전환 시대에 부합하는 스마트 빌리지 사업 등 혁신적인 접근도 요구된다. 결론적으로, 한국의 지역 커뮤니티 중심 인구감소 대응 정책은 다양한 시도를 통해 발전해 왔으나, 급격한 인구구조 변화에 대응하기 위해서는 보다 종합적이고 혁신적인 접근이 필요할 것이다.

중국도 다양한 지역 커뮤니티 중심의 인구감소 대응정책을 시행하고 있다. 대표적인 정책으로는 도시-농촌 통합발전 전략, 특색소진 (特色小镇) 건설, 양로서비스체계 구축 등이 있다. 도시-농촌 통합발전 전략은 농촌 지역의 생활 여건을 개선하고 도시와의 격차를 줄이는 것을 목표로 한다. 이를 위해 농촌 인프라 확충, 공공서비스 개선, 산업 육성 등을 추진하고 있다. 특색소진 건설 정책은 2016년부터 시작된 사업으로, 지역의 특색 있는 자원을 활용해 소규모 도시를 개발하는 프로젝트이다. 이를 통해 지역 경제 활성화와 인구 유입을 촉진하고 있다. 양로서비스체계 구축은 급속한 고령화에 대응하기 위한 정책으로, 지역사회 기반의 노인 돌봄 서비스를 확대하는 정책이다. 대표적으로는 9073 양로 모델(90%는 가정에서, 7%는 지역사회에서, 3%는 시설에서 돌봄)을 통해 지역 커뮤니티의 역할을 강화하고 있다. 또한, 전면적 두 자녀 정책에 이어 2021년부터는 세 자녀 정책을 도입하여 출산을 장려하고 있으며, 이와 함께 지역별로 출산휴가 연장, 육아 보조금 지급 등의 정책을 실시하고 있다. 호구제도 개혁을 통해 농촌 인구의 도시 이주를 촉진하고, 중소도시의 호구 제한을 완화하여 인구의 균형적 분포를 유도하고 있다.

그러나 이러한 정책에도 지역 간 발전 격차, 고령화 속도, 청년층의 대도시 선호 등으로 인해 많은 지역에서 여전히 인구 감소 문제가 심각하다. 향후 중국의 지역 커뮤니티 중심 인구정책은 지역 특성에 맞는 맞춤형 접근, 삶의 질 향상을 위한 종합적 대책, 지속 가능한 경제 모델 구축 등에 중점을 둘 것으로 예상된다. 결론적으로, 중국의 인구 감소 대응 정책은 광범위한 영역에서 다각도로 시도되고 있으나, 거대한 국토와 다양한 지역적 특성으로 정책 효과가 지역별로 상이하게 나타나고 있어, 앞으로 더욱 세분화되고 유연한 정책 접근이 필요할 것으로 보인다.

2. 저출산 · 고령화에 대응하기 위한 한중 양국의 협력 방안

한국과 중국은 모두 심각한 저출산과 급속한 고령화로 인한 인구 감소 문제에 직면하고 있다. 두 국가는 이러한 도전에 대응하기 위해 다양한 지역 커뮤니티 중심의 정책을 실시하고 있으며, 이들 정책 간에는 주목할 만한 유사점과 차이점이 존재한다.

농촌 활성화 정책의 경우, 한국은 귀농귀촌 지원 정책을 통해 도시민의 농촌 이주를 장려하고 있는 반면, 중국은 도시-농촌 통합발전 전략을 통해 농촌 지역의 전반적인 발전을 도모하고 있다. 이 분야에서 양국은 농촌 인프라 개선 방안과 서비스 제공 모델을 공유하고, 귀농귀촌 프로그램에 대한 경험을 교류할 수 있을 것이다.

지역 특성화 개발 측면에서 한국의 도시재생 뉴딜사업과 중국의 특색소진 건설 정책은 모두 지역의 고유한 특성을 살려 발전을 추구한다는 점에서 유사성을 보인다. 두 국가는 지역 자원을 활용한 특색 있는 도시 개발 경험을 공유하고, 이를 바탕으로 관광 연계 프로그램을 공동으로 개발할 수 있는 가능성이 있다.

고령화 대응 정책에 있어서 한국은 고령친화도시 조성에 힘쓰고 있으며, 중국은 9073 모델을 통한 양로서비스체계 구축에 주력하고 있다. 양국은 지역사회 기반의 노인 돌봄 서비스 모델을 교류하고, 나아가 스마트 케어 기술을 공동으로 개발하는 등의 협력을 모색할 수 있을 것이다.

청년 유입 정책의 경우, 한국의 청년마을 조성 사업과 중국의 중소도시 호구 제한 완화 정책은 접근 방식에서 차이를 보이지만, 모두 젊은 인구의 지방 정착을 유도한다는 공통된 목표를 가지고 있다. 이 분야에서 양국은 청년 창업 지원 프로그램과 주거 지원 정책에 대한 경험을 공유할 수 있을 것이다.

지역 경제 활성화를 위해 한국은 마을기업 육성 정책을, 중국은 특색소진의 산업 육성을 추진하고 있다. 두 국가는 지역 기반의 사회적 경제 모델을 공유하고, 지역 특산품 교류 및 공동 마케팅 전략을 수립하는 등의 협력 방안을 모색할 수 있다.

최근 들어 양국 모두 스마트 기술을 활용한 지역 발전에 관심을 기울이고 있다. 한국의 스마트빌리지 사업과 중국의 스마트시티 건설 정책은 각각의 국가 상황에 맞게 추진되고 있으나, 농촌 지역의 디지털화 기술 공유와 스마트 기술을 활용한 인구 유입 전략 개발 등에서 협력의 여지가 있다.

마지막으로, 정책 실행 및 평가 시스템 측면에서 한국은 지역소멸 대응 특별법에 따른 지원 체계를, 중국은 중앙-지방 정부 간 협력 시스템을 구축하고 있다. 양국은 정책 효과성 평가 방법과 중앙-지방 정부 간 협력 모델에 대한 경험을 교류함으로써 더욱 효과적인 정책 실행 체계를 구축할 수 있을 것이다.

이러한 다양한 분야에서의 협력을 통해 한국과 중국은 서로의 경험과 노하우를 공유하고, 공통의 문제에 대한 해결책을 함께 모색할 수 있을 것이다. 특히 인구 규모와 국토 면적의 차이를 고려한 정책의 스케일링 방법, 문화적 차이를 반영한 정책 적용 방안 등에 대한 연구와 교류가 가능할 것으로 보인다. 더 나아가 양국의 접경 지역에서 공동의 지역 발전 계획을 수립하고 실행하는 시범 사업을 추진해 볼 수 있을 것이다. 이를 통해 동아시아 지역의 인구 감소 문제에 대한 종합적이고 효과적인 대응 방안을 마련할 수 있을 것으로 기대된다.

위뤄잉(于若瑩)

위뤄잉은 2020년 8월 동국대학교 북한학 박사학위를 받았다. 학위논문은 "동아시아 사회주의국가 농업관리체계 연구: 북한과 중국의 비교"로 비교사회주의, 동북아 국제관계를 연구하고 있다. 현재 태재미래전략연구원 연구원으로 있다.

于若瑩在2020年8月获得东国大学朝鲜研究专业博士学位, 论文题目为《东亚社会主义国家的农业管理体制研究：朝鲜与中国的比较》。研究领域包括比较社会主义、东北亚国际关系。现为泰斋未来战略研究院研究员 。

제10장

한중 산업정책의 비교: 조선산업을 중심으로

신지선(申智善)

Ⅰ. 한중 조선산업 정책 관련 연구의 함의

조선산업은 21세기 이후 한국과 중국이 세계적으로 주도권을 확보한 대표적인 산업 중 하나이다. 양국의 경제 발전 과정에서 산업화는 주로 국가 주도성을 강조하는 발전국가 이론에 기반해 설명되어 왔다. 이 이론에 따르면, 국가는 특정 산업을 육성하기 위해 적극적인 산업정책을 시행함으로써 단기간에 경제 성장을 도모할 수 있다. 그러나 산업의 특성과 국제 환경에 따라 각국의 발전 방식의 차이가 있다. 이에 따라, 조선산업을 중심으로 한국과 중국의 발전 방식에서의 국내적 차이와 국제 환경이 미치는 영향에 대한 보다 심층적인 분석이 필요하다.

조선산업은 세계 해운산업과 밀접하게 연관되어 있으며, 산업 발전을 위해서는 국제적인 기술 협력이 필수적이다. 실제로 조선산업은 자본주의의 체계적 순환에서 패권국가의 발전[1]과 함께해 왔다. 16세기 말부터 유럽의 상업 무역의 확산으로 해운산업이 본격적으로 네덜란드에서 시작되었다. 산업혁명 이후, 증기기관이 도입되면서 조선 기술이 비약적으로 발전했으며, 이를 바탕으로 영국이 조선산업을 주도하게 되었다. 제2차 세계대전 시기 단기간 미국이 조선산업을 주도한 바 있으나, 이후 조선산업은 일본, 한국, 중국의 순으로 주도권이 전이되었다. 후발 국가인 일본, 한국, 중국은 조선산업에서 국제적인 협력이 발전에 중요한 역할을 했다.

새로운 산업은 국가의 경제 발전에 중요하며, 산업은 성장, 정체, 쇠퇴라는 주기가 있다. 자본주의 근본적인 운용 방식은 기업이 새롭게 창조하는 형태의 산업 조직에서 나온다.[2] 산업의 성장은 국가 경제를 견인하고, 국가의 정치적 안정성을 유지하는 데 중요하다. 하지만 산업 주기의 쇠퇴기에는, 국내적으로 정치적 갈등이나 경제적 위기를 초래할 수 있으며, 이는 국제 무역 및 외교 관계에도 영향을 미친다.[3] 조선산업이 불황기에 접어들었을 때, 국가와 기업이 적절한 대응을 하지 않으면 조선산업의 주도권이 전이될 가능성이 높다.

한국과 중국의 조선산업 발전 연구에서 한국의 경우, 한국전쟁 시기부터 조선산업의 필요성이 대두되었으나, 실제로는 국유기업인

---

1   Arrighi, 1994, pp.6~7. 조반니 아리기는 네 개의 체계적 축적 순환을 논의하면서, 15세기부터 17세기 초까지는 제노바 순환, 16세기 말부터 18세기까지는 네덜란드의 시기, 19세기 후반부터 20세기 초는 영국 순환, 19세기 말부터는 미국 순환으로 보았다.

2   Schumpeter, 2003, pp.82~83.

3   Kurth, 1979, pp.3~5.

'대한조선공사'에서의 조선산업의 발전은 제한적이었다. 본격적인 성장은 박정희 정부 시기에 현대중공업이 조선산업에 진출하면서 시작되었다는 점에 주목했다.[4] 한국은 비교우위, 정부의 지원, 기술 이전, 인적 자본에 대한 투자 등의 요인이 조선업 성장에 기여했으며, 한국 대기업의 글로벌화에 따라 조선산업도 저가 생산에서 혁신적 가치 창출로 전환될 수 있었다는 점에 주목했다.[5] 중국의 경우 1970년대 후반부터 1990년대까지의 개혁개방으로 국제 협력의 문이 열리면서, 중국의 조선산업은 점진적으로 발전의 기틀이 마련되었다는 점에 주목했다. 이 과정에서 외부 역량이 중요한 역할을 했으며, 해외 구매자와의 협력이 중국 조선산업의 발전에 핵심적이라고 보았다.[6] 제3차 산업혁명으로 서방국가에서의 생산량이 증가하면서 국내의 시장으로 수요보다 공급이 늘어났고, 과도한 공급에 대한 해외 시장이 필요했다. 중국은 개방되지 않은 큰 시장이었으며, 중국 시장을 진출하기 위한 유럽 기업의 역량이 조선산업의 발전에 중요했다.[7]

본 논문은 한국과 중국의 조선산업을 중심으로 역사적 맥락에서 비교연구를 진행한다. 한중 양국의 산업 구조 전환을 연구하는 중요한 이유는, 두 국가가 성공적으로 발전시킨 조선산업을 통해 향후 한중 양국 간 산업 경쟁 속에서 협력 방안을 모색하는 데 기여할 수 있기 때문이다. 더 나아가, 한중 양국의 경제력이 증가함에 따라 양국

---

4   배석만, 2023, p.188.; 배석만, 2011, pp.208~209.

5   Hong, Park, Hwang, et al., 2024, pp.462~489.

6   Moore, 2002, p.292.

7   羅平漢, 2019, pp.9~10.

의 산업에서 영향력이 강화되고 있는 현시점에서, 조선산업의 발전 과정을 역사적으로 분석함으로써 향후 한중 관계에서의 산업 경쟁과 협력에 대한 중요한 시사점을 제공하고자 한다.

Ⅱ. 한국의 조선산업 발전: 발전국가 모델

한국의 발전국가 모델로 보면 정부는 수출 주도 정책과 산업화를 실시했으며, 특정 산업에 집중적으로 투자했다. 한국의 경제성장은 세계 체제하에서 '초대에 의한 발전(development by invitation)'으로 동아시아의 경제 발전은 지정학적인 패권 체제가 중요했다.[8] 이 패권 체제로 인해서 미국과 일본의 경쟁 강화는, 한국에 있어 성장의 기회로도 작용했다.[9] 이러한 국제 환경하에서, 한국은 정부의 산업 정책과 기업과의 협력을 통해 조선산업을 발전시켰다.

1950년 한국 정부가 80%의 자본금을 출자한 국영기업 대한조선 공사가 조선산업의 시작이었다. 그러나 조선산업 정책에서 '조선 5개년 계획(1957~1961)'은 정부가 일방적으로 건조의 선박 수를 정하고 할당했으나, 건조비 지원이 원활하지 않아 부채가 누적되는 문제가 있었다.[10] 조선산업의 특성상 선주의 수요에 따라 선박이 제작되어야 하지만, 이에 대한 지원은 제한적이었다. 이후 박정희 정부에서 '4

---

8 Cumings, 1984, p.38.
9 Carroll, 2017, pp.112~113.
10 배석만, 2018, pp.74~76.

대 핵심공장 건설계획(주물선, 특수강, 중기계, 조선)'에서 조선산업 부문을 현대건설이 담당하면서, 1969년 초 현대 기획실은 '조선사업 추진팀'을 구성했고, 외국 기업과 기술 제휴와 합작을 모색했다.[11] 박정희 정부는 조선산업을 수출전문산업으로 육성했고, 현대중공업은 1972년 3월 조선소 건설을 시작해 4년 동안 10척의 대형 유조선 건조와 기술을 획득했다. 이 과정에서 영국과 일본의 다국적 기술을 생산 설계시스템에 적극적으로 도입했다.[12] 정부는 국내 경쟁의 둔화를 막기 위해 '당근과 채찍'을 능숙하게 사용했다.[13] 한국 정부는 조산산업에 진출하는 기업에 대한 적극적인 지원을 제공하면서도, 일정한 목표의 달성을 요구했다.

정부는 제3차 경제개발 5개년 계획(1972~1976)에서 중화학공업 육성시책의 주요 부분으로 조선 부문을 거듭 지정했다. 현대가 울산에, 대한조선공사가 거제도 옥포에 대단위 조선소 건설을 시작했다. 조선산업은 정부가 중화학공업 핵심 산업으로 선정하여 중점적인 지원을 하는 경제계획 기간 동안 급격히 증가하게 된다. 현대중공업, 삼성중공업, 마지막으로 대우중공업이 대한조선공사의 옥포조선소를 인수하며 참여했다. 한국 정부는 조선산업 발전을 위해 기업을 지원했고, 기업은 경제에서 강력한 주도 세력이 되었다. 박정희 정권에서 소수의 재벌이 중요한 협력자가 되었고, 급속한 성장 과정에서 지속

---

11   현대중공업, 2022, p.34.

12   배석만, 2011, pp.208~209.

13   Yusuf, Shahid, 2001, p.6.

적으로 유지되었다.[14]

한국의 경제개발 5개년 계획에 따라 1960년대부터 1997년까지 정부 산하 부처별 세부 시책을 수립하고 집행했다. 그러나 1997년 아시아 금융위기가 발생하고 민간 주도 경제 성장이 화두로 떠오르면서 정부 주도의 산업 발전에 대한 전환을 맞이했다. 외환위기 극복과 수습 과정에서 출범한 김대중 정부는 경제 위기를 한국 발전국가 모델의 구조적 한계에서 비롯된 문제로 보았다. 김대중 정부는 시장 질서를 창출하고 감독하는 관리자이자 중재자로서 역할을 수행했다.[15] 이 시기에 대우 그룹의 파산으로 대우조선해양은 독립 법인으로 전환되었고, 산업은행의 자회사가 되어 운영되었으나 기업 경쟁력이 약화되었다. 또한 2008년 글로벌 금융위기의 여파로 해운 시황이 악화되었으며, 3대 조선사의 영업 손실뿐만 아니라, 특히 금융이 취약한 26개의 중소형 조선소들이 큰 타격을 입었다. 이로 인해 2010년에는 단 4개의 중소형 조선소만이 영업을 지속할 수 있었다.[16] 한국 정부가 해운산업합리화 정책에서 장기적인 관점으로 조선산업을 지원하지 않았고, 시장의 논리에 따라 중형 조선산업 구조조정이 시행되었다.[17] 즉, 한국 정부는 초기 조선산업의 발전에 있어 핵심적인 추동 역할을 했으나, 두 차례의 금융위기를 겪으며 조선산업에 대한 적절한 개입과 조정에 한계를 드러냈다.

---

14   김윤태, 2012, pp.102~104.

15   이명수, 2007, pp.239~340.

16   박종환, 양종서, 이준범, 2018, pp.170~171.

17   조한나, 2023, pp.1187~1188.

III. 중국의 조선산업 발전: 개혁개방 동력

중국의 조선산업의 발전에서 국제 협력이 중요하게 작용했다. 신중국 초기, 중국과 소련과의 조선산업의 협력은 중국 조선산업 발전에 기반이 되었다. 다롄선박중공업유한공사(大連船舶重工集团有限公司)의 경우, 중국과 소련이 조선소를 협력하여 4년간 운영하면서,[18] 기업의 생산, 인재 양성이나 기술 발전, 특히 기업 관리의 모델 구축에서 개선이 있었다.[19] 중국 공업화의 과정에서 소련 공업화의 모델을 차용했으며, 이는 중국의 공업 발전에 중요한 추동 작용을 했다.[20] 1953년부터 1959년까지, 소련에서 5명의 소련 전문가가 조선공업조로 중국의 조선산업 발전 계획 수립을 지원했으며, 1954년 흐루쇼프 정부는 중국을 공식 방문하여, 조선산업과 관련된 7개의 기업 지원을 동의했다.[21] 중국은 1958년 기술자를 소련에 파견했고, 1958년 중국은 최초로 만 톤급의 화물선인 '약진호(躍進號)'를 건조했고, 이는 중국의 조선산업 발전의 기틀이 되었다.[22]

1960년대부터 중소관계의 악화에 따라, 중국은 국방공업의 발전에 더 집중했고, 해군과 관련된 선박에 대한 지원은 있었지만 '삼선건설(三線建設)', '양탄일성(兩彈一星)'과 같은 연해지역보다 내륙 발

---

18 1951년 7월 28일, 중국과 소련 정부는 베이징에서 협력 협정을 체결하였으며, 이 협정에 따라 다롄 조선소를 설립하는 데 필요한 투자금의 절반은 중국이, 나머지 절반은 소련이 부담하기로 명시했다. 『大連造船廠史』篇委會, 1998, p.116을 참고.

19 大連船舶重工集團有限公司, 2018, p.17.

20 王東, 謝偉, 2015, p.41.

21 陳夕, 1999, p.30.

22 遼寧省檔案館檔案開放鑒定處, 2016, p.161.

전을 했으며, 핵무기의 발전을 우선적으로 선택했다. 삼선건설이 실시되는 1964년부터 1980년까지의 시기에, 국가 건설 예산의 40%와 1,000여 개의 공업화 프로젝트가 진행되었다.[23] 내륙 위주의 경제 발전으로 인해서 조선산업은 중국의 핵심 산업이 아니었으며, 산업의 발전도 제한적이었다. 오히려 조선산업의 노동력과 자원이 삼선 건설의 공장을 건설하는 데 사용되었다.

1970년대 말 개혁개방은 중국의 조선산업에서 전환점을 맞이하게 된다. 1978년 미중수교는 아시아 지역에 안정과 평화를 가져왔고,[24] 중국은 전 세계 생산 네트워크를 통해서 자본과 기술을 바탕으로 경제를 발전시켰다.[25] 덩샤오핑은 1978년 "선박산업은 국제시장을 목표로 해야 하며, (중국의) 선박은 일본보다 저렴하고, 일본을 경쟁에서 앞서야 하며, 국제 시장에 해법이 있으며, 신뢰를 가져야 한다"[26]며 국제적인 교류와 발전을 강조했다. 중국은 노동력 비용이 상대적으로 저렴하며, 개혁개방 이후 수출 주도의 경제 성장에서 자국의 선박의 수요가 강조되었다.

조선산업에서 중앙 정부와 지방 정부는 기업의 자율적인 경영 활동을 지지했다. 중국은 '시장환기술(市場換技術)'의 방식으로 기술 협력을 통해 유럽, 일본, 한국 등과 기술협력을 강화하여 조선산업을 발전시켰다. 중국은 경제 세계화의 물결에서 점진적으로 시장을 개

---

23   Meyskens, 2015, p.238.

24   牛軍, 2018, p.11.

25   王正毅, 2022, p.409.

26   席龍飛, 2016, p.57.

방했고, 외국인 직접 투자와 국제 협력이 경제 발전에 중요하게 작용했다.[27] 중국 정부는 기술 격차를 줄이기 위해 대외 협력을 강조했고, 다국적 기업은 중국의 방대한 소비시장에 대한 진출을 목표로 중국 기업과 합자의 방식으로 시장에 진출했다. 한중 간에 조선산업의 협력에서 대표적인 사례로 상하이와이가오차오조선유한공사(上海外高橋造船有限公司)는 조선산업 관리 방식의 향상을 위해서 한국 조선사의 컴퓨터 통합 생산 시스템(CIMS)의 기술을 기반으로 조산산업 관리를 강화했다.[28] 위 기업은 한국의 조선생산시스템과 학습과 자체 기술 혁신을 통해서 중국 조선사 중에서 단기간에 빠른 성장을 거두었다. 중국 정부는 산업의 자주혁신(自主創新)을 강조하면서 연구개발에 대한 지원과 함께 자주성을 강조하는 정책적 변화가 있었고, 기업도 이에 따라 기술의 협력과 자체 기술 연구개발에 집중했다.

중국 정부가 실제적으로 조선산업에서 산업 발전을 지원한 시기는 21세기 초였다. 1997년 아시아 금융위기 이후 중국은 산업정책을 통해서 내수를 확대하는 정책으로 산업을 관리했으며, WTO 가입으로 산업에서 수입자유화의 도전에 직면했고, 수출도 증가하는 상황이었다. 중국이 '세계의 공장'으로 수출이 증가함에 따라, 2003년 '국유국운(國油國運)', '국륜국조(國輪國造)'의 정책으로 중국 조선산업의 발전을 도모했으며, 이는 석유 운송 산업에서 상대적으로 안정된 수송 수요를 가져오게 하면서도, 선박 운용 능력을 확장하여 선박 설

---

27   赫佳妮, 載王正毅主編, 2022, p.449.
28   上海外高橋造船有限公司主編, 2019, p.4.

계와 건조의 발전 속도를 가속화하는 방식이었다.[29] 2006년에 처음으로 『조선공업장기발전규획(2006~2015)（船舶工業中长期发展规划(2006~2015年)）』을 통해 중국 조선산업의 장기적인 규획을 발전시켰으며, 2008년 글로벌 금융위기에서 중국은 조선산업에서 금융 지원, 인력 조정, 기업 간 조정 등 다방면의 조선산업 정책을 펼쳤다. 2010년부터 한국과 중국의 조선산업의 경쟁 속에서 중국 조선산업은 2023년 기준 선박 건조량 50.2%로 세계 조선산업 1위의 국가가 되었다.[30]

Ⅳ. 미래 지향적 한중 산업발전을 위한 제언

한국과 중국은 동일한 국제 환경 속에서도 조선산업 발전 방식에서 서로 다른 경로를 택했다. 두 국가 모두 조선산업에서 국제 시장의 주도권을 획득했지만, 그 발전 방식에서 나타난 차이는 국가 내부의 발전 전략의 다양성과 국제 환경에 대한 대응 전략의 중요성을 시사한다. 한국과 중국의 조선산업 발전의 과정을 통해서 세 가지 측면에서 앞으로 양국의 산업 경쟁을 관리하고 협력의 공간을 모색할 수 있다.

첫째, 한국과 중국은 조선산업을 초기 단계부터 국제시장 수출을 목표로 설정했으며, 산업 발전 과정에서 국제 환경의 변화에 민감하게 대응함으로써 산업의 주도권을 확보할 수 있었다. 1970년대 두 차

---

29   李剛強, 尚保國, 李曉峰編, 2021, pp.99~100.

30   The Shipbuilders' Association of Japan, 2024.

례의 석유위기, 1997년 아시아 금융위기와 2008년 글로벌 금융위기는 산업의 안정적인 발전을 위협했다. 한국과 중국이 세계 경제에 미치는 영향력은 점진적으로 증가해 왔으며, 양국은 경제 위기에 책임 있는 행동으로 대응하여 산업의 지속적인 발전을 모색해 왔다. 1997년 중국은 위안화 평가 절하를 유보하고, 동남아시아 국가에 대한 경제적 지원을 제공하여, 아시아 지역의 안정에서 중요하게 작용했다. 이후 지역 협력의 제도화는 글로벌 금융위기에서 아시아 국가들의 위기 대응 탄력성을 높이는 데 기여했다. 국제 경제의 위기 상황은 국내 및 지역 차원에서 효과적으로 관리되어야 하며, 이는 한국과 중국이 조선산업에서 경쟁하는 동시에 협력할 수 있는 공통된 기반이다. 한중 양국이 국내적으로 산업의 구조적인 차이가 줄어들고 있으나, 오히려 동일한 산업의 세계 시장을 안정적으로 관리해야 하는 공통분모가 증가하는 상황으로 볼 수 있다.

둘째, 한국과 중국의 조선산업 발전을 역사적 맥락에서 논의한 결과, 기업의 경쟁력과 성과에 주의를 기울일 필요가 있다. 특히 양국의 기업은 조선산업 기술 분야에 대한 자주적인 연구 개발에 집중했다. 2000년대 초반 한국과 중국의 산업 구조의 차이로 상호 보완적이었으나, 산업 자체에서 점진적으로 경쟁 가능성이 높아지고 있다. 후발국가의 산업 발전은 '모방에서 혁신'이라는 과정을 거치게 되며, 한국과 중국의 기업은 합자 형태로 기술 이전에서 멈추지 않았으며, 자체 기술을 개발하는 자주적인 노력을 통해 기술의 혁신을 이루었다. 한국의 조선업은 유럽에서 자본과 조선산업 기술을 도입했으나, 조선업에서 선박의 대형화 추세에 따라 대규모 노동력을 효율적으로 관리하기 위해 한국은 일본에 실습생을 파견하는 동시에 조선 기술을 표준화된 방식으로 학습했다. 한편, 중국 상하이의 조선사는 조선산업 관리 방식 향상을 위해 2003년 한국 조선사의 컴퓨터 통합 생산 시스템을 적극 도입하고 학습했으며, 중국 기술자들 중 일부는 한국 조선공학 관련 학과에서 유학하거나 기술 연수에 참여한 사례가 있었다. 이는 한국과 중국 기업 차원에서 산업 경쟁력을 높이기 위한 적극적인 노력으로 볼 수 있다. 앞으로 한중 관계 연구는 기업 간 협력의 측면에서도 접근할 필요가 있다.

셋째, 한중 간의 협력이 경쟁적인 관계로 변화했으나 친환경과 관련된 기술의 공동 개발도 요구된다. 특히 지구 온난화로 인해 친환경에 대한 국제사회의 관심이 집중되면서, 선박의 탄소 배출을 저감하는 방식의 환경 규제도 강화되고 있다. 전 세계를 누비는 선박을 만드는 조선산업은 국제적인 규제에 부합해야 하며, 친환경 정책의 변화에 민감하게 대응해야 한다. 국제해사기구(IMO)에서는 탄소 감축 목표에 대한 시행 방안으로 이산화탄소를 2008년 대비 2030년까지 40%로 감축하고, 2050년까지 '온실가스 배출량 제로'를 목표로 하고 있다.[31] 친환경 선박으로는 전기, 수소, 액화천연가스 등의 에너지를 동력으로 하는데, 지속적인 연구가 필요한 분야이다. 한국 산업통상자원부는 2024년 'K-조선 차세대 선도전략'을 통해 탄소저감 경쟁력 확보를 위한 3대 탈탄소(LNG선박, 암모니아선박, 수소추진선

---

31   IMO, 2023, p.6.

박) 기술 개발을 목표로 하고 있다. 중국 공업정보화부는 2023년 '조선산업 친환경발전개요(2024~2030) (船舶製造業綠色發展行動綱要(2024~2030年))'를 발표하고, 2030년까지 조선산업 친환경 발전체계의 구축을 위해 친환경 조선 기자재의 공급망을 구축하고, 친환경 선박 기술력을 주도하고자 한다. 2023년 한·중 양국의 선박 신규 수주량이 다시 증가세로 돌아섰으며, 이런 변화에서 조선산업의 친환경화 추세는 동일하다. 지구 온난화는 전 세계적인 문제로 두 국가가 선박의 친환경화 기술 개발을 통해 협력할 수 있는 공간이 존재한다.

한국과 중국의 조선산업은 협력에서 경쟁으로 전환되었으나, 두 나라가 산업을 주도하면서 새로운 협력의 가능성도 열려 있다. 양국은 조선산업을 국제 시장을 목표로 발전시키며, 변화하는 환경에 민감하게 대응해 왔다. 기업 차원에서도 생산성 향상과 기술 개발을 위해 꾸준히 노력하고 있다. 앞으로 친환경 선박에 대한 수요가 증가함에 따라, 양국이 공동으로 기술을 개발하고 전 세계적인 온난화 문제 해결을 위해 친환경 선박 연구에서 협력 방안의 모색이 필요하다.

신지선(申智善)

신지선은 2025년 1월 베이징대학교 국제관계학원 정치학(국제정치경제) 박사를 받을 예정이다. 학위논문은 "발전국가의 산업 정책 차이의 정치경제분석: 한국과 중국의 조선산업 (1970-2011)을 비교"이며, 국제정치경제, 동북아시아 국제관계, 한중 산업정책 연구이다.

申智善于2025年1月在北京大学国际关系学院获得法学（国际政治经济）博士学位。她的博士论文题目为《发展型国家的产业政策差异性政治经济分析：以中国与韩国造船业（1970-2011）为案例》, 主要研究领域是国际政治经济学, 东北亚国际关系, 中韩产业政策研究。

제4부

한중 양국의 평화 인식과
한반도 협력

제11장

한국인이 바라보는 한중관계:
주변국 설문조사(2007~2023)를 중심으로

조현주(趙賢珠)

Ⅰ. 한중관계의 발전과 미래 협력 방향

한중관계는 1992년 수교 이후 21세기를 향한 협력동반자관계(1998), 전면적 협력동반자관계(2003), 전략적 협력동반자관계(2008)로 발전해 왔다. 수교 당시 한중 인적 교류는 13만 명에 그쳤지만, 2019년 말 연 1천만 명 이상에 달했다. 한국에 체류하는 중국인은 2021년 12월 기준 84만 명이었고, 중국에 체류하는 한국인은 24만 8천 명에 이르렀다.[1] 양국은 경제 분야에서 가장 비약적으로 발전했는데, 한중 무역은 1992년에 비해 2020년 초반 약 50배 증가했다.[2] 그러나 중국에 대한 한국인의 호감도는 지속적으로 하락하고 있으며, 국

---

1   신종호, 2022, p.24.
2   연합뉴스, 2020; 서울신문, 2022.

제질서 구조적인 측면에서 미중 전략경쟁, 북핵 문제 등 한중관계에 도전적인 현안들을 직면하고 있다.

한중관계가 여러 도전적인 문제에 직면하고 있음에도 불구하고, 대부분의 국민은 한중관계를 매우 중요하게 여기고 있다. 한중관계의 발전을 위해서는 외교·안보 분야에서 협력할 수 있는 접점을 모색하고, 대중 인식이 다시 급격히 악화되지 않도록 해야 할 것이다. 또한, 사회문화 및 인적 교류를 활성화하여 상호 인식을 개선하는 노력이 중요하며, 특히 젊은 세대를 중심으로 교류를 재활성화하는 것이 중요할 것이다. 마지막으로, 한중은 경제를 비롯한 다양한 분야에서 협력을 확대할 수 있도록 해야 한다. 경제에서는 첨단기술 분야에서 협력의 기회를 창출하며, 환경, 감염병, 국제 테러 등 국제 협력 분야에서 협력을 증진해 나아가야 할 것이다.

본 장에서는 한국인의 한중관계 인식을 다각도로 살펴보고, 한중관계의 발전 방향을 모색하고자 한다. 한중관계의 과거와 미래에 대한 학술적 연구는 꾸준히 이루어져 왔으나,[3] 한국 여론을 바탕으로 한중관계를 분석하는 연구는 상대적으로 적은 편이다. 국제 정세의 변화에 대한 대중의 인식은 주요 외교 현안에 대한 사회적 논의를 촉발할 수 있으며, 이는 외교 정책 수립에 중요한 역할을 미친다. 이 글에서는 한국인의 한중관계 인식을 파악하기 위해 서울대학교 통일평화연구원의 통일의식조사를 중심으로 기타 여론조사를 함께 활용하였다.

---

3   신종호, 2022; 이희옥, 2022; 황재호 2020; 김한권 2022.

II. 한국인의 한중관계에 대한 인식

한국인의 중국에 대한 인식은 어떠한가? 서울대학교 통일평화연구원의 통일의식조사를 통해 한국인이 주변국에 대해 느끼는 친밀감과 위협 인식을 확인할 수 있다. 이 질문은 미국, 북한, 일본, 중국, 러시아 중에서 가장 친밀감을 느끼는 국가를 하나 선택하도록 묻고 있다. 단일 선택이기 때문에 한 국가에 대한 친밀감이 높아지면 다른 국가에 대한 친밀감은 상대적으로 감소하게 되어, 해마다 국가별 친밀감의 변화를 관찰할 수 있다.

2007년부터 2023년까지의 흐름을 보면, 한국인이 가장 친밀감을 느끼는 국가는 미국으로, 2007년 53.3%에서 2023년 81.5%까지 꾸준히 증가했다. 2023년 기준으로, 한국인이 친밀감을 느끼는 국가는 일본(8.1%), 북한(7%), 중국(2.8%), 러시아(0.6%) 순으로 나타났다.

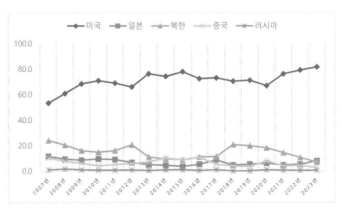

그림 11-1. 주변국 친밀감 (2007~2023년)

출처: 서울대학교 통일평화연구원 통일의식조사

한반도의 평화에 가장 위협적인 국가를 묻는 문항은 당시 정세와 현안에 따른 인식 변화를 보여준다. 2007년부터 2016년 사이에는 북한에 대한 위협 인식이 꾸준히 증가했으나, 2018년을 기점으로 중국이 가장 위협적인 국가로 인식되기 시작했다. 이 문항 역시 단일 선택형이기 때문에 북한에 대한 위협 인식이 감소하는 반면, 중국에 대한 위협 인식이 증가한 양상을 확인할 수 있다. 이는 2018년 2월 평창동계올림픽 이후 세 차례의 남북정상회담을 통해 남북관계가 대화 국면으로 전환된 상황과 2016년 7월 한미 사드(THAAD) 배치 결정에 따른 중국의 경제적 보복 조치로 인해 한국 내 중국에 대한 인식이 악화된 것을 반영한다. 실제로 2023년 동아시아연구원의 동아시아 인식 조사 결과에 따르면, "중국에 대해 부정적인 인상을 갖게 된 이유"로 '사드 보복 등 중국의 강압적 행동'을 꼽은 응답자가 59%로 가

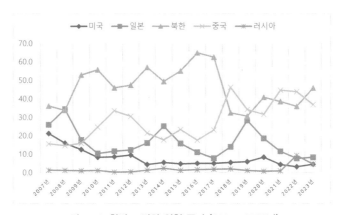

그림 11-2. 한반도 평화 위협 국가 (2007~2023년)

출처: 서울대학교 통일평화연구원 통일의식조사

장 많았다.[4] 2019년 이후에도 북한과 중국에 대한 위협 인식이 상대적으로 높으며, 이는 사드 사태의 여파, 북핵 문제, 미중 갈등의 심화 등 구조적 요인들이 복합적으로 작용한 결과로 볼 수 있다.

중국에 대한 구체적인 인식을 파악하기 위해 "중국이 우리에게 어떤 대상이라고 생각하십니까?"라는 질문에 대한 응답을 살펴보면, 중국을 경계 대상으로 인식하는 경향이 두드러진다. 2023년 조사 결과(그림 11-3)에 따르면, 중국을 경계 대상으로 인식한 비율은 51.6%, 경쟁 대상으로 본 비율은 28.5%, 협력 대상은 11.2%, 적대 대상은 8.8%로 나타났다. 2017년 이전에는 대중 인식이 현안에 따라 보다

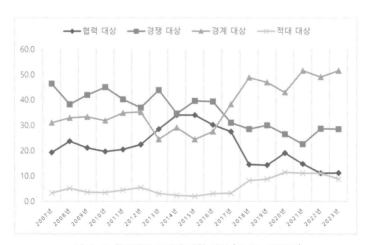

그림 11-3. 한국인의 중국에 대한 인식 (2007~2023년)

출처: 서울대학교 통일평화연구원 통일의식조사

4   동아시아연구원, 2023.

복합적이고 유동적이었으나, 2018년 이후 경계 대상으로서의 이미지가 고착화된 경향을 보인다.[5] 예를 들어, 2016년 조사에서는 중국을 경쟁 대상으로 본 응답이 39.3%, 협력 대상이 30.2%, 경계 대상이 27.5%, 적대 대상이 3%로 나타났다. 2017년 조사에서는 경계 대상이 38.3%, 경쟁 대상이 31%, 협력 대상이 27.5%였는데, 협력 인식은 2016년과 같이 비교적 높았다. 그러나 2018년 조사에서는 경계 대상이 48.8%, 경쟁 대상은 28.5%, 협력 대상은 14.5%로 나타나 경계 인식과 협력 인식의 차이가 급격히 증가했다.

다음으로, 중국에 대한 인식을 연령에 따라 살펴보면, 세대별로 급격한 차이는 없으나 최근 20대와 30대 젊은 층에서 부정적 인식이 상대적으로 높아졌다. 2023년 조사에서 연령별 분포를 보면(표 11-1), 협력 대상으로서의 인식은 60대 이상(14.9%) > 50대 및 20대(각각 11.2%) > 40대(9.6%) > 30대(7.5%) 순이었다. 반면, 경계 대상으로서의 인식은 20대(57.3%) > 30대(56.5%) > 60대 이상(51.2%) > 50대(48.9%) > 40대(46%) 순으로, 20대와 30대에서 가장 높게 나타났다. 경계와 적대 대상으로서의 이미지는 30대(64.4%) > 20대(63.6%) > 60대 이상(60%) > 50대(59.2%) > 40대(55.7%) 순으로 나타났다.[6]

젊은 층에서의 부정적 인식이 최근의 경향인지 확인하기 위해 그

---

5 최규빈, 2020.

6 2024년 실시된 한국리서치 여론조사를 통해서도 20, 30대에서 중국을 '적'으로 인식하는 경향은 40%로 나타났다. 이는 23-28%를 기록한 다른 연령층에 비해 높은 수치를 보이는 것으로 분석된다(한국리서치, 2024; 정상미, 2024, pp.11~12.). 다른 조사에서도 젊은 세대의 대중 인식이 기성세대에 비해 더욱 악화된 것으로 드러났다(이동규, 강충구, 2023).

림 11-4에서 2007년부터 2023년까지 연령별 경계 인식을 살펴보았다. 2016년을 기점으로 모든 연령대에서 중국에 대한 경계 인식이 크게 증가했으며, 특히 20대와 30대에서 급격한 상승세를 보였고, 이후에도 높은 수준을 유지하고 있는 점이 눈에 띈다.

표 11-1. 한국인의 중국에 대한 인식 – 연령별 (2023년)

	협력 대상	경쟁 대상	경계 대상	적대 대상	경계+적대
19~29세	11.2	25.2	57.3	6.3	63.6
30대	7.5	28.0	56.5	8.0	64.5
40대	9.6	34.7	46.0	9.6	55.7
50대	11.2	29.6	48.9	10.4	59.2
60대 이상	14.9	25.1	51.2	8.8	60.0

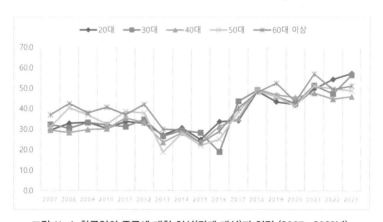

그림 11-4. 한국인의 중국에 대한 인식(경계 대상)과 연령 (2007~2023년)

표 11-2의 이념 성향별 분포를 보면, 협력 인식은 보수 성향이 14%, 진보는 12%, 중도는 9.5%로 나타난다. 반면, 급격히 상승한 경계 인식은 보수(51.9%) > 중도(53.1%) > 진보(48.1%) 순으로 나타났다. 경계와 적대 인식을 합한 비율을 보면, 보수가 61.8%로 가장 높고, 중도는 61.7%, 진보는 56%였다. 그림 11-5에서 2007년부터 2023년까지의 전체 기간을 살펴보면, 대체로 보수와 중도층이 진보층보다 경계 의식이 높은 경향을 보인다.

표 11-2. 한국인의 중국에 대한 인식 - 이념 성향별 (2023년)

	협력 대상	경쟁 대상	경계 대상	적대 대상	경계+적대
진보적	12.0	32.1	48.1	7.9	56.0
중도	9.5	28.8	53.1	8.7	61.7
보수적	14.0	24.2	51.9	9.8	61.8

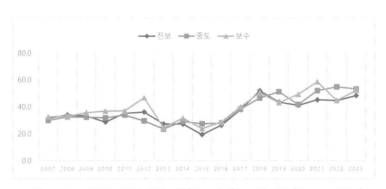

그림 11-5. 한국인의 중국에 대한 인식(경계 대상)과 이념 성향 (2007~2023년)

전반적으로 2007년부터 2023년까지 한국인의 한중관계 인식에서 주목할 만한 특징은 2016년을 기점으로 연령과 이념 성향에 관계없이 중국에 대한 경계 이미지가 크게 증가한 점이다. 또한, 최근 20대와 30대에서 중국에 대한 경계 인식이 상대적으로 높게 나타났다. 이념 성향별로는 대체로 보수와 중도층에서 경계 인식이 더 높은 경향을 보인다.

III. 한국인이 바라보는 한중 협력

중국에 대한 경계 이미지가 고착화되고 협력 대상으로 보는 인식이 낮아졌지만, 2023년 동아시아연구원 설문조사에 따르면 한중관계가 중요하다고 보는 인식은 81.8%로 높은 수준이다.[7] 비록 2019년의 94%에 비해 감소한 수치이지만, 여전히 약 80%가 한중관계의 중요성을 인식하고 있다. 또한, 한중관계의 미래 전망에 대해 긍정적으로 본 응답 비율이 2022년의 18.8%에서 2023년에는 28.3%로 약 10%p 증가한 것으로 나타났다.[8]

---

7 동아시아연구원, 2023;%27kor_workingpaper%27,%27kor_special%27,%27kor_multimedia&keyword_option=&keyword=&more=〈/url〉〈/related-urls〉〈/urls〉〈/record〉〈/Cite〉〈/EndNote〉 다른 조사에서도 한국이 중국과 어떤 관계를 가져야 하는지에 대해, 응답자의 80% 이상이 양국이 우호적이고 협력적인 관계를 유지하기를 바란다고 답했다 (Wenting & Shumei, 2024).

8 동아시아연구원, 2023.%27kor_workingpaper%27,%27kor_special%27,%27kor_multimedia&keyword_option=&keyword=&more=〈/url〉〈/related-urls〉〈/urls〉〈/record〉〈/Cite〉〈/EndNote〉

보다 구체적으로 한중 협력에 대한 인식을 살펴보기 위해, 한중관계에 영향을 미치는 주요 구조적 요인인 미중 전략 경쟁과 북핵 문제를 중점적으로 분석하였다. 2016년 사드(THAAD) 배치 문제는 미중 갈등이 표면적으로 드러난 대표적인 사례로,[9] 한중관계 회복에 어려움을 주는 요인 중 하나로 그 여파가 여전히 지속되고 있다.

그림 11-6에서 미중 갈등 시 한국이 취해야 할 입장에 대해 물은 결과, '중립을 지켜야 한다'는 응답이 2021년 49.6%에서 2023년 58.1%로 상승했다. 또한, '중국과의 협력을 강화해야 한다'는 응답도 2021년 5.6%에서 2023년 8.9%로 증가했다. 반면, '미국과의 협력을 강화해야 한다'는 응답은 같은 기간 동안 44.8%에서 33%로 감소한 것으로 나타났다.

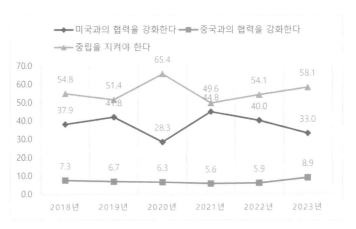

그림 11-6. 미중 갈등 시 한국의 입장 (2018~2023년)

출처: 서울대학교 통일평화연구원 통일의식조사

9　신종호, 2022, p.14.

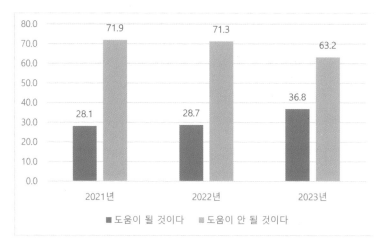

그림 11-7. 중국의 부상과 한반도 평화 (2021~2023년)

출처: 서울대학교 통일평화연구원 통일의식조사

관련하여 그림 11-7에서 나타난 2023년 중국의 부상과 한반도 평화에 대한 인식을 보면, '도움이 안 될 것이다'는 응답이 63.2%, '도움이 될 것이다'는 응답이 36.8%로 나타났다. 이는 2021년 '도움이 된다'는 인식이 28.1%였던 것에 비해 상승한 수치로, 중국의 부상이 한반도 평화에 미치는 긍정적인 기대감이 다소 높아졌다고 볼 수 있다.

다음으로, 그림 11-8에서 북한 비핵화에 대한 인식을 살펴보면, 2018년부터 2022년, 그리고 2023년을 시기별로 나누어 볼 수 있다. 2018~2022년 사이에는 '한미'와 '한중' 중 어느 나라와의 협력을 강화해야 하는지 하나를 선택하도록 질문했으며, 2023년에는 '한미 간 협력', '한중 간 협력', '한일 간 협력'에 대한 인식을 각각 개별적으로 질문했다. 그림 11-8의 2018~2022년 설문 결과에 따르면, 대체로 '모두 강화해야 한다'는 의견이 가장 높았으며, 응답 비율은 45~55% 사이로 나타났다. 반면, 그림 11-9의 2023년 설문 결과를 보면, '한미 간 협력'이 중요하다는 인식이 97.6%로 가장 높았고, '한중 간 협력'이 중요하다는 응답은 87.3%, '한일 간 협력'이 중요하다는 응답은 78.4%로 나타났다.

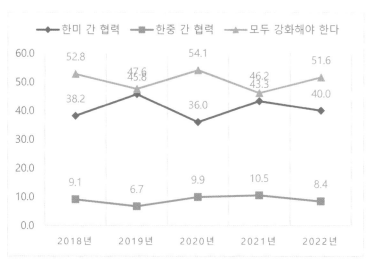

그림 11-8. 북한 비핵화를 위한 한미와 한중 협력 (2018~2022년)

출처: 서울대학교 통일평화연구원 통일의식조사

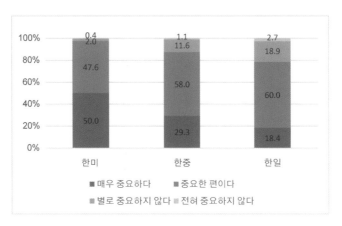

그림 11-9. 북한 비핵화를 위한 한미와 한중 협력 (2023년)

출처: 서울대학교 통일평화연구원 통일의식조사

전반적으로, 미중 갈등이나 북핵 문제와 관련하여 중립적인 입장, 또는 '한미 간 협력'과 '한중 간 협력'이 모두 중요하다는 인식이 가장 많았다. 이는 두 국가 사이에서 균형을 유지해야 한다는 시각이 지배적임을 나타낸다.

또한, 2023년 동아시아연구원의 설문조사를 통해 대중국 외교에서 우선 고려해야 할 이슈를 살펴본 결과, 경제 문제와 북핵 문제 해결 외에도 양국 국민 간의 상호 인식 개선, 기후변화, 환경, 감염병 대응에서의 협력이 중요하다고 인식되고 있다. 주요 대중 이슈로는 1위가 '경제 제재 대응'(2022년에는 '사드 보복의 완전한 해소'), 2위가 '한중 경제 및 첨단기술 협력'(23.1%), 3위가 '북한 비핵화를 위한 정책 공조'(19.8%), 4위가 '양 국민 상호 인식 개선'(18.8%), 5위가 '기후변화, 환경, 감염병 협력'(10.2%)으로 나타났다. 이처럼, 외교와 경

제뿐만 아니라 다양한 분야에서의 협력과 공조가 중요하다는 인식이
나타나고 있다.[10]

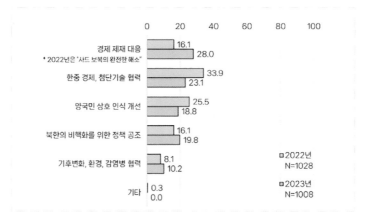

그림 11-10. 현 정부의 대중 외교에서 우선 고려해야 하는
이슈는 무엇입니까? (단위: %)

Ⅳ. 한중관계에 대한 함의 및 제언

한중관계는 수교 이후 꾸준히 발전해 왔지만 상호 인식 개선을 어
렵게 하는 여러 도전 요인에 직면해 있다. 특히, 미중 전략 경쟁과 북
핵 문제와 같은 구조적 요인으로 인해 2016년 이후 한중 관계가 급격
히 경색되었으며, 그 후 회복은 더디게 진행되고 있다. 외교 · 안보 현

10　동아시아연구원, 2023.%27kor_workingpaper%27,%27kor_special%27,%27kor_
　　multimedia&keyword_option=&keyword=&more=〈/url〉〈/related-urls〉〈/
　　urls〉〈/record〉〈/Cite〉〈/EndNote〉

안에서는 이해관계의 접점을 찾으며 협력을 모색하고, 대중 인식이 다시 급격히 악화되지 않도록 해야 할 것이다. 특히, 북한 및 북핵 문제에 대응해 나가는 과정에 있어서 중국의 정책과 역할을 객관적으로 파악하고, 한중 협력을 도모할 수 있는 범위와 정책에 대한 정확한 평가가 필요할 것이다.[11]

중국에 대한 인식 측면에서는 경계 대상으로 보는 시각이 급격히 증가했으며, 특히 20대와 30대에서 경계 인식이 다른 연령층에 비해 높은 것으로 나타난다. 이러한 젊은 세대의 부정적 인식 변화를 분석하고 그 원인을 파악해 한중 간 상호 인식 개선을 위한 논의가 필요하다. 이러한 부정적 추세가 지속되지 않도록 인적 및 문화적 교류를 활성화하여 상호 이해도를 높이는 정책적 노력이 동반되어야 할 것이다. 한중 학생들 간 교류를 다시 활성화하는 것은 양국 관계 발전을 위해 중요할 것이다.[12] 최근 2021년에는 영화와 드라마 등 다양한 매체를 통한 사회문화 교류가 시작되는 등 한중 간 문화 교류가 다시 활발해질 수 있는 신호로 해석될 수 있는 변화들이 나타났다.[13] 2016~2017년 '사드 사태' 이후 동력이 떨어지기는 했지만, 수교 이후 30년 동안 한중 인적 사회문화 교류는 축적되어 왔고, 이를 재활성화하는 것은 중국 정책 수립 및 추진에 있어서 기회 요인으로 작용할 수 있을 것이다.[14]

---

11 이동률, 2022.

12 Song, 2024.

13 이희옥, 2022, pp.565~567.

14 신종호, 2022, p.24.

한국인은 한중 협력에서 외교·안보와 경제 이슈뿐만 아니라 다각적인 분야에서의 협력과 상호 인식 개선의 중요성을 느끼고 있다. 한중이 가장 큰 발전을 이룬 분야는 경제 분야지만, 보완성보다는 경쟁적인 면이 부각되고 있다. 한중 양국은 신기술을 포함한 핵심 분야에서 경제 협력의 기회와 공간을 계속해서 만들어 나가려는 노력이 중요하다.[15] 또한, 경제뿐만 아니라 기후변화, 감염병, 국제 테러 대응 등 다양한 분야에서 협력을 강화하며, 양국 관계를 발전시킬 수 있는 방법을 찾기 위한 지속적인 대화와 논의가 필요할 것이다. 한중 협력을 통해 양자관계나 한반도를 넘어 국제적인 분야에서 협력을 모색하고 미래 지향적으로 나아가야 할 것이다.

조현주(趙賢珠)

조현주는 2022년 8월 University of Illinois at Urbana-Champaign에서 국제정치학 박사학위를 받았다. 학위논문은 "Intractable territorial disputes: Concessions, salience, and the political gain of domestic opposition factions"이며 국제분쟁, 영토분쟁, 동아시아 안보를 연구하고 있다. 현재 서울대학교 통일평화연구원 선임연구원으로 있다.

趙賢珠于2022年8月获得美国伊利诺伊大学厄巴纳-香槟分校国际政治学博士学位。其博士论文题目为《难解的领土争端：让步、重要性与国内反对派的政治收益》, 主要研究领域为国际争端、领土争端及东亚安全。目前, 她担任首尔大学统一和平研究院的高级研究员。

---

15   이희옥, 2022, p.576.

제12장

북한의 대중(對中) 인식과 정책:
자주와 편승에서 자율성 확보로

황상필(黃常弼)

Ⅰ. 북·중 관계를 바라보는 시각들

북·중 관계를 바라보는 두 가지 보편적 시각이 있다. 바로 북·중 관계가 협력 위주의 관계라는 시각과 양국 관계는 중국의 강력한 대북 영향력에 의해 중국의 의지하에 변화된다는 시각이다. 우선, 북·중 관계는 '선혈로 응고된(鮮血凝成的) 관계'라는 인식 속에서 양국의 협력을 중심으로 논의되는 경향이 있다. 그러나 역사적으로 양국은 중국의 대북 일방주의, 개혁·개방 심화, 미·중 및 한·중 수교, 북한의 도발과 중국의 UN 대북제재 동참 등으로 긴장과 갈등을 겪어 왔다.

또한, 북·중 관계에 관한 기존 논의는 대체로 양국의 국력 비대칭성과 중국의 대북 영향력을 고려하여 '중국이 북한을 어떻게 관리하고 있는가'에 초점을 두고 있다. 이는 두 국가 간의 양자 관계에 있어서 국력이 큰 차이를 보이는 경우 약소국은 강대국의 일방주의에 종속되는 경향이 있기 때문이다. 실제로 중국은 북한의 전략적 후원국으로서 충분한 대북 영향력이 있다고 평가되고 있다.[1] 이러한 이유로 그동안 북한의 시각에서 바라본 양국 관계에 관한 논의는 충분히 이루어지지 못했다. 그러나 북·중 관계는 상호 국력의 격차에도 불구하고 단순한 '힘의 논리'가 지배하는 국가 간 관계로 설명하기 어렵다.[2] 실제로 북한은 사안과 주변 국제질서 변화 등에 따라 중국과의 역사적 관계를 강조하면서 도발 및 핵실험, 외교 다변화 등의 방법으로 자국의 지정학적 가치를 부각하며 중국에 전략적으로 접근해 왔다.

이러한 점에서 김정은 시기 북한이 부상하는 중국을 어떻게 인식하고 대응하고 있으며, 그 결과 양국 관계가 어떻게 전개되고 있는지 논의할 필요가 있다. 이는 한반도의 평화와 안정의 주요 현안인 북핵 및 북한 문제 해결을 위해 중국의 대북 역할론을 강조했던 기존 접근법을 되돌아보고, 북한의 대중 전략을 매개로 하는 한·중 관계의 건설적 발전에 일련의 함의를 제공할 수 있을 것이다.

본 연구는 이를 위해 첫째, 비대칭 동맹 관계라는 북·중 양국의 구조적 특성과 북한의 협력, 견제, 불신의 대상으로서 대중 인식을 논의한다. 이에 관한 논의는 북한의 대중 정책을 설명하는 데 유용한 시각을 제공한다. 둘째, 김정은 시기 북한의 대중 정책 전개 양

---

1   이영학, 2019, p.81.

2   이상만 외, 2021, p.253.

상을 양국 관계 변화 시점에 맞추어 네 시기[밀착을 통한 후견 유도(2012~2013년), 견제를 통한 자주성 모색(2013~2018년), 편승을 통한 국제적 고립 탈피(2018~2023년), 중·러 줄타기를 통한 자율성 확보(2023~현재)]로 구분하여 논의한다. 셋째, 북한의 대중 정책을 매개로 하는 한·중 관계 발전 방향에 대한 함의를 도출한다.

II. 북·중 관계의 특징과 북한의 대중 인식

1. 북·중 관계의 특징

북한과 중국의 관계를 규정하는 개념 중 하나는 강대국과 약소국으로 이루어진 '비대칭 관계(asymmetric relations)'이다. 북·중 비대칭 관계는 다음과 같은 특징을 지닌다. 첫째, 양국의 상호 인식은 비대칭적이다. 약소국 북한은 강대국인 중국과의 양자 관계를 중요하게 보고 있다. 이에 반해 중국의 대외전략에 있어 북한과의 양자 관계는 미·일·러 등 다른 강대국과의 관계에 비해 상대적으로 중요하지 않다. 중국은 미·중, 중·러 등 대국 간 관계와 연관된 중국의 북한에 대한 전략적 이해를 중요하게 보고 있다. 따라서 중국은 약소국 북한에 대한 지배력을 강화하여 북한의 행동이 중국의 국익에 반하는 방향으로 전개되는 것을 방지하고자 한다. 또한, 중국은 북한 체제가 붕괴하거나 불안정한 상황으로 인해 야기될 동북아 정세 변화 가능성 역시 상당한 부담으로 인식하고 있다. 이에 중국은 한반도, 동북아 정세가 불안정한 과도기적 상황에서 북한이라는 전략적 자산을 최대한 우호적·안정적으로 관리함으로써 한반도 영향력 경쟁에서 우위를 확대·유지하고자 한다.[3]

둘째, 약소국 북한은 중국이 자국의 핵심 이익을 위협하지 않는 경우에만 힘의 우위에 순종(deferential)하는 경향이 있다.[4] 북한은 중국이 북·중 양국 관계를 완전히 다른 국면으로 바꾸겠다고 결심하지 않는 한 중국이 할 수 있는 실질적인 선택지는 제한적이라는 사실을 잘 알고 있다.[5] 특히, 북한에 있어서 핵무기는 미국을 중심으로 하는 국제사회의 압박 속에서 국가의 자주와 존엄을 지키는 '만능 보검'으로, 체제 생존이라는 핵심 문제와 직결되어 있다. 따라서 중국의 대북 핵 포기 압박에 대한 북한의 저항 동기는 중국의 압박 동기보다 훨씬 강하다.[6] 이에 북한은 중국과의 우호 관계 유지를 중시하지만, 만일 중국이 북한의 핵심 이익에 부정적 영향을 주게 될 경우, 북한은 중국의 대북 딜레마를 자극하며 이익을 수호하려는 모습을 보일 가능성이 있다. 실제로 북·중 양국 관계의 역사는 북한의 핵심 이익과 관련된 사안에 있어서는 중국이 일방적으로 통제할 수 없다는 사실을 보여준다.[7]

셋째, 중국의 대북 영향력 행사 및 통제력 유지와 북한의 자율성 사이의 다툼(dispute) 정도가 양국 관계를 안정적으로 유지하거나, 비

---

3 문흥호, 2018, p.15.

4 Womack, 2006, pp.84~85.

5 Chung and Choi, 2013, p.259.

6 이상숙, 2010, p.122.

7 Yun, 2022, p.97.

대칭 갈등을 초래할 수 있는 변수로 작용한다. 북한은 북 · 중 국력 비대칭에 기인한 자국의 취약성을 극복하기 위해서 주변 강국 간의 전략 경쟁을 자국의 외교 전략 입지로 활용함으로써 중국의 대북 영향력 행사를 효과적으로 차단함과 동시에 지원 극대화를 모색하고 있다. 그 과정에서 북한은 때로는 중국의 입장을 크게 고려하지 않는 모습을 보이며 중국과 경쟁하는 주변 강국과의 협력을 모색하기도 하였다. 실제로 과거 북한은 미 · 중, 중 · 소 등 주변 강국 관계가 갈등 국면일 때 각국 사이에서 등거리 외교를 실시하고, 이들 관계가 협력적일 때 이들의 갈등을 야기함으로써 강대국에 편승하는 이른바 '갈등적 편승 전략'을 실시해 왔다.[8]

한편, 1961년 7월 11일 체결된 '조중 우호협력 및 상호 원조조약(이하 북 · 중 동맹 조약)'은 20년마다 갱신되고 있다. 물론 탈냉전 이후 중국의 개혁 · 개방에 따른 세계 무대로의 진출과 북한의 고립 · 도발 행보로 인해 양국이 마찰을 빚는 일이 잦아지게 되자 중국은 북한과의 관계를 점차 정상 관계로 전환하려는 모습을 보이기도 하였다. 이에 북 · 중 동맹의 지속과 변화에 관한 다양한 견해가 공존해 왔다. 그러나 양국은 상호 관계에서 동맹적 색채를 어떠한 형태로든 유지하고 있으며, 여전히 법적으로도 유효하다. 이상과 같은 점에서 북한과 중국 양국 관계는 '비대칭 동맹 관계'로 정의할 수 있다.

---

8   이상숙, 2008.

2. 북한의 대중 인식

북한은 기본적으로 중국을 협력국으로 인식하고 있지만, 중국의 강대국화에 따른 일방주의를 견제할 필요성을 느끼고 있으며, 중국의 지원에 불신을 가지고 있다. 첫째, 북한의 중국에 대한 협력국으로서의 인식이다. 북한에 있어 중국은 경제난 극복, 외교적 고립, 체제 안정 등에 정치·경제·안보적 지원을 제공할 수 있는 전략적 후원국이다. 역사적으로도 북한과 중국은 상호 협력을 지속해 왔다. 북한은 국공내전 시기 중공에 자국 영토를 후방 기지, 전략적 교통로로 활용할 수 있도록 하였으며, 전략물자 등을 지원해 신중국 건립에 주요한 도움을 주었고, 중·소 분쟁 초기에는 국제 공산권 문제에 있어 중국의 입장을 두둔하며 중국의 공산권 영향력 제고에 도움을 주었다.[9] 이러한 점에 기반하여 현재 북한은 자국의 지원을 통해 부강해진 중국이 북한이 직면한 어려움을 극복할 수 있도록 적극 도와야 함을 강조하고 있다. 중국 역시 신중국 건립 이후 한국전쟁과 전후 복구, 사회주의 개조 과정, 북한의 국제적 고립 국면에서 북한에 다양한 전략적 지원을 제공해 왔다. 나아가 양국은 국제정세 변화에 대한 긴밀한 공조를 통해 상호 신뢰를 강화해 갔으며, 그 과정에서 북한의 협력국으로서 대중 인식이 형성되었다.

둘째, 북한의 중국에 대한 견제 대상으로서의 인식이다. 북한은 중국과의 협력을 중요하게 생각하지만, 이와 동시에 중국에 대한 과도한 의존은 중국의 대북 영향력 확장으로 이어져 자국의 자율성이 축

---

9 이종석, 2000, pp.59~77, 215~227.

소될 수 있다는 점을 우려하고 있다. 이에 북한은 중국의 영향력에 압도당하지 않으면서도 버림받지 않기 위한 대중 관계 조정을 시도하고 있다.[10] 나아가 탈냉전 이후 G2로 부상한 중국은 북한과의 국력 비대칭성을 크게 형성시켰고, 그 과정에서 이루어진 북한의 핵개발에 대한 중국의 영향력 행사는 북한의 중국에 대한 견제의 필요성을 더욱 심화하게 하였다.[11] 특히 중국은 북한의 대중국 의존 증대를 북한에 대한 영향력 확대·유지 수단으로 활용하여 중국의 국익을 저해하는 북한의 일방적 행동을 통제하기 위한 카드로 사용하기도 하였다. 이러한 점에서 현재 북한은 기본적으로 중국과의 협력을 중시하지만, 자국의 대중국 의존이 과도하거나 중국이 북한에 부정적 영향력을 행사할 경우, 한반도를 둘러싼 주변국의 이해관계를 활용함으로써 중국을 견제하고자 한다.

셋째, 북한의 중국의 지원에 대한 불신이다. 북한은 중국의 대북 지원이 국제사회의 시선을 의식하여 매우 제한적으로 이루어지고 있다는 점과 자국의 위기 상황 발생 시 중국이 방기(abandonment)할 가능성을 우려한다. 중국은 국제 여론을 의식하여 북한에 대한 전폭적인 지원에는 제한을 두고 있으며, 북한과의 관계에 있어 동맹의 색채를 줄이고자 하는 모습을 보였다. 중국은 설비 및 인프라 구축에 대한 대규모 투자가 필요하지 않은 단발성 위주, 부가가치가 낮은 품목 중심의 대북 경협을 추구하였고, 그 규모와 비중은 기타 접경국에 비해

---

10   황지환, 2014.

11   Mansourov, 2003.

매우 낮은 수준에서 이루어졌다.[12] 이는 북한의 중국의 지원에 대한 불신의 근원이 되고 있다. 특히 시진핑 집권 이후 중국은 기존과 달리 국제사회와 공조하여 대북 압박 수위를 높인 바 있다. 중국은 상황에 따라 북한에 대한 지원을 대북 압박 수단으로 사용하기도 하였다. 예컨대 중국은 자국 관광객의 북한 입국 제한, 송유관 수리 · 보수 명분을 통한 대북 원유 공급 중단, 국경 지역 감시 강화 등의 방법으로 북한에 압박을 가한 바 있다. 나아가 중국은 북 · 중 동맹 조약의 군사적 자동개입 조항이 사문화된 것과 마찬가지라는 입장을 보이기도 하였다.

이러한 점에서 북한이 안보 불안을 이유로 핵실험을 지속하면서 중국 주변의 역학관계를 활용한 대중국 정책을 고수하고 있는 이유는, 북 · 중 안보 조약에 대한 중국의 보증이 불확실하다고 느끼고 있기 때문이라고 볼 수 있다.[13] 또 북한은 국제적 고립 국면에서 중국으로부터 충족할 만한 경제적 지원을 기대할 수 없는 상황에서, 내부적으로는 '자력갱생'을 내세우고 외부적으로는 러시아 등과의 전략적 파트너 다변화를 시도하고자 한다.

---

12   이정균, 양문수, 2023, p.72.

13   Shen, 2006; Scobell, 2004.

Ⅲ. 김정은 시기 북한의 대중정책 변화[14]

1. 밀착을 통한 후견 유도: 2012~2013년

2011년 12월 김정일 사후 북한은 김정은 체제를 안정적으로 안착시키기 위한 권력 승계 과정에서 자국의 체제 안정에 도움을 줄 수 있는 중국과 우호 관계를 유지할 필요가 있었다.[15] 그러나 이와 동시에 북한은 김정은의 집권 정당성 강화 및 권력 공고화를 위해 장거리 미사일 발사, 제3차 핵실험을 실시하고 '경제 · 핵무력 건설 병진 노선'을 채택하였다. 이러한 북한의 공세적 행보에 중국은 최초로 안보리 대북제재 결의에 동참하고, 안보리 결의안을 '철저히 이행할 것'을 지시하는 공문을 세관, 공안, 교통, 금융 등 모든 관계 당국에 일제히 하달하였다.[16] 이와 같은 중국의 이례적이고 강경한 태도에 북한은 실망감을 표출하면서도,[17] 2013년 5월 최룡해를 중국에 파견해 중국과 심도 있는 소통을 유지할 것임을 강조하며, 6자회담 등 다양한 형태의 대화와 협의를 통해 관련 문제 해결 및 한반도의 평화와 안정을 위해 노력할 것임을 밝히고 중국의 경고를 수용하는 모습을 보였다.[18] 그러나 중국은 "북한은 지난 1년 동안 중국에 대한 존중을 보여주지 못할 정도로 지나치게 행동하였다"며 북한에 냉담한 반응을 보

---

14   본 장은 황상필(2023)의 내용을 일부 수정 · 보완한 것이다.

15   이상숙, 2022, p.12.

16   中华人民共和国交通运输部国际合作司, 2013.

17   리경수, 2013.

18   中国共产党新闻网, 2013.

였다.[19]

기존과는 다른 중국의 반응에 북한은 중국의 압박을 일부 수용하며 중국과의 우호 관계를 유지하고자 하였다. 김정은은 시진핑에게 북·중 협력의 필요성과 그에 대한 의지를 피력하였고,[20] 중국 국가 부주석 리위안차오(李源潮)와 만남을 가졌다. 나아가 김정은은 김계관 외무성 부장, 김성남 국제부 부부장을 연이어 중국에 파견하여 북·중 간 전략대화의 필요성과 북한이 6자회담에 복귀할 의향이 있음을 강조하였다.[21] 이에 김정은 집권 이후부터 2013년 말까지 북·중 양국은 우호 관계를 유지할 수 있었다.

이처럼 북한은 핵·미사일 실험을 단행하면서도 이에 대한 중국의 압박을 일부 수용하며 북한의 세습에 대한 중국의 지지를 유도하였다. 중국 역시 북한의 도발적 행보에 대해서는 경고의 목소리를 내면서도 북한의 급변 가능성을 차단하고자 김정은으로의 권력 이양에 관한 지지 의사를 분명히 표현하고, 북·중 관계에 있어 '피로써 맺어진', '전통적인'이라는 수사를 지속 강조하는 등 압박의 수위를 조절하였다. 이러한 중국의 지지는 북한의 안정적 권력 이양에 도움이 되었다.[22] 그 결과 김정은은 당·군·정의 최고 직위를 승계하며 권력 기반을 다질 수 있었다.

---

19 环球时报, 2013.

20 김정은, 2013.

21 外交部, 2013; 中华人民共和国驻朝鲜民主主义人民共和国大使馆, 2013.

22 이상만 외, 2021, p.151.

2. 견제를 통한 자주성 모색: 2013~2018년

2013년 이후 북한은 자주성을 지키고 체제 안정을 도모할 수 있는 수단인 핵을 보유하기 위한 노력을 배가하였고, 이러한 북한의 행보에 대응해 중국은 국제사회와 협력하여 대북 압박과 비난의 수위를 높여갔다. 이에 북한은 자국의 안보 및 체제 안정에 있어 양보할 수 없는 핵개발에 관한 비난과 심지어 자신이 적대하는 세력들과 협력하여 전방위 압박을 가하는 중국에 강한 거부감을 느낀 것으로 보인다.

김정은은 2013년 장성택을 처형하며 북·중 경제 협력의 핵심 채널을, 2015년에는 변인선 인민군 총참모부 작전국장을 숙청함으로써 중국과의 군사적 소통 채널까지 단절하였다. 이와 동시에 북한은 자국이 '대국들을 움직일 수 있는 전략적 요충지를 타고 앉아 있다'는 점을 강조하고, 중국의 대북 영향력 행사를 적극적으로 견제하기 위하여 '독자적인 한반도 상황 변화' 및 '외교 다변화'를 시도하였다. 그 과정에서 북한은 한반도의 '지정학적 중요성과 전략적 가치', '열점 지대화' 등을 강조하며 한반도 및 동북아에 대한 주변 강국의 주도권 경쟁을 활용하였다. 북한은 2013~2017년 중국의 대북 영향력 행사에 적극 대응하여 일본과의 관계 개선 및 러시아와의 협력 강화를, 2018년 초에는 중국을 배제하려는 모습을 보이며 남·북 그리고 북·미를 중심으로 하는 한반도 평화체제 구축을 시도하였다. 이러한 북한의 외교 다변화 전략은 과도하게 편중된 북한의 대중국 의존도를 조절하기 위한 목적도 있었겠지만, 중국의 대북 압박은 중국에 상당한

부담이 될 것이라는 경고를 전달하려는 의도와 무관하지 않다.[23]

3. 편승을 통한 국제적 고립 탈피: 2018~2023년

북한은 중국이 자국의 핵심 이익을 침해하지 않는 이상 기본적으로 중국과의 관계를 우호적으로 유지하고자 한다. 이는 약소국인 북한의 입장에서 연접한 강대국인 중국과의 우호 관계를 유지함으로써 얻을 수 있는 이익이 크기 때문이다. 따라서 북한은 미·중 전략 경쟁 속에서 중국에 한반도의 지정학적 중요성을 각인시킨 후, 대중 편승을 통해 중국으로부터의 지원을 극대화하고자 하였다. 이러한 점에서 2018년 초, 북한이 미·중 경쟁 초입에서 의도적으로 중국을 배제하고 남·북 및 북·미를 중심으로 하는 한반도 평화체제를 구축하는 모습을 보여준 것은 중국의 북한에 대한 딜레마를 자극함으로써 대북 후견을 유도하기 위한 것이라 볼 수 있다.[24] 북한은 미·중 갈등이 첨예화되자 "중미 패권싸움이 격화되는 시점에서 산과 물이 잇닿은 가까운 이웃이며 새로운 전략 국가인 조선의 지원과 협력은 중국이 자국의 이익을 고수해 나가는 데서 절실히 필요하다"는 점을 강조하는 등[25] 자국의 지정학적 중요성을 부각하며 중국에 편승하기 시작하였다.

김정은은 한반도 정세의 급격한 변화 속에서 시진핑 국가주석에게 관련 상황을 통보하는 것이 마땅하다는 점을 강조하며 중국의 한

---

23   한관수, 2017, pp.194~195.

24   황상필, 2021, p.168.

25   김지영, 2018.

반도에 대한 역할을 인정하였고, 한반도 문제 조율에 있어 긴밀한 소통을 통해 중국에 적극 협조할 것임을 밝혔다.[26] 이러한 북한의 행보는 한반도 정세 변화 과정에서 중국의 이해관계가 적극적으로 반영될 수 있도록 배려한 것이다. 나아가 북한은 홍콩, 대만, 인권, 무역 분쟁 등 미·중 갈등의 중요 현안과 관련해 중국의 입장을 지지하였다. 이에 시진핑 주석은 "북한의 합리적인 안보와 발전 문제 해결을 위해 힘이 닿는 데까지 지원할 것"임을 밝혔는데,[27] 이처럼 중국이 북한의 '안보 문제'와 관련한 적극적인 지원을 언급한 것은 이례적이다. 특히 주석은 김정은에게 "북한이 최근 국제무대에서 중국을 지지·성원하는 것에 대해 진심으로 사의를 표하고, 중국은 중·조 친선을 고도로 중시하고 있으며 앞으로도 조선을 지지할 것"임을 밝혔다.[28] 이는 북한의 대중국 편승 전략이 중국의 대북 후견으로 연계되고 있음을 의미한다.

4. 중·러 줄타기를 통한 자율성 확보: 2023~현재

북한은 국제사회의 전방위 압박을 견제하기 위해 중국과의 협력을 중요하게 생각한다. 그러나 이와 동시에 북한은 중국에 과도하게 의존할 경우, 중국의 대북 영향력이 확대되어 자국의 자율성이 축소될 수 있다는 점을 우려하고 있다. 특히 북한은 과거 중국의 대북 일방주의와 압박으로 인해 형성된 대중국 불신이 여전히 잠재되어 있

---

26   人民网, 2019.

27   中国共产党新闻网, 2019.

28   로동신문, 2022.

다. 따라서 북한은 자국의 중국 의존이 과도하거나 중국이 북한에 부정적 영향력을 행사할 경우, 자국을 둘러싼 주변 강국의 이해관계를 활용하여 이를 상쇄하고자 한다. 2018년 북·중 관계가 급격히 회복된 이후에도 북한이 자국의 '지정학적 가치'를 일관되게 강조해 온 이유도 이와 밀접하게 연계되어 있다.

북한의 대중국 무역의존도는 2010년 83%였으나 2023년에는 95%를 넘어섰다.[29] 또한 북·미 비핵화 협상 결렬 이후 북한의 국제적 고립에 따른 대중국 외교 의존 역시 증가하였다. 이에 북한은 러시아와의 협력을 강화함으로써 국제사회로부터의 고립에서 벗어남과 동시에 중국에 대한 지나친 의존을 낮출 필요가 있었다. 이러한 점에서 볼 때, 코로나19로 인한 다년간의 국경 봉쇄 직후 김정은이 첫 방문국으로 중국이 아닌 러시아를 택하였다는 상징성은 분명하다. 2023년 9월 북·러 정상회담을 통해 김정은은 '러시아는 세계에서 북한을 인정한 최초의 국가'라는 점을 강조하며 러시아의 한반도 문제 참여에 여지를 남겼다. 나아가 북한은 2024년 6월 푸틴과의 정상회담을 통해 군사동맹에 준하는 '포괄적 전략적 동반자 조약'을 체결함으로써 러시아와의 관계를 한층 강화하였다. 이는 한반도 영향력 행사에 있어 러시아가 중국의 새로운 경쟁자가 될 수 있음을 의미한다.

실제로 2023년 이후 북·러 협력 강화는 그동안 중국에 의존하던 북한에 있어 대중 관계의 레버리지를 형성하고 있다고 평가된다.[30] 물론 북한은 과거 소련의 대북 영향력 행사, 한·러 수교 이후 러시아

---

29   Choi and Choi, 2024, pp.1~7.

30   Pierson and Choe, 2024.

의 실용 외교 및 대북제재 결의안 찬성 등으로 러시아에 대한 불신도 가지고 있다. 이에 북한은 2022년 러시아의 우크라이나 침공 이후 강화되는 중·러 협력 속에서도 동북아에 대한 중·러 간 잠재적 경쟁이 존재한다고 가정하고, 자국의 지정학적 가치를 지렛대로 삼아 자율성을 확보하면서도 이들 국가로부터의 대북 지원 극대화를 도모하고 있다. 이처럼 북한은 중국에 대한 자국의 취약성을 극복하기 위해 중·러로 대표되는 주변 강국 간의 전략경쟁과 그들의 대한반도 이해관계를 활용함으로써 중국의 대북 영향력 행사를 효율적으로 차단함과 동시에 지원 확대 방안을 모색하고 있다.

Ⅳ. 북한 문제 관련 한중 협력 제언

북·중 양국 간의 국력은 큰 차이를 보인다. 그러나 중국의 강력한 대북 영향력에도 불구하고 북·중 관계는 일방적으로 형성되지 않았다. 북한은 중국의 일방적 영향력 행사를 거부하였으며, 때로는 대한반도 영향력 약화에 따른 이익 훼손이라는 중국의 우려를 자극하는 방법으로 중국과의 관계를 주도적으로 변화해 나갔다. 현재 북한의 대중국 접근은 중국이 지닌 경제력과 외교력을 최대한 활용하면서도, 중국의 대북 내정간섭과 영향력을 견제하기 위하여 중국의 한반도에 대한 이해관계를 역이용하는 형태로 전개되고 있다.

이와 같은 북한의 대중 전략은 한·중 협력에 있어 일련의 기회와 위기의 가능성을 동시에 제공하고 있다. 특히 한국은 주변 강국의 영향에 민감할 수밖에 없는 지정학적 위치, 국가 역량의 상대적 열세, 한반도 분단으로 인한 주변국과의 협상력 약화라는 구조적 약점을 지니고 있다. 이러한 상황에서 한국은 북한 문제에 대한 한·중 공동의 이해를 활용하여 상호 협조를 통한 외교 역량을 강화할 수 있다.

첫째, 한국은 북한 문제 해결을 위해 중국 역할론을 과도하게 강조하였던 접근법에서 벗어날 필요가 있다. 물론 한·미 관계와 북·중 관계의 특수성으로 인해 북한 문제 해결에 관한 중국 역할론을 완전히 부정할 수는 없지만, 그럼에도 불구하고 중국 역할론의 맹목적이고 과도한 강조는 관련 문제 해결에 실질적 도움을 줄 수 없을 뿐만 아니라 오히려 한·중 간의 불신만 확대할 수 있다. 따라서 한국은 현실적으로 중국이 북한 체제 붕괴, 북한의 중국 패싱과 같은 북한 요인이 자국에 불리하게 전개될 경우를 우려하여 대북 영향력 행사에 소극적일 가능성이 있다는 점을 인지할 필요가 있다. 이에 한국은 중국의 북한에 대한 딜레마와 이해관계를 융통성 있게 고려하여 북한 문제에 대한 중국의 건설적 참여를 유도할 필요가 있다.

둘째, 북한 문제를 남·북, 북·미 혹은 남·북·미 간의 문제로만 접근하는 것은 관련 문제의 해결을 위한 현실 가능한 대안이 아니다. 한반도 문제는 중국의 이해관계가 복잡하게 얽혀 있어 현실적으로 중국의 입장을 배제하고는 전개될 수 없다. 중국은 형식적으로는 북한 문제가 남·북, 북·미 간의 문제라는 점에 공감하고 있지만, 북한 문제 해결 과정이 자국의 국익에 반하는 방향으로 전개될 경우 조력자가 아닌 방해자가 될 수 있다. 예컨대 중국은 북한의 핵·미사일 실험이 북·미 양자 간의 문제라는 점, 북한의 핵실험을 저지할 필요가 있다는 점에 공감하고 있다. 그러나 중국은 비핵화를 달성하기 위한 구체적인 수단과 방법에 있어서는 미국과 상이한 입장을 견지하고 있다. 이에 한국은 관련 문제에 중국의 건설적인 참여를 유도하고, 이를 기반으로 한국의 외교적 입지를 다지기 위해 중국이 포함된 다자 회담을 적극 중재할 필요가 있다. 이는 중국에 있어서도 자국의 책임대국 역할을 수행하고 한반도 영향력을 확보할 수 있는 효율적인 방법이 될 수 있으며, 그동안 미국도 북한 문제 해결에 대한 중국의 참여와 역할을 강조해 왔다는 점, 기존 6자회담이라는 실질적 기반이 마련되어 있다는 점에서 실현 가능한 대안이다. 한국 역시 한반도의 주인의식을 제고하고 중견국의 위치를 활용해 관련 이해당사국 간의 간극을 메우며 외교적 위상을 높일 수 있는 기회로 작용한다.

셋째, 한·중 관계의 발전을 매개로 동북아에 드리운 한·미·일 대 북·중·러 구도의 냉전적 긴장을 완화할 수 있다. 현재 북한은 러시아와 국제적 규범에 반하는 군사 영역까지 협력을 확대하며 한·미·일 대 북·중·러의 '신냉전 구도' 형성에 주력하고 있다. 그러나 중국은 북·러 협력으로 인한 잠재적인 이익에도 불구하고, 그로 인해 발생할 수 있는 위험으로부터 자유롭지 않다. 중국은 미국의 압박에 대응하기 위해 북·러와 협력할 필요성을 인지하고 있음에도, 그와 동시에 북한의 도발과 러시아의 우크라이나 침공에 따른 여파가 중국의 국제적 리더십 제고에 부정적 영향을 미칠 것을 우려하고 있다. 무엇보다도 북한은 러시아와의 협력을 강화하며 과도한 중국 의존에서 벗어나고자 노력하고 있으며, 이는 중국의 대한반도 영향력 하락으로 이어질 가능성이 크다. 이 경우 중국은 한국과의 관계를 활용해 한반도에 대한 자국의 영향력을 유지할 유인을 갖는다. 2024년 6월 북·러 정상회담 당일 중국이 서울에서 '한·중 외교안보대화'를 개최하여 양자 관계, 한반도 문제, 지역 및 국제정세 등에 관한 의견을 교환한 것도 이와 무관하지 않다. 특히 중국은 미·일에 비해 상대적으로 한국을 호의적으로 인식하고 있으며, 한국은 이러한 중국의 인식과 한·미·일 협력을 활용해 중국과 미·일의 적극적인 중재자 역할을 수행할 수 있다.

황상필(黃常弼)

황상필은 2021년 2월 한양대학교에서 국제학 박사학위를 받았다. 학위논문은 "김정은 시기 북한의 대중국 정책에 관한 연구"이며, 북중관계와 동북아시아 국제관계를 연구하고 있다. 현재 한양대학교 중국문제연구소에서 연구위원으로 있다.

黄常弼于2021年2月获得汉阳大学国际学博士学位, 论文题目为《金正恩时期朝鲜对中国政策研究》. 研究领域是朝鲜-中国关系, 东北亚国际关系. 现为汉阳大学中国问题研究所的研究员.

제13장

한중관계에 영향을 미치는 제3변수: 세계화 쇠퇴, 강대국 경쟁, 핵심 이익

민루이(闵锐)

Ⅰ. 새로운 국제 환경에서의 한중관계 변화

지난 32년 동안 한중 관계는 눈에 띄게 발전하였으며, 비교적 안정적인 양자 협력 체계를 구축하였다. 초기 연구는 주로 정치, 경제, 문화 등 여러 분야에서의 양국 협력에 초점을 맞추었으며, 협력의 긍정적인 의미를 강조하였다. 외교적 갈등이 발생했을 때에도, 양국은 대화와 협상을 통해 관계의 안정성을 유지하려는 노력을 기울여 왔다. 이러한 연구들은 대체로 한중 간에 근본적인 이익 충돌이 존재하지 않으며, 설령 양국 외교 정책에 변화가 생기더라도 그 변화가 양자 관계에 미치는 단기적인 영향에 주로 주목하며, 양국 관계가 강한 안정적 기반을 가지고 있다고 평가하였다.

그러나 국제 정치 질서가 급변함에 따라 한중 관계는 새로운 도전에 직면하게 되었고, 점차 중요한 전환점을 맞이하고 있다. 세계 주요국 간 경쟁이 심화되고, 지역 안보 상황이 복잡해짐에 따라 양국 관계의 안정성은 더 많은 외부 요인의 영향을 받고 있으며, 이는 한중 관계가 더 큰 불확실성 속으로 나아가도록 하고 있다. 최근 들어 국제관계는 다시 현실주의로 회귀하는 경향을 보이고 있으며, 주요국 간 경쟁, 특히 미중 간의 경쟁이 심화되는 가운데 지역 내 지정학적 질서가 심대한 변화를 겪고 있다. 이러한 변화는 한중 양자 관계뿐만 아니라, 제3자의 요인들이 양국 관계에 미치는 영향도 점점 더 두드러지게 하고 있다. 한중 수교 32주년을 맞이한 시점에서 양국 관계는 실질적인 변화를 보이고 있으며, 한중 관계는 '휴면기'에 들어갈 가능성도 제기되고 있다. 이러한 예측은 단순히 양국 간의 갈등이나 이익 충돌에 기반한 것이 아니라, 제3자의 변수, 예를 들어 세계화의 쇠퇴, 주요국 간 전략적 경쟁, 그리고 양국의 핵심 이익이 지역 문제에서 점차적으로 분화된다는 요인에 더 큰 영향을 받고 있다. 이러한 외부 변수들이 한중 관계에 미치는 심대한 영향을 탐구하고자 한다.

본 논문은 세계화의 쇠퇴, 주요국 간 경쟁 심화, 핵심 이익 경쟁이라는 세 가지 주요 변수가 양국의 상호 작용 양식을 어떻게 변화시키고 있는지 살펴보고, 앞으로의 한중 관계 발전 방향에 대해 논리적인 추론을 제시하고자 한다. 첫째, 세계화의 쇠퇴는 한중 양국 간 경제 협력에 중요한 제약을 가져왔으며, 양국 간 경제적 상호 의존도의 감소는 잠재적인 전략적 분열을 초래하였다. 둘째, 주요국 간 경쟁, 특히 미중 간 지정학적 갈등은 한국의 안보 정책에 더 큰 압력을 가하고 있으며, 이는 한중 협력의 기반을 어느 정도 약화시키고 있다. 마지막으로, 핵심 이익 경쟁, 특히 한반도 문제와 대만 문제와 관련하여 양국의 지역 문제에 대한 입장 차이가 더욱 두드러지고 있다.

이러한 변수들에 대한 심도 있는 분석을 통해, 향후 한중 관계가 더 많은 불확실성에 직면할 것이라고 주장한다. 이러한 불확실성은 단순히 양국 간 상호 작용의 변화에서 비롯된 것이 아니라, 더욱 혼란스러워지고 있는 국제 환경의 결과로 나타나고 있다. 따라서 한중 관계의 미래 방향을 연구하려면, 이를 보다 광범위한 국제적 맥락 속에서 분석할 필요가 있으며, 한중 관계가 다양한 변수들의 영향을 받아 어떻게 전환될지 이해하고, 미래의 협력과 경쟁에 대한 이론적 근거를 제공해야 한다.

Ⅱ. 제3세력 변수: 세계화, 강대국 경쟁, 핵심 이익

1. 세계화 쇠퇴가 한중관계에 미치는 영향

지난 수십 년 동안 한중 간에는 고밀도의 경제 무역 협력이 구축되었고, 이러한 협력은 어느 정도 한국의 대중국 위협 인식을 낮추는데 기여했다.[1] 하지만 최근 세계화의 쇠퇴는 이러한 양국 관계에 깊은 영향을 미치고 있다. 트럼프 정부의 '미국 우선주의' 정책과 전 세계적인 코로나19 팬데믹은 글로벌 공급망의 재편을 가속화하여, 글로

---

1   유재광, 2021, pp.7~44.

벌 무역의 자유로운 흐름을 약화시켰을 뿐만 아니라 각국이 경제 정책을 재평가하도록 강요했다. 한중 양국의 경우, 과거 상호 보완적이었던 경제 무역 관계가 점차 경쟁 관계로 전환되고 있으며, 특히 첨단 기술 분야와 제조업에서 그러하다. 공급망 재편과 기술 장벽의 증가는 이들 분야에서 양국 간의 직접적인 경쟁을 더욱 심화시키고 있다.

동시에, 세계화의 쇠퇴는 한중 양국의 생산 방식에 깊은 변화를 초래하고 있다. 전통적으로 중국은 저렴한 노동력과 제조 역량을 제공했고, 한국은 기술과 자본을 공급하는 형태였다. 그러나 중국의 노동 비용 상승과 기술 발전으로 인해 이러한 방식이 변화하고 있다. 중국식 현대화는 고품질 발전을 촉진하며, 자주 혁신과 과학기술 진보를 강조하고 있다. 이러한 추세는 한중 양국이 기술 표준과 혁신 방식에서의 경쟁을 더욱 심화시키고 있으며, 특히 인공지능, 반도체, 5G 분야에서 양국은 글로벌 시장 점유율을 놓고 치열한 경쟁을 벌이고 있다.

한 통계에 따르면, 지난 몇 년 동안 한중 무역이 감소하였으며, 기술 분야의 협력 프로젝트도 더 많은 경쟁 양상을 보이고 있다. 한중 수교 31년 만에 처음으로 대규모 적자를 기록했다. 2022년 10월부터 2023년 12월까지 한국은 15개월 연속 무역적자를 보였다. 반도체의 흑자 폭은 92억 달러 감소하였고, 동제품(-19억 달러)과 합성수지(-18억 달러)는 적자로 돌아섰다. 주요 적자 품목 중 전지와 축전지는 무역수지가 27억 달러 악화되었다. 2023년 대중국 무역수지 흑자 품목 수는 142개로, 2010년의 237개에 비해 66.9% 감소했다.[2] 이러한 데이터는 세계화의 쇠퇴 배경 속에서 한중 양국의 경제 및 무역 관계가 복잡해지고 불확실성이 커지고 있음을 반영하고 있다.

또한, 세계화의 쇠퇴는 생산 방식과 노동 시장의 변화를 가져와 한중 양국의 경제적 상호 작용에 직접적인 영향을 미치고 있다. 중국은 제조업 주도에서 혁신 주도의 경제 모델로 전환하고 있으며, 이는 중국이 기술 업그레이드와 산업 전환에 대한 수요를 더욱 강하게 만들고 있다. 동시에, 한국은 첨단 기술 산업의 우위를 유지해야 하는 압박에 직면해 있다. 양국은 디지털 경제, 신재생 에너지, 녹색 기술 등 신흥 분야에서 경쟁이 가열되고 있으며, 이들 분야의 기술적 돌파구와 시장 주도권은 미래의 경제 구도를 결정할 것이다.[3]

특히 신재생 에너지 분야에서 양국은 기술 혁신을 통해 글로벌 시장을 선도하려는 노력을 기울이고 있다. 예를 들어, 한국은 전기차 배터리 기술에서 선도적인 위치를 차지하며 글로벌 공급망에서 중요한 역할을 하고 있으며, 중국은 전기차 생산과 재생 가능 에너지 기술에서 빠르게 성장하고 있다. 디지털 경제 분야에서도 5G 기술의 보급과 인공지능 발전으로 인해 한중 양국의 기술 표준을 둘러싼 경쟁이 점점 치열해지고 있다.[4] 이는 단순히 국가 경제 이익에 그치지 않고, 미래 글로벌 기술 표준의 제정 권리와 시장 주도권을 좌우하는 중요한 문제로 부각되고 있다. 세계화의 쇠퇴는 한중 간의 경제 협력 모델을

2　한국무역협회, (검사일: 2024년 8월 15일).

3　지만수, 2024.

4　조선일보, 2024.

변화시켰을 뿐만 아니라, 양국 간의 기술 표준, 산업 업그레이드, 시장 주도권 측면에서의 경쟁을 더욱 가열시키고 있다. 이러한 변화는 양국이 향후 경제 협력에서 더 큰 도전과 불확실성에 직면하게 만들고 있다.

2. 강대국 경쟁 배경하에서의 한중 외교 전략

국제정치에서 무정부 상태와 대국 간의 경쟁은 일상적인 현상이며, 특히 글로벌 권력 분포가 변화하는 상황에서 더욱 두드러진다.[5] 중국의 급속한 부상은 미국의 단극 국제 정치 구도를 변화시켰다.[6] 미중 관계는 '협력과 경쟁'에서 '경쟁 속에서 협력 찾기'로 점차 전환되었다. 그러나 최근 들어 이러한 협력의 공간은 점점 줄어들고 경쟁 구도는 더욱 뚜렷해지고 있으며, 이는 한중 관계에 직접적인 영향을 미치고 있다. 이로 인해 한국은 미중 간의 전략적 균형을 유지하는 데 있어 더욱 복잡한 상황에 처하게 되었다.

중국은 비동맹 정책을 고수하며 '일대일로' 이니셔티브와 세 가지 글로벌 이니셔티브(글로벌 문명, 글로벌 발전, 글로벌 안전)를 통해 국제적 영향력을 확대하는 데 중점을 두고 있으며, 군사력을 강화하여 핵심 이익을 보호하고 있다.[7] 반면, 미국은 '인도-태평양 전략' 틀 내에서 아시아-태평양 지역의 동맹국 체계에 의지해 중국의 부상을 억제하려고 하고 있다. 이를 위해 미국은 동맹국과의 관계를 강화하

---

5 阎学通, 2013.

6 Brooks and Wohlforth, 2015, pp.7~53.

7 人民网, (검사일: 2024년 8월 15일).

고 군사 배치를 추진하며 경제 및 기술 봉쇄를 강화하는 등의 수단을 사용하고 있다.

'인도-태평양 전략'은 중국의 부상에 대응하기 위한 미국의 중요한 조치로, 그 핵심은 미국이 한국, 일본, 호주, 인도 등과의 긴밀한 동맹 네트워크를 구축함으로써 중국의 지역적 영향력을 제한하는 데 있다.[8] 이 전략의 시행은 미중 간 경쟁이 심화되고 있음을 보여줄 뿐만 아니라, 한국이 미중 간의 전략적 딜레마에 더욱 깊이 빠져들게 하고 있다. 한국은 한편으로는 북한의 핵 위협에 직면해 미국의 군사적 보호에 의존해야 하며, 다른 한편으로는 중국과의 경제 협력에 크게 의존하고 있어, '동맹 딜레마'와 '경제적 의존의 취약성'이 동시에 존재하는 상황에 놓여 있다.

이러한 배경에서 한국은 한중 관계를 처리하는 데 있어 큰 압박을 받고 있다. 미국의 대중 전략적 압박은 한국으로 하여금 경제적 이익과 안보 이익 사이에서 어려운 균형을 이루도록 만들고 있으며, 중국은 미중 간의 경쟁에서 한국의 역할 변화에 주의해야 한다. 이러한 외교적 딜레마는 한중 관계의 불확실성을 더욱 증가시키고 있으며, 두 나라는 향후 협력에서 더욱 신중할 필요가 있다.[9] 한국은 중국이 협력을 모색하는 파트너이면서도, 미국과의 긴밀한 동맹 관계로 인해 중국이 지역 안보에서 경계해야 할 대상이 되고 있다.

근본적으로 주요국 간 경쟁이 심화됨에 따라 한중 관계는 점점 더

---

8 《印太战略简报》FACT SHEET: Indo-Pacific Strategy of the United States | The White House (검사일: 2024년 8월 15일).

9 Victor D. Cha, 2020, pp.509~551.

복잡하고 불확실한 국면으로 나아가고 있다. 양국은 서로 간의 전략적 이익 충돌을 해결해야 할 뿐만 아니라, 글로벌 및 지역 차원의 경쟁 속에서 새로운 협력 공간을 모색해야 한다. 그러나 미중 경쟁이 계속해서 격화되는 상황에서는 이러한 난관을 극복하는 것이 쉽지 않다. 한국은 미중 간의 딜레마에 직면해 있으며, 그로 인해 외교 정책이 외부 주요국 간의 경쟁에서 자유롭지 못한 상황이다. 중국 또한 이러한 도전과제를 해결하는 동시에 지역 안정을 유지하고 자국의 전략적 목표를 달성할 수 있는 균형 전략을 찾아야 한다.

3. 핵심 이익 인식과 나선형 딜레마

핵심 이익의 경쟁은 한중 관계에서 가장 민감한 분야를 구성한다. 중국의 핵심 이익은 국가 주권과 영토 완전성, 특히 대만 문제에 집중되어 있는 반면, 한국은 한반도의 평화와 통일에 중점을 두고 있다. 양국의 핵심 이익 경쟁은 양자 관계에 영향을 미칠 뿐만 아니라 동아시아 지역의 안보 구도에도 깊은 영향을 미치고 있다.

중국의 통일 대업은 민족 부흥을 실현하기 위한 역사적 필연이며, 한국 역시 남북 통일 문제에 막대한 외교 자원을 투입하고 있다.[10] 그러나 한국이 미중 관계를 처리하는 과정에서, 특히 대만 문제에 대한 입장이 한중 관계에 부정적인 영향을 미칠 가능성이 있다. 윤석열 정부가 대만 문제에서 '레드라인'을 밟는 행동은 한국이 미국의 지지를

---

10   新华社 (검사일: 2024년 8월 15일).

얻기 위해 직면한 딜레마를 반영한다.[11] 한국은 미국의 대북 문제 지원을 확보하기 위해 대만 문제에서 더 미국에 가까운 입장을 취할 가능성이 있으며, 이는 한중 관계의 긴장을 더욱 심화시킬 것이다.

'대만의 통일'과 '남북한 간 대립'은 한중 양국에 있어 위협 인식에서의 현저한 차이를 나타낸다. 위협 균형 이론에 따르면, 양국의 위협 인식은 종합 국력, 지리적 인접성, 공격 능력, 공격 의도라는 네 가지 주요 변수에 의해 영향을 받는다.[12] 이러한 변수들은 양국이 위협을 직접적 위협과 간접적 위협으로 구분하는 기준을 결정한다. 중국의 통일은 동아시아의 지정학적 구도에 영향을 미칠 가능성이 있지만, 한국의 핵심 위협을 구성하지는 않는다. 한국이 가장 우려하는 것은 북한의 핵 능력과 그 정책 변화가 초래하는 직접적인 안보 위협이다.

한반도의 평화와 안정은 중국의 안전 이익과 관련이 있지만, 핵심 이익의 최우선적 위치에는 올라가지 않았다.[13] 문제는, 한국이 북한의 핵 위협에 대응하기 위해 미국과의 동맹 관계를 강화하고 있다는 것이다. '핵협의그룹(Nuclear Consultative Group)'을 설립하기로 결정하여, 북한의 핵무기 및 미사일 위협과 같은 비상 시기에 미국이 제공하는 확장 억제(핵우산) 과정에서 한국의 참여를 더욱 강화하려는 것이다.[14] 이는 과거 사드(THAAD) 문제와 유사한 영향을 초래할 수 있다. 이러한 동맹 관계의 심화는 한미 양국 간 협력을 강화할 뿐만 아

---

11   观察者网 (검사일: 2024년 8월 15일).

12   Walt, 1987, pp.105~142.

13   新华网 (검사일: 2024년 8월 15일).

14   Joint Readout of the Inaugural U.S.-ROK Nuclear Consultative Group Meeting | The White House (검사일: 2024년 8월 15일).

니라, 미국의 아시아태평양 지역 전체 동맹 체계를 더욱 공고히 하고 있다. 이 체계의 강화는 직접적으로 중국의 통일 과정에 영향을 미치며, 따라서 중국의 핵심 이익을 위협한다. 특히 '인도-태평양 전략'의 틀 안에서, 한미 동맹과 미일 동맹은 전통적인 양자 동맹에서 점차 삼자 동맹으로 전환하고 있으며, 미일 동맹의 대만 문제에 대한 높은 일치로 인해 한국의 입장이 미국의 전략적 요구에 따라 변화할 가능성이 있다.[15]

이러한 전환은 한국이 중국의 통일 문제에 직면할 때 미국과 일본으로부터 압력을 받을 가능성이 있음을 의미하며, 한반도의 상황도 따라서 더욱 복잡해질 것이다. 한국에는 미국과 중국 사이에서 자국의 안전 요구와 경제적 이익을 어떻게 균형 있게 조절할 것인지가 큰 도전이 될 것이다. 중국에는 통일을 추진하면서 주변 국가들이 대국 경쟁으로 인해 전략적 오판을 하지 않도록 하는 것이 향후 외교 정책의 핵심 고려 사항이 될 것이다. 이러한 복잡한 상호 작용은 한중 관계가 공동의 지역 안보 문제에 직면할 때, 극명한 위협 인식과 대응 전략의 차이를 초래하게 된다.

---

15   최영종, 2022, pp.121~143.

Ⅲ. 제3세력 변수의 한중관계에 대한 함의

동북아시아 지역에서 한중 양국의 핵심 이익이 얽힌 국가들에는 미국, 러시아, 북한, 일본이 포함된다. 이 여섯 개 국가 간에는 15개의 이원적 관계가 형성되어 있으며, 이들 관계는 단순한 국가 간 상호 작용을 넘어서 복잡한 전략적 게임의 실제 반영이다. 각 이원적 관계는 제3자 변수의 깊은 영향을 받으며, 이러한 변수에는 세계화의 쇠퇴, 대국 경쟁의 심화, 핵심 이익의 치열한 갈등이 포함된다. 이러한 변수들의 작용으로 인해 이들 이원적 관계의 성격과 안정성은 현저한 변화를 겪었다(표 13-1 참고).

특히 주목할 점은, 이 15개의 양자 관계 중에서 중한 관계가 독특한 복잡성을 가지고 있다는 것이다. 대부분의 양자 관계는 동일한 범주(갈등 또는 대립) 내에서 변화하지만, 중한 관계에서는 제3자 변수의 작용으로 인해 두 나라가 과거의 '협력과 상생'에서 '경쟁과 대립'의 국면으로 점차 나아가고 있다. 이러한 변화는 단순한 표면적인 것에 그치지 않고, 두 나라가 경제, 과학기술, 그리고 안보 분야에서의 협력과 상호 작용에도 깊이 스며들어 있다. 세계화의 쇠퇴와 함께, 중한 양국의 기술 및 제조업 분야에서의 협력은 점차 경쟁 관계로 바뀌어 가고 있으며, 이로 인해 이들 분야에서 양국 간의 직접적인 충돌이 심화되고 있다.

표 13-1. 제3세력 변수의 영향과 국가관계 변화 범주

국가(양자관계)	원래 관계 성격	변화된 관계 성격
한중 관계	협력적 관계 + 소량 경쟁	협력관계 쇠퇴 + 강화된 경쟁 (또는 수동적 경쟁)
미중 관계	협력 + 경쟁	전면화 경쟁
러중 관계	전략적 협력	강화된 전략적 협력
중일 관계	경쟁적 관계	강화된 경쟁적 관계
북중 관계	안정적 의존관계	유지되는 안정적 관계
한미 관계	군사적 동맹 + 경제 협력	강화된 군사적 동맹 + 경제 협력
한러 관계	제한적 협력	지속적 제한적 협력 + 갈등 강화
한일 관계	역사적 갈등 + 경제 경쟁	유사동맹 강화(전환)
남북 관계	군사적 긴장	지속되는 군사적 긴장(전면 대결)
러미 관계	경쟁적 관계	강화된 경쟁적 관계
미일 관계	동맹적 관계	강화된 동맹적 관계
북미 관계	적대적 관계	유지되는 적대적 관계
러일 관계	냉담한 관계	강화된 냉담한 관계
북러 관계	제한적 협력	강화된 협력
북일 관계	적대적 관계	유지되는 적대적 관계

더 심각한 문제는 이러한 협력에서 경쟁으로의 전환이 단지 경제적 측면에 국한되지 않고, 두 나라의 외교와 안보 전략에도 반영된다는 점이다. 강대국 간 경쟁이 점점 더 치열해지는 상황에서 한국은 한편으로 미국의 군사적 보호에 의존하면서, 다른 한편으로는 중국과

의 경제 협력에 의존해야 한다. 이로 인해 한국의 미중 간 전략적 균형 유지가 더욱 어려워지고 있다. 동시에, 한국과 미국의 아태 지역 동맹 관계가 더욱 긴밀해짐에 따라 한국의 중한 관계에서의 입장은 더욱 미묘해졌고, 이는 중한 관계의 불확실성과 취약성을 한층 더 심화시키고 있다.

이러한 양자 관계의 변화는 중한 간 긴장감을 더욱 심화시킬 뿐만 아니라, 동북아 지역 전체의 안전과 안정성에 큰 도전 과제를 안겨준다. 15개의 양자 관계 중 어느 하나의 변화, 특히 중한 관계의 악화는 일련의 연쇄 반응을 일으켜 지역의 안보 상황과 발전 전망에 추가적인 영향을 미칠 수 있다. 따라서 중한 관계의 특수성과 중요성은 단순히 두 나라 간의 문제가 아니라, 동북아와 더 나아가 세계 전략 구도에서 핵심적인 변수로 작용하고 있다. 이러한 점에서 중한 관계를 어떻게 관리하고 이끌어 갈 것인가 하는 문제는 현재 국제 관계에서 중요한 의제가 되고 있다.

Ⅳ. 신형 한중관계 구축을 위한 제언

본 논문은 제3자 변수를 통해 현재 국제 정치 환경에서 한중 관계가 직면한 문제와 도전 과제를 분석한 것이다. 세계화의 둔화, 강대국 간의 경쟁, 그리고 핵심 이익에 대한 인식이라는 세 가지 주요 변수 중, 핵심 이익의 경쟁이 결정적인 역할을 하고 있다. 한미 관계가 지속적으로 강화됨에 따라, 한국은 대만 문제에 있어서 그 정책이 영향을 받을 수밖에 없고, 따라서 대만 해협에서 군사적 대립에 휘말리지 않도록 주의해야 할 필요가 있다. 대만 해협에서 충돌이 발생한다면, 한국은 미중 간의 군사적 대립에 휘말릴 가능성이 있다. 이에 따라 한국의 외교 정책은 국가 안보를 보장하는 한편, 미중 간의 갈등에 직접 참여하는 것을 피해야 한다. 중국은 한국의 최대 무역 파트너 중 하나이기 때문에, 대만 문제와 관련된 정책 행동이 한중 경제 관계에 부정적인 영향을 미칠 가능성이 크다. 따라서 한국은 대만 문제를 다룰 때 중국을 자극하지 않도록 신중하게 행동해야 하며, 양국의 경제 관계와 정치적 협력의 안정을 유지해야 한다.

한중 관계에 영향을 미치는 또 다른 중요한 변수는 북한이다. 북한의 국가 구조는 정치, 경제, 국방, 사회문화 분야에서 현저한 불균형을 보여주며, 이는 북한의 외교 정책이 군사적 수단에 크게 의존하게 만드는 원인 중 하나이다. 북한은 한반도에서의 정치적 대립과 국제 제재 속에서 전략적 이익을 얻기 위해 군사적 수단을 활용하고 있다. 앞으로 북한의 발전을 더욱 균형 있게 추진해야 할 중요한 과제는 경제적 분야에서의 발전이 될 것이다.

조선노동당 제8차 대회에서 북한은 경제 건설을 강화하겠다는 목표를 제시하였으며,[16] 이는 북한이 다른 경제 대국들의 지원을 절실히 필요로 하고 있음을 보여주고 있다. 그러나 남북 관계와 북미 관계의 오랜 불안정 속에서, 북한은 서방 국가들로부터 경제적 지원을 받

16　中共中央对外联络部 (검사일: 2024년 8월 15일).

기 어려운 상황이다. 최근 북한은 러시아와의 협력을 강화하고 있으며, 양국은《북러 포괄적인 전략적 동반자관계에 관한 조약》을 통해 식량, 에너지 안전, 정보통신, 기후변화 등 전략적 분야에서 협력을 강화하기로 명시하였다. 양국은 또한 무역을 확대하고, 관세, 재정, 금융 등 경제 협력을 위한 유리한 조건을 마련하기로 약속하였다.[17]

또한 중러 회담에서 두만강 지역 개발 계획도 언급되었으며,[18] 이 프로젝트는 북한의 '지역 경제 발전'을 어느 정도 촉진할 수 있을 것이다. 중국의 적극적인 참여는 이러한 계획의 실현에 도움이 될 것이다. 비록 이 같은 균형적 발전이 남북 간의 실질적 협력을 즉시 이루지는 못할 수 있지만, 북한의 외교 정책을 보다 다각화할 가능성이 크다. 한국은 이러한 과정에서 적절한 접촉점을 찾아 한반도 평화와 안정을 증진시킬 수 있을 것이다.

현재 한중 관계가 직면한 복잡한 국면은 양국에 도전과 기회를 동시에 제공하고 있다. 강대국 간 경쟁이 가속화되는 상황에서 효과적으로 대응하기 위해, 중국과 한국은 다양한 차원과 분야에서 협력을 강화하여 새로운 국제 질서 속에서 보다 안정적이고 상호 이익이 되는 양자 관계를 구축할 수 있을 것이다. 중국의 외교 전략을 결합하여 한중 관계는 다음과 같은 몇 가지 측면에서 심화하고 조정될 수 있다.

첫째, 경제 협력은 한중 관계의 중요한 기반이다. 중국 경제는 전통 제조업에서 혁신 주도형 경제로의 전환을 겪고 있다. 이러한 전환

---

17   조선중앙통신(KCNA) (검사일: 2024년 8월 15일).
18   《中华人民共和国和俄罗斯联邦在两国建交75周年之际关于深化新时代全面战略协作伙伴关系的联合声明》(该文件中提到"双方将同朝鲜民主主义人民共和国就中国船只经图们江下游出海航行事宜开展建设性对话"(검사일: 2024년 8월 15일).

과정에서 중국은 한국을 새로운 경제 구조의 업그레이드에 적극적으로 초대하여 상호 보완적인 한중 경제 관계를 구축할 수 있다. 이는 세계화의 둔화 속에서 한국이 새로운 시장 기회를 찾는 데 도움을 줄 뿐만 아니라, 중국의 신흥 산업의 발전도 촉진할 수 있다. 양국은 첨단 기술, 녹색 경제, 디지털 경제 등의 분야에서 협력을 강화하여 양국 경제의 깊은 상호 보완성을 형성하고 공동 번영을 이룰 수 있을 것이다.

둘째, 안보 분야에서는 전통적 안보 협력이 어려움을 겪고 있지만, 한중 양국은 비전통적 안보 분야에서 협력을 확대할 수 있는 기회를 가지고 있다. 예를 들어 기후변화, 에너지 안전, 사이버 안보, 그리고 글로벌 공중 보건 문제와 같은 비전통적 안보 문제에 대해 양국은 공동의 이익과 협력 잠재력을 가지고 있다. 중국은 한국과 협력하여 아시아 태평양 지역의 지속 가능한 발전을 촉진하고, 더 강력한 안보 협력 메커니즘을 구축할 수 있다. 이는 양국 간 전통 안보 분야의 분열을 해소하는 데 도움이 될 뿐만 아니라, 새로운 협력 동력을 창출하여 양국의 지역 및 글로벌 문제에서의 영향력을 확대할 수 있다.

셋째, 한국의 미중 경쟁 속 전략적 위치는 한중 관계의 미래를 결정짓는 중요한 요인이다. 한국이 중국과의 협력을 강화함으로써, 미중 관계에서 보다 균형 잡힌 전략을 취할 수 있을 것이다. 한국은 미국과의 전통적 동맹 관계를 유지하면서도, 미중 간 경쟁의 압력에 유연하게 대응해야 한다. 중국은 한국이 미중 대립에서 균형을 찾을 수 있도록 안정적인 경제 및 안보 협력 플랫폼을 제공할 수 있으며, 한국은 이를 통해 강대국 간의 갈등에 연루되지 않도록 할 수 있다. 한국은 중국과의 깊이 있는 협력을 통해 국제 문제에서 보다 건설적이고 적극적인 역할을 할 수 있으며, 중견 강국으로서의 유연한 외교 전략을 보여줄 수 있을 것이다.

이와 같은 다양한 분야에서의 협력을 통해 한중 관계는 강대국 경쟁의 배경 속에서 평화의 모범이 될 수 있다. 한중 양국은 세계화의 퇴조, 강대국 경쟁의 가속화 등의 복잡한 상황에서 함께 대응하며, 국제 무대에서 창의적이고 성과 있는 협력 모델을 제시할 수 있을 것이다. 중국은 경제 구조 업그레이드와 외교 전략을 통해 한국에 새로운 발전 기회를 제공할 수 있으며, 한국의 참여는 자국 경제의 전환을 촉진할 뿐만 아니라 국제적 위상도 강화할 수 있다. 양국은 비전통적 안보 분야에서의 협력을 통해 지역 안보와 글로벌 거버넌스에 새로운 해법을 제시할 수 있을 것이다.

결론적으로, 한중 관계는 경제와 안보 협력을 통해 상호 이익을 실현할 뿐만 아니라, 강대국 경쟁 속에서 평화와 발전을 이루는 방법에 대한 세계적인 모범이 될 수 있다. 한국을 중국이 주도하는 경제 및 안보 제안에 포함시킴으로써, 양국은 복잡한 국제 환경에서 지역 평화와 안정을 공동으로 촉진할 수 있을 것이며, 더욱 전향적이고 전략적인 양자 협력 관계를 실현할 수 있을 것이다.

민루이(闵锐**)**

민루이는 2023년 2월 한국외국어대학교 정치외교학과에서 정치학 박사학위를 받았다. 학위
논문은 "냉전 이후 한국과 일본의 대중국 위협 인식 비교 연구 – 위협 균형론을 중심으로"
이며, 동아시아 안보와 한반도 정치경제를 연구하고 있다. 현재 글로벌전략협력연구원 선임
연구원으로 있다.

闵锐, 于2023年2月取得韩国外国语大学政治外交系政治学博士学位。博士论文题目为《冷
战后韩国与日本对华威胁认知的比较研究——基于威胁均衡理论》。现任全球战略合作研
究院高级研究员, 主要研究领域包括东亚安全、朝鲜半岛的政治经济。

제14장

동북아 평화를 위한 한중 협력: 북한 문제를 중심으로

고승화(高升华)

Ⅰ. 동북아 안보정세에 대한 연구 배경

최근 세계는 갈등과 분열을 반복하면서 불안정한 정세를 이어가고 있다. 한반도 역시 남북 간 단절과 도발, 그리고 응징 사이에서 불안정한 평화를 유지하고 있다. 2022년 윤석열 정부 출범 이후 북한은 대남도발을 더욱 적극적으로 감행하고 있으며, 한국은 단호히 대응하고 있다. 나아가 미중 경쟁이 심화되자, 북한은 한미일 대 북중러 프레임의 고착화를 기대하고 있다. 이는 과거 한국전쟁 당시의 적대적이고 이분법적인 구도를 연상시키며, 역내 분열을 심화하고자 함이다. 이러한 흐름 속에서 오늘날 한국은 북한의 위협을 억제하기 위해, 그리고 미국은 중국의 부상을 견제하기 위해 한미 동맹을 강화하고 있다. 하지만 그로 인해 한국과 중국의 관계는 소원해지는 딜레마를 마주했다.

　최근 대두되는 패권국의 쇠퇴와 동맹국 간 관계 변화, 동북아 국가들의 관계는 세력전이 이론(Power Transition Theory)을 통해 포괄적으로 설명될 수 있다. 위 이론을 제시한 케네스 오간스키(A.F.K. Organski)는 도전 세력이 등장할 경우, 패권국은 동맹국과의 협력을 강화함으로써 평화를 유지하고자 한다고 주장했다.[1] 오간스키와 크굴러(Kugler)의 후속 연구 역시 기존의 국제 질서가 위기를 마주할 때, 패권국과 동맹국들은 국제 질서를 수호하기 위해 응집력을 강화한다고 말한다.[2] 이에 따르면 미국은 중국의 부상을 패권에 대한 도전과 위협으로 받아들이고 있으며, 동맹국인 한국과의 결속력을 강화하는 것은 불가피한 선택이다. 미국과 중국의 경쟁구도와 한미동맹의 강화는 한중관계뿐 아니라, 한국과 중국이 북한 문제를 다루는 방식에도 영향을 미치기 때문에 위 논문에서 중요한 전제가 된다.

　미중 경쟁이 심화되는 가운데, 한미관계와 한중관계가 반비례 관계에 있는 것을 대표적으로 보여주는 예가 무역 규모의 변화이다. 한국의 대중국 수출과 외국인 직접투자(FDI)가 점차 감소하는 반면, 그만큼 대미 수출이 증가하고 있다.[3] 또한 한미동맹이 강화되자, 중국은 한국이 미국 주도의 반중연대에 참여한 것으로 보아 한중관계가 소원해지기도 했다. 같은 맥락으로 윤석열 정부의 대미일변도 외교에 대해 중국이 압박외교를 펼칠 가능성이 지속적으로 제기되기

1　Organski, 1958.

2　Organski & Kugler, 1980.

3　The Diplomat, 2024.06.15.

도 한다.[4]

그럼에도 불구하고 한국과 중국이 지속적으로 협력해야 하는 분야 중 가장 핵심은 북한의 핵문제이다. 중국은 과거 북핵 문제를 외교 협력의 영역으로 간주한 바 있으나, 미국이 북핵을 명분으로 동북아시아에서의 동맹을 강화해 오자, 현재는 북핵 문제를 미중 전략경쟁의 차원에서 보고 있다.[5] 반면 미중 경쟁이 장기화됨에 따라 북한은 중국으로부터의 자주적인 외교를 추구하면서 미국과 독자적으로 관계 개선을 시도할 것이라는 의견이 있다.[6] 만약 미중 관계가 안정화될 경우 남북 관계 또한 개선될 가능성이 있지만, 한국과 중국이 북한에 각각 기대하는 바가 다를 수 있다는 점도 중요하다.[7] 이에 본 논문은 동북아 평화안보를 위해 북한 문제를 중점으로 한중 협력의 지속 및 발전 방안을 모색하고자 한다.

II. 북한의 핵무력 강화와 동북아 안보 위기

1. 북한의 대남전략

최근 북한 국내 상황이 상당히 불안정한 양상을 보이고 있다. 김정은 우상화 작업의 본격화, 건강 이상설, 4대 세습 가능성, 고위급 인사

---

4   박병광, 2023, pp.1~6.

5   이후량 & 여유경, 2024, pp.161~212.

6   이상숙, 2022, pp.1~57.

7   황재호, 2020, pp.187~209.

의 탈북 등 다양한 정황이 포착되고 있다. 특히, 북한 당국이 최근 내부 통제를 강화하는 이유가 김정은 체제 유지에 대한 불안감에서 기인한다는 의견이 제기되고 있다.[8] 그럼에도 불구하고 대남 도발의 빈도와 강도는 높아지고 있다. 2023년 연말 전원회의에서는 남북관계를 '적대적'이며 '교전 중'인 상태로 규정하고, 김정은 위원장은 한국을 '불변의 주적'으로 헌법에 명시할 것을 주장했다. 북한의 실제 전쟁 의지 또한 상당히 높다는 분석도 제기된다. 그동안 북한이 '시험발사' 또는 '시험타격'으로 표현하던 것이 명확한 대상을 타격하는 '훈련'으로 격상된 점도 김정은 정권의 전면적 대응 의지로 해석된다.[9]

김정은 집권 이후 북한은 핵무기 개발을 가속화하면서 핵무기의 실전 사용을 염두에 둔 제도적 준비를 구체화하고 있다. 2017년 핵무력 완성을 선언한 후, 2022년에는 '핵무력정책법'을 통해 선제 핵 사용 가능성을 강조했다. 위 법에서 규정한 추상적이고 주관적인 핵 사용 조건은 북한의 핵 사용 임계점을 낮추며, 확증 보복과 비대칭 확전 태세를 동시에 추구하고 있다고 평가된다.[10]

또한, 북한의 도발 의지와 더불어 실제 전쟁 수행 능력도 주목할 필요가 있다. 2021년 8차 당대회에서 제시한 5대 핵심 국방 과업 중 극초음속 무기와 고체 연료 ICBM 개발, 전술핵잠수함 진수, 군사정찰위성 발사 등에서 북한은 점진적인 성과를 내고 있다. 특히 2024년 이후 극초음속 미사일의 기술적 진전은 한국 방공망의 요격이 어렵

---

8   정은찬 & 김재현, 2023, pp.1~31.

9   김보미, 2023, pp.1~16.

10   Moon, 2023.03.31.; 이성훈, 2022, pp.1~103.

다는 점에서 심각한 위협으로 작용할 가능성이 크다.[11]

2. 북한의 대중전략

최근 대북 제재의 누적 효과가 나타나고 코로나19와 자연재해까지 더해지며 북한은 식량 안보와 대외 경제활동에 큰 어려움을 겪고 있다. 북한은 '절대적 결핍'을 겪고 있을 가능성이 높고, 당국의 경제 통제력 또한 약화되었을 것으로 보인다.[12] 이러한 총체적 난국을 타개하기 위해 북한은 중국 및 러시아와의 관계를 적극 활용해 대북 제재 완화를 위한 돌파구를 모색하고 있다. 특히 한미일 안보협력이 강화되는 상황에서 북한은 북중러 구도를 추진해 전략적 위치를 유지하고자 했으며, 강대국의 지지를 통해 대남·대미 협상에서 협상력을 높이고자 했을 것이다.

그러나 북한과 러시아의 적극적 제안에도 불구하고, 중국의 반응은 상대적으로 소극적이었다. 중국의 미온적인 태도에 북한이 불만을 표출한 사례도 있다. 예를 들어, 기존에 사용하던 중국의 방송 송출 위성을 러시아의 것으로 전환하거나, 중국이 한중일 정상회의에 참여하며 한국, 일본, 미국과의 관계를 관리하고자 하자, 한중일 정상회담 당일 갑작스럽게 정찰 위성을 발사하는 등의 행보를 보였다.

그럼에도 불구하고, 최근 UN에서 대북 제재 이행을 감시하는 전문가 패널 활동 기한을 연장하는 결의안에 대해 러시아는 반대, 중국

---

11   김보미 & 이성훈, 2024, pp.1~8.

12   이석, 2024, pp.1~28.

은 기권을 선택함으로써 대북 제재 위반 가능성을 열어두었다. 이는 중국이 북중러 구도에 적극적으로 가담하지는 않지만, 북한을 완전히 방기하지도 않겠다는 의도를 의미한다. 이러한 상황은 김정은의 향후 전략적 계산에 중요한 요소로 작용할 것이다.

3. 북한의 대외전략

북한은 최근 우크라이나 전쟁으로 고전하고 있는 러시아와 안보 협력을 급속히 강화하며 국제사회의 우려를 불러일으켰다. 북한군이 우크라이나 전쟁에 파병될 가능성도 제기되었는데, 최근 실제로 북한군의 투입 정황이 포착되면서 양국 간의 밀접한 군사 협력이 확인되었다.[13] 이는 김정은 집권 이후 최초로 이루어진 북러 정상회담의 결과로, 양국 간 군사 협력은 앞으로 북한의 대외정책과 동북아 안보에 중대한 영향을 미칠 것이다. 그러나 이 협력의 신뢰성과 지속 가능성에는 여전히 의문이 제기되고 있다.

북한은 북중러 삼각구도를 형성하고자 하나, 중국의 소극적인 태도로 인해 이 구도는 완전하게 성립되지 않고 있다. 따라서 북한이 미국과 직접 대화하는 방안을 모색할 가능성도 있다. 최근 북한은 고농축 우라늄(HEU) 제조시설을 공개하며 긴장을 고조시켰는데, 이는 미국 대선을 앞두고 차기 미 정부의 주목을 끌기 위한 전략적 행보로 해석된다. 만약 카멀라 해리스가 당선된다면, 한미일 공조와 제재를 통해 압박을 지속할 가능성이 크다. 반면, 도널드 트럼프가 당선될 경

---

13   조선일보, 2024.10.08.

우에는 지도자 간의 직접 외교를 통해 북한과의 관계를 비교적 안정적으로 유지할 수도 있다.

Ⅲ. 양국의 한중관계와 대북문제 접근법

1. 한국이 보는 북한과 중국

한국의 대북정책

한국의 외교에서 대북정책이 최우선시되는 것은 분단국가로서의 숙명이다. 그리고 그 중심에는 언제나 북한의 비핵화가 자리하고 있다. 김정은 위원장이 핵무기를 포기할 의사가 없음을 반복적으로 밝혔음에도, 북한과 국경을 맞대고 있는 한국으로서는 북한의 비핵화를 포기할 수 없는 상황이다. 윤석열 정부 또한 북한의 완전한 비핵화를 목표로 하고 있으며, 취임 첫해 북한이 비핵화를 이행할 경우 경제적 지원과 함께 정치·안보 분야의 포괄적 조치를 제공하겠다는 '담대한 구상'을 제안했다. 그러나 김여정 노동당 부부장이 위 제안을 전면 거부하면서, 한국은 '강 대 강' 대치를 본격화했다. 이후 현 정부는 더욱 강력한 힘을 바탕으로 한 평화 구축을 명분으로 북한에 대한 압박을 강화하고 있다.

2024년 한국은 세계 군사력 순위에서 5위를 기록하고 있다.[14] 그러나 북한이 핵무기와 미사일 역량을 지속적으로 확장하고 있어, 한국

---

14   Global Fire Power, 2024.

이 독자적인 핵무장을 하지 않는 이상 북한과의 핵불균형에서 오는 한계를 극복할 수 없다. 그리고 한국은 현실적인 이유로 자체 핵무장이 아닌 미국의 핵우산에 의존하는 대안을 선택할 수밖에 없다. 북한의 비핵화 가능성이 점점 희박해지는 현 상황에서 윤석열 정부는 미국과의 동맹 강화와 대외협력을 중시하며 북핵에 대응하고 있다. 한국의 대북 억지력 향상을 위한 노력으로는 첫째, 동맹 체결 70주년을 맞아 한미동맹을 글로벌 포괄적 전략동맹으로 격상하면서 확장억제력과 신뢰를 제고시켰다. 이 과정에서 미국과의 경제동맹, 반도체동맹, 원자력동맹 등 다양한 분야에서 협력이 확대되었으며, 자유, 민주주의, 법치, 인권 등 한미 간 공통의 가치 외교도 부각되었다. 둘째, 한미일 3국 간의 안보협력을 강화하였다. 한미일 지도자는 공동의 위협에 대응하기 위해 정상회의를 정례화하고, 제도적 기반을 마련했다. 셋째, 한중일 정상회담을 통해 북한에 대한 정치적 압박을 높이고 있으며, NATO 정상회의, 민주주의 정상회의, G7 정상회의 등에 적극 참석해 한국의 대북정책에 대한 지지를 확보하고 있다.

한국의 대중정책

미국은 2006년부터 중국을 경제적 위협으로 인식하기 시작했다.[15] 이후 미중 경쟁이 심화되면서 한국은 미국과 중국 사이에서 점차 복잡한 딜레마를 직면하게 되었다. 특히, 안보적 이유로 미국과의 관계가 강화될수록 중국과의 관계는 자연스럽게 소원해졌는데, 그 대표적 사례가 사드(THAAD) 배치로 인한 한중 관계의 악화였다. 한국은 이러한 상황에서 오랫동안 미중 간 전략적 모호성을 유지해 왔으나, 윤석열 정부는 전임 정부와 달리 한미동맹을 적극적으로 강화하며 전략적 명확성을 표방하고 있다.

한국이 전략적 명확성을 선택한 첫 번째 배경은 북한의 지속적인 도발과 적대적 행위로 인해 한반도 안보가 심각하게 위협받고 있다는 점이다. 두 번째 이유는 미중 갈등이 단순한 국가 간 경쟁을 넘어 '국제질서 수호 세력 대 도전 세력', 혹은 '자유주의 대 권위주의'의 구도로 확대되었기 때문이다. 이러한 대립 구도 속에서 미국은 한국을 포함한 동맹국들을 미국 주도의 국제질서에 더욱 강하게 결속시키고자 하고 있다. 세 번째로, 미국은 소다자주의(multilateralism)를 통해 가치를 공유하는 국가들을 결집시키고 있으며, 한국 역시 여러 미국 주도의 다자 협력체들에 속하게 되었다.

한국의 외교 노선이 명확해지면서 중국과의 관계에는 새로운 긴장이 발생하고 있다. 중국은 한때 한국의 최대 교역국이었으나, 코로나19 팬데믹과 미중 경쟁, 공급망 다변화 등의 국제적, 지역적 요인이

---

15   Wike, 2013.06.05.

한중 경제 관계에 영향을 미치면서 한국의 대중 무역 비중은 감소했다. 그럼에도 불구하고 중국에 대한 기업 차원의 의존도는 여전히 매우 높다.[16] 특히 반도체 공급망의 중요성이 부각되는 가운데, 2023년 기준 한국의 대중국 반도체 수출 비중은 50%에 달하고 있다.[17]

북한 문제 해결에서도 중국의 존재와 역할은 절대적이다. 북한은 중국 및 러시아와의 긴밀한 관계를 통해 대북 제재 완화를 시도하고 있으며, 중국은 유엔 안전보장이사회 상임이사국으로서 대북 제재 문제에서 핵심적인 역할을 한다. 따라서 중국이 북한 제재에 얼마나 적극적으로 동참하는가는 한반도 및 동북아 전체의 안보에 큰 영향을 미친다. 이에 따라 현 정부는 미국과의 동맹을 강화하면서도 중국과의 관계 회복과 협력 강화를 위한 노력을 병행하고 있다.

2. 중국이 보는 북한과 한국

중국의 대북정책

김정은 집권 이후, 북한과 중국은 상호 불신 속에서도 전략적 협력을 유지할 수밖에 없는 관계를 이어오고 있다. 미중 경쟁이 심화되면서 북한의 외교적 공간은 확대되고, 역사적으로 중국은 미국과의 관계에서 북한을 지렛대로 활용해 왔다.[18] 특히 한국에 보수 정권이 들어서면서 중국의 북한 입장에 서는 모습이 더욱 두드러졌다. 가

---

16   김나율, 강내영, 김민우, 2024, pp.1~24.

17   정형곤, 2024, pp.1~30.

18   박병광, 2024, pp.31~40.

령 2022년 G20 정상회의에서 윤석열 대통령이 대북 정책인 '담대한 구상'에 대한 지지를 구할 당시, 중국은 '북한의 호응이 있을 경우'라는 조건을 내걸며 북한의 입장을 우선시했다.[19] 또한, 북한의 군사정찰위성 발사에 대한 제재 논의에서 중국은 러시아와 함께 거부권을 행사했으며, 대북 제재를 위반하거나 UN 회원국들의 제재 감시 활동을 위협한 사례도 발생했다.[20] 더불어 2023년 북한의 대중 수출입 의존도는 98.3%로 증가했으며,[21] 올해는 북중 수교 75주년을 기념하여 '친선의 해'로 지정하고 양국의 관계를 과시했다.

그러나 북한의 과도한 도발에 중국은 일정 거리를 유지하려는 모습을 보이고 있다. 중국은 최근 북한과 러시아 간의 밀착이 가속화되면서 한미일 대 북중러 구도가 형성되는 움직임을 긍정적으로 보지 않고 있다. 중국은 냉전 시기 북한이 중국과 소련 사이를 오가는 '스윙 전략'을 구사한 점을 의식하며, 북한이 러시아와 지나치게 가까워지는 것을 경계하고 있다.[22] 실제로 푸틴 대통령의 방중 당시 시진핑 주석은 푸틴에게 방북 자제를 요청했으며, 북러 정상회담을 탐탁지 않게 여겼다는 보도들이 이를 뒷받침하고 있다.[23]

북중러 삼각 연대가 부각될수록 중국은 여러 가지 부담을 안게 된다. 첫째, 중국이 북한 및 러시아와의 군사적 연대를 강화할수록 한국과 일본이 미국과 더욱 밀착하여 결과적으로 중국을 견제할 명분을

---

19   외교비서관실, 2022.11.15.

20   Indo-Pacific Defense Forum, 2024.05.26.; VOA, 2023.09.09.

21   KOTRA, 2024, pp.1~124.

22   김진호, 2024, pp.103~126.

23   BBC, 2024.06.19.

제공한다. 둘째, 미중 경쟁 구도 속에서 중국은 자국의 경제 안정을 우선시하고 있는데, 북한과의 협력 확대는 부담이 될 것이다. 셋째, 북중러 연대는 국제 사회에서 중국의 이미지에 부정적인 영향을 미칠 수 있다. 미국과의 경쟁 속에서 중국의 리더십에 대한 의구심이 제기되고 있는 상황에서, 북한 및 러시아와의 밀착은 국제적 평판을 훼손할 우려가 있다.

중국의 대한국정책

중국은 현재 미국과의 대립 상황에서 한국의 선택이 다른 국가들에도 영향을 미칠 수 있다고 판단하고, 한국의 움직임을 면밀히 주시하고 있다. 미국은 한국, 일본과의 안보 파트너십을 강화하고 있는데, 중국은 이를 자국을 견제하고자 함이라고 해석하고 있다. 특히 대만 문제와 관련해 한미일이 중국을 압박하고 있다고 보고 있다. 예를 들어, 캠프 데이비드에서 열린 한미일 정상회담 공동 선언문에 포함된 인도-태평양 지역에서의 일방적 현상 변경 시도 반대에 대한 내용도 3국이 중국을 겨냥하는 것으로 해석된다. 이러한 맥락에서 중국은 한국이 반중 대열에 동참하고 있다고 판단하는 것이다.

중국은 한국과 협력이 불가능한 네 가지 상황, 이른바 '4불가(不可)' 방침을 명시한 바 있다. 여기에는 중국의 핵심 이익인 대만 문제를 침해하는 경우와 한미일 안보 협력 강화에 대한 불만이 포함된다.[24] 한미일 동맹이 강화됨에 따라 중국은 유사시 이 세 나라의 안보

---

24   한겨레, 2023.06.02.

협력이 자국에 미칠 영향을 우려하고 있다. 중국은 한국이 한미 동맹을 통해 한반도 안보 문제에만 집중해 주기를 기대하고 있으며, 중국 내에서는 한중 안보 관계의 안정을 위해 주한미군 감축을 요구하는 목소리도 있다.[25] 반면 중국은 한국이 북한 문제 해결에 있어 중국의 역할을 중요하게 생각하는 점을 인지하고 있어, 한미 동맹이 강화될수록 북한과 밀착하는 모습을 보여줄 가능성이 있다.

한편, 중국은 한국으로부터 안정적인 반도체 공급을 기대하고 있다.[26] 하지만 한국이 미국과의 동맹을 강화하며 미국 주도의 반도체 동맹인 CHIP4에 참여하면서 이 기대와는 점점 멀어지고 있다. 중국은 이러한 한국의 일련의 움직임을 '탈중국화'로 보고 중국과의 협력을 지속적으로 압박하고 있다. 동시에 중국은 한국을 미국의 동북아 동맹체계에서 약한 고리로 인식하고 있어, 미국의 중국 봉쇄 전략을 저지하기 위해 한국을 더욱 집중적으로 공략할 가능성도 있다.[27] 실제로 중국 내에서도 중국의 압도적인 경제 규모가 한국을 견제하는 데 효과적일 수 있다는 인식이 자리 잡고 있다.[28]

---

25   Zhao, 2022.02.
26   임방순, 2024, pp.1~5.
27   차두현 & 이동규, 2023.
28   Zhao, 2022.02.04.

Ⅳ. 동북아 평화 관리를 위한 한중 협력

한국과 중국이 지속적이고 발전적인 협력관계를 구축하기 위해서는 냉철한 상황 분석이 필수적이다. 우선 북한의 핵무력 강화와 미중 경쟁이 지속되는 한, 한미동맹 강화는 피할 수 없는 현실이다. 이를 전제로, 첫째, 한중 양국이 상호 이해를 증진하고 협력을 발전시키기 위해서는 신중한 태도가 필요하다. 오랜 벗이자 이웃 국가이기에 언제든 관계 회복이 가능하다는 안일한 기대는 지양해야 한다. 한국은 한미동맹의 목표와 범위를 명확히 설정하고 한반도 이외 이슈에 과도하게 개입하거나 불필요한 갈등을 초래하지 않도록 주의해야 한다. 특히, 한미일 안보협력은 북한 억지라는 목적을 달성하기 위한 수단이지만, 국제정세 속에서 불필요한 오해와 갈등을 야기할 수 있다. 따라서 한국은 중국과의 관계를 방관하지 않고, 적극적으로 소통해야 한다. 중국 역시 강압적 수단을 자제해야 하며, 사드 배치에 대한 경제 제재와 같은 조치가 오늘날까지도 한중 관계에 장기적인 부정적 영향을 미쳤음을 기억할 필요가 있다.[29]

둘째, 북한 문제에서의 한중 협력은 필수적이기 때문에, 어떠한 경우에도 이 공동의 목표를 내려놓아서는 안 된다. 북한이 동북아에서 긴장을 고조시킬 경우, 한국은 미국, 일본과의 협력을 강화할 명분을 얻고, 이는 중국에도 불편한 상황을 초래할 것이다. 따라서 중국도 보다 적극적으로 북한 문제 해결에 나설 동기가 있다. 한국은 북한 문제

---

29   이동률, 2023, pp.1~12.

에 있어서 자주적인 역할을 하되, 중국이 북한을 방기하거나 봉쇄하는 것은 과도한 기대임을 인식해야 한다. 북한이 현실적으로 어려움을 겪고 있는 현재 상황에서 중국이 북한을 적절히 관리하고 상황을 통제할 수 있다면, 한반도 안보 딜레마를 완화하는 데 기여할 수 있을 것이다. 이는 국제사회에서 중국이 책임 있는 대국으로 자리매김하는 데에도 긍정적인 영향을 미칠 것이다.

셋째, 북한과 러시아 간의 군사 협력 고리를 약화시켜야 한다. 현재 우크라이나 전쟁에서 북한이 러시아에 제공하는 무기 규모는 상당하다.[30] 북한은 러시아의 첨단 군사기술 지원을 기대하며 협력을 강화하고 있으며, 이는 북한의 핵·미사일 기술 고도화로 이어질 것이다. 따라서 한국은 러시아와의 관계를 개선해, 북한에 추가적인 군사기술이 제공되지 않도록 관리해야 한다. 또한 북한이 중국에 경제적으로 의존하고 있는 만큼, 중국은 조건부 경제 교류나 압박을 통해 북한의 러시아 의존도를 줄이는 역할을 할 수 있다. 북한이 원하는 북중러 삼각 구도에서 한 측인 북러관계를 완화하려는 접근이 필요하다.

마지막으로 안보 분야의 경우 외부 변수를 완전히 배제할 수 없으나, 기후변화와 같은 글로벌 공공재를 위한 협력은 필수적일 뿐 아니라, 외부 변수로부터 상대적으로 자유로울 수 있는 영역이다. 한중 양국은 탄소 감축, 미세먼지, 황사, 사막화 등 공동의 환경 문제를 공유하고 있으며, 이를 해결하기 위해 사막화 방지 네트워크(DLDD-

---

30 VOA, 2024.09.17.

NEAN) 및 동북아 청정대기파트너십(NEACAP) 등 다양한 협력체에 함께 참여하고 있다. 이러한 협력체를 한중 청년 교류사업과 연계하여, 양국 청년들이 글로벌 공공재에 기여하며 소통할 수 있는 기회의 장을 마련해 볼 수 있다. 또한 한국은 중국과 가장 많은 지방교류를 진행하고 있으나, 주로 행정 교류에 치중되어 있다.[31] 이를 학술 및 청년 교류와 같은 민간 차원의 교류를 확대함으로써 양국 국민 간 상호 인식을 개선하고, 양국 관계의 지속 가능한 발전에 기여할 수 있을 것이다.

고승화(高升华)

고승화는 2024년 8월 한국외국어대학교 국제정치학 박사학위를 받았다. 학위논문은 "한미동맹의 역동성: 공동의 위협인식과 국제적 목표를 통한 결속력 강화"이며, 동맹관계와 동북아시아 안보를 연구하고 있다. 현재 글로벌전략협력연구원 선임연구원으로 있다.

高升华于2024年8月获得韩国外国语大学国际政治学博士学位。其学位论文题目为《韩美联盟的动态性：通过共同的威胁认知与国际目标增强凝聚力》, 主要研究联盟关系与东亚安全。目前, 他是全球战略合作研究院的高级研究员 。

---

31   대한민국시도지사협의회, 2023.03.08.

❖ 참고문헌

제1장 아시아 지역통합과 한중관계:

아시아 지역통합의 미래 구상 _신의찬(申宜澯)

김성건. 2011. "아시아 세기의 도래와 아시아적 가치". 『아시아연구』, 14권 1호.

김현숙. 2022. "한중 역사 갈등의 현황과 과제: 동북공정을 넘어 미래로". 『동북아역사논총』, 77호.

박병광. 2004. "북한 핵문제에 대한 중국의 입장과 정책". 『동아연구』, 46호.

변창구. 2008. "동아시아 지역주의와 지역통합: 평가와 전망". 『한국동북아논총』, 제13권 제4호.

산업통상자원부. 2020. "RCEP 협정문 서명 보도자료". https://www.fta.go.kr/rcep/paper/1/.

아마코 사토시. 2011. "아시아 지역통합의 새로운 축을 모색한다". 한반도선진화재단 연구보고서.

이동민. 2017. "사드배치 갈등봉합 이후의 한중관계: 미래지향적인 양자관계 모색을 중심으로". 『평화학연구』, 18권 4호.

이승주. 2017. "동아시아 지역경제질서의 다차원화: 지정학과 지경학의 상호 작용". 『한국과 국제정치』, 33권 1호.

정종호. 2022. "한중관계와 사회문화 교류: 인적 이동과 문화콘텐츠의 확산을 중심으로". 『국제지역연구』, 31권 3호.

차정미. 2018. "동아시아 지역주의의 '약한' 제도화 요인 분석 - 한중일 3국협력을 중심으로". 『통일연구』, 22권 2호.

최윤정. 2022. "윤석열 정부 외교정책의 과제: 신남방정책을 '한국의 인도태평양 전략'으로". 『세종연구소 정세와 정책』, 2022-4월호.

현민. 2017. "동아시아 지역통합과 아세안: 아세안 지역통합의 역사와 다층적 협력구조의 성과와 한계를 중심으로". 『동북아 문화연구』, 1권 52호.

APEC. 2020. "APEC Putrajaya Vision 2040". https://www.apec.org/meeting-papers/leaders-declarations/2020/2020_aelm/annex-a.

Acharya, Amitav. 2001. Constructing a Security Community in Southeast Asia: ASEAN and the Problem of Regional Order. Routledge.

Acharya, Amitav. 2010. "The Idea of Asia". Asia Policy. no.9.

Callahan, A. William. 2016. "China's Belt and Road Initiative and the New Eurasian Order". Norwegian Institute of International Affairs Policy Brief 2016/22.

Chey, Hyoung-Kyu. 2009. "The Changing Political Dynamics of East Asian Financial Cooperation". Asian Survey. vol.49, no.3.

Chung, Jae-Ho. 2018. "South Korea's Strategic Approach to China (or Lack of It)". In Rozman, Gilbert (eds.). Joint U.S. -Korea Academic Studies 2018. Korea Economic Institute of America.

Djalante, Riyanti et al. 2020. "COVID-19 and ASEAN responses: Comparative policy analysis". Progress in Disaster Science. vol.8.

Goh, Evelyn. 2019. "Contesting Hegemonic Order: China in East Asia". Security Studies. Vol.28, issue.3.

Ikenberry, G. John. 2020. "The Next Liberal Order: The Age of Contagion Demands More Internationalism, Not Less". Foreign Affairs. vol.99, issue.4.

Myoda, Yuho et al. 2024. "Mobilizing Taxes for Development". ADB Briefs. no.290.

Petri, A. Peter et al. 2011. "The Trans-Pacific Partnership and Asia-Pacific Integration: A Quantitative Assessment". East-West Center Working

Papers.

Schmidt, A. Vivien. 2008. "Discursive Institutionalism: The Explanatory Power of Ideas and Discourse". Annual Review of Political Science. vol.11.

Schmidt, A. Vivien. 2010. "Taking ideas and discourse seriously: explaining change through discursive institutionalism as the fourth 'new institutionalism'". European Political Science Review. vol.2, issue.1.

Terada, Takashi. 2003. "Constructing an 'East Asian' concept and growing regional identity: from EAEC to ASEAN+3". The Pacific Review. vol.16, issue.2.

Wiener, Antje. 2018. "Taking Stock of Integration Theory". KFG Working Paper Series. no.89.

Yoshimatsu, Hidetaka. 2023. "ASEAN and Great Power Rivalry in Regionalism: From East Asia to the Indo-Pacific". Journal of Current Southeast Asian Affairs. vol.42, issue.1.

제2장 중국의 '동북아 운명공동체'와 한중관계:
개념적 검토와 실천적 방안 _량미화(梁美花)

권헌익. 2019. "냉전의 개념사적 이해: 베트남의 두 전쟁을 중심으로". 신욱희, 권헌익 엮음.『글로벌 냉전과 동아시아』. 서울대학교출판문화원.

구자선. 2014. "아시아 신안보관의 내용과 함의".『주요국제문제분석』, 제41호.

문정원, 서승원. 2010. "동아시아 공동체 구상: 기회와 도전". 문정원 편.『동아시아 지역 질서와 공동체 구상』. 아연.

박승우. 2011. "동아시아 공동체 담론 리뷰".『아시아리뷰』, 제1권 1호.

반길주. 2024. "신개념을 통해 본 국제질서". 경남대학교 극동문제연구소 편.『신냉전 시대는 도래하는가』. 늘품플러스.

백준기. 2024.『미국의 세기 이후: 신냉전 너머의 세계 강대국들의 귀환』. 비블리오테카.

이희옥, 우완영. 2017. "중국의 아시아운명공동체 담론과 외교적 투사". 『중국연구』, 제73권.

전재성. 2024. "신냉전 담론과 한국의 국가전략". 경남대학교 극동문제연구소 편. 『신냉전 시대는 도래하는가』. 늘품플러스.

曹玮, 杨原. 2015. "盟国的敌人还是盟国? 古代朝鲜半岛国家'两面结盟'之谜". 『当代亚太』, 第5期.

曹玮, 杨原. 2018. "'两面结盟'分类与大国共治逻辑: 兼答周方银, 王旭彤对《盟国的敌人还是盟国?》的评论". 『当代亚太』, 第1期.

胡德坤, 徐广淼. 2022. "超越旧金山体制, 搁置领土争端, 走向东北亚命运共同体". 『俄罗斯研究』, 第1期.

邢广程. 2021. "习近平外交思想与周边命运共同体建设". 『当代世界』, 第8月刊.

张蕴岭. 2020. "处在历史转变的新起点-基于东北亚命运共同体的思考". 『世界经济与政治』, 第6期.

杨鲁慧, 郭延军. 2005. "从'霸权稳定论'到'安全共同体'-东北亚安全合作架构新走向". 『世界经济与政治』, 第4期.

庄芮, 蔡彤娟. 2023. "人类命运共同体视域下的东北亚经济共同体构建". 『学术前沿』, 第8期.

赵洋. 2021. "亚洲安全观视域下的东北亚命运共同体构建". 『东北亚论坛』, 第3期.

钟飞腾. 2020. "东北亚命运共同体构建何以成为可能". 『日本学刊』, 第1期.

Bob. Davis. 2020. Superpower Showdown: How the Battle Between Trump and Xi Threatens a New Cold War. Harper Business Press.

J.G. Ruggie. 1992. "Multilateralism: The Anatomy of Institution". International Organization, vol.46, no.3.

Odd A. Westad. 2018. "Has a New Cold War Really Begun?". Foreign Affairs, March 27.

J. Pempel. 2010. "Soft Balancing, Hedging, and Institutional Darwinism: The

Economic -Security Nexus and East Asian Regionalism". Journal of East
Asian Studies, no.10.

Thomas J. Christensen. 2020. "No New Cold War: Why US-China Strategic
Competition will not be like the US-Soviet Cold War". The Asan
Institute For Policy Studies, September.

제3장 한중관계의 고찰과 평가:

역사, 현황, 전망을 중심으로 _황지에(黄杰)

白锐. 1992. "中韩历史上的文化交流". 『韩国学论文集』, 第七辑.

孙永方. 2010. "文化交流下的中韩关系发展". 『新课程』, 第5期.

于婉莹. 2022. "韩国青年群体对华认知评析". 『和平与发展』, 第4期.

刘宝全. 2010. "韩国的关王庙与关圣教小考". 『民俗研究』, 第4期.

郑载兴. 2022. "中韩建交30周年成果与挑战: 基于韩国的视角". 『东亚评论』, 第
2期.

牛林杰. 2017. "中韩建交以来人文交流的主要成果与影响因素". 『黄海学术论
坛』, 第2期.

万作芳, 乔蓉蓉. 2024. "'一带一路'背景下中韩教育交流: 现状'挑战与对策".
『世界教育信息』.

白智善. 2022. 『孔子学院与世宗学堂的比较研究』. 山东: 山东师范大学.

许霞. 2014. "中韩两国旅游业发展对比研究". 『乐山师范学院学报』, 第6期.

白种彧. 2011. "用理解和沟通搭建中韩友谊之桥: 韩中两国的和谐发展之道".
『当代世界』, 第6期.

宁赋魁. 2021. "消除隔阂, 促中韩人文交流再上新台阶". 『世界知识』.

许利平, 韦民. 2015. 『中国与周边国家的人文交流』. 北京: 时事出版社.

王瑶. 2024. "宋元明州与高丽佛教文化交流研究". 『文史月刊』.

宗立宁. 2020. "'缘'理论视角下周边人文交流路径研究" [D]. 上海: 上海外国语
大学.

李奎泰. 2012. "韩中社会人文交流和韩中关系20年". 『韩国学论文集』.

吴苔. 2017. "韩国对华公共外交研究（2012-2016）" [D]. 上海: 上海师范大学.

牛林杰. 2017. "中韩建交以来人文交流的主要成果与影响因素". 『黄海学术论坛』, 第2期.

刘小菁. 2019. "威海-仁川地方经济合作示范区建设对中韩文化交流的影响研究" [D]. 山东: 山东大学.

戴淑婷. 2019. "韩国非政府行为体对华公共外交研究（2010-2018）" [D]. 吉林: 吉林大学.

金旺圭. 2007. "关于加强地方政府在中韩经济合作中的作用研究" [D]. 山东: 青岛大学.

卢荣埈. 2020. "韩中体育交流发展研究" [D]. 北京: 北京体育大学.

李小兰. 2010. "论国际政治大舞台下的中国'和谐世界'外交理念" [D]. 河北: 河北师范大学.

제4장 한중관계의 비대칭성:
권력과 상호의존이론 분석을 중심으로 _왕러(王乐)

도원빈. 2023. "중국 흑연 수출통제의 영향 및 대응방안". 『무역브리프』, 18호.

박미정. 2012. "한중 경제통상". 공봉진, 최낙창 외. 『한중수교 20년』. 한국학술정보.

안세영. 2004. "한·중 마늘협상에 대한 연구-보복위협효과를 중심으로". 『무역학회지』, 29권 4호.

이동률. 2023. "중국은 싫지만 한중관계는 중요-한국의 대중 정책방향은?". 『EAI 이슈프리핑』.

이신규. 2001. "한·중 마늘 무역분쟁에 관한 의미와 평가". 『한국관세학회지』, 2권 1호.

전해영. 2017b. "사드 갈등 장기화에 따른 국내 관광산업 손실규모 추정". 『현안과 과제』, 현대경제연구원, 22호.

정진영. 2017a. "중국의 사드 보복과 한중관계의 미래". 『정세와 정책』. 세종연구소.

주성환, 권태현. 2010. "동북아지역의 양국 간 경제적 상호 의존성". 『동북아경제연구』, 22권 3호.

한국관광공사 관광시장분석팀. 2019. "중국인 관광객 입국은 증가세 만족도는 하락세". 『KTO 포커스』, 3호.

황재호. 2014. "신 동북아 안보환경과 한중 협력". 『전략연구』, 11권 64호.

왕러. 2022. "한중상호 의존관계의 비대칭성 연구-상호 의존이론의 민감성과 취약성을 중심으로". 박사학위논문, 한국외대국어대학교.

조선일보. 2022.01.05. "요소 등 1850개 품목 중국산 비율 80% 넘어… 中이 한국 급소 쥔 꼴". https://www.chosun.com/economy/industrycompany/2022/01/05/GQZFX4S7OFCLFALHOQNR5A2VME/.

董向荣. 2013. "中韩经济关系：不对称依赖及其前景". 『国际经济评论』, 第2期.

樊勇明. 2006. 『西方国际政治经济学』. 上海人民出版社.

李熙玉. 2024. "重回韩中日合作轨道需要光而不耀的智慧". 『成均中国观察』, 第47期.

罗伯特 · 基欧汉, 约瑟夫 · 奈. 门洪华译. 2012. 『权力与相互依赖』. 北京大学出版社.

王玉珍等译. 布鲁斯 · 拉西特&哈斯 · 斯特尔. 2001. 『世界政治』. 华夏出版社.

吴伟平. 2010. "相互依赖关系中的敏感性和脆弱性辨析". 『社会科学』, 第4期.

肖欢容译. 海伦 · 米尔纳. 2001. "国际关系理论中的无政府假设". 大卫 · 鲍德温. 『新现实主义和新自由主义』. 浙江人民出版社.

余万里. 2003. "相互依赖研究评述". 『欧洲研究』, 第4期.

章辉. 2008. "中韩两次贸易争端的分析和启示". 『经济理论研究』.

Baldwin, David A. 1979. "Power Analysis and World Politics: New Trend versus Old Tendencies". World Politics, Vol.31, No.2.

Hirschman, Albert O. 1945. National Power and the Structure of Foreign Trade, Berkeley University of California Press.

Keohane, Robert O. and Nye Joseph S. 2012. Power and Interdependence. Pearson Press.

U.S. Department of Defense. 2016.07.08. "U.S. to Deploy THAAD Missile Battery to South Korea". https://www.defense.gov/News/Article/Article/831630/us-to-deploy -thaad-missile-battery-to-south-korea/.

Waltz, Kenneth. 1970. "The Myth of Interdependence". in Charles P. Kindleberger, The International Corporation: a symposium. Cambridge: M.I.T. Press.

제5장 한중관계의 불균형성:
정치경제 균형 발전을 위한 제언 _판빈빈(潘彬彬)

구기보. 2018. "미중 무역전쟁과 한국의 대응". 『성균차이나브리프』, 제6권 4호.

김헌준. 2024. "가치와 규범을 통해 본 한국의 중국 인식과 한중관계: 인권, 정체성, 민주주의". 『아세아연구』, 제67권 3호.

남승모. 2017.11.09. "中 의존 줄이고 교역 다변화…문 대통령 '新 남방정책' 발표". SBS t.

예영준. 2022.02.08. "누가 중국의 문화공정을 부추겼나". 중앙일보.

오래은 · 이홍배. 2022. "한중간 수출경쟁력 변화와 구조적 특징 고찰". 『중국지역연구』, 제9권 1호.

이종찬. 2016. "무역결합도(Intensity of Trade)를 활용한 제조업분야 한중 FTA 양허안 효과분석". 『중국학』, 제55호.

정진호. 2022.02.15. "지나친 혐중 정서는 위험하다". 한겨레.

표나리. 2021. "반중 정서를 어떻게 볼 것인가: 한국 외교에 대한 함의". 『주요국 제문제분석』, 제48호.

KITA Market Report. 2022. "중국 코로나-19 방역정책 관련 주중 한국기업 경영환경 조사".

黄河, 周骁. 2022. "超越主权：跨国公司对国际政治经济秩序的影响与重塑". 『深圳大学学报(人文社会科学版)』, 第39(01)期.

金永皓, 田德荣. 2021. "文在寅政府外交的"模糊性战略"：动因, 内涵及影响因素". 『当代韩国』, 第02期.

李少军. 2005. "正确处理经济利益与安全利益". 『瞭望新闻周刊』, 第14期.

李周炯. 2024. "习近平时期韩中关系的摩擦因素和未来展望". 『中国学』, 第88期.

刘利乐. 2020. "论"萨德入韩"的非正义性及其矫正". 『城市学刊』, 第41(02)期.

王箫轲. 2019. "文在寅政府的"两轴外交"评析". 『当代韩国』, 第01期.

张超, 吴白乙. 2022. ""泛安全化陷阱"及其跨越". 『国际展望』, 第02期.

张清敏, 刘兵. 2008. "首脑出访与中国外交". 『国际政治研究』, 第02期.

朱勤军. 2001. "经济全球化对国际政治的十大影响". 『世界经济研究』, 第05期.

李浩. 2022.02.09. "韩政客煽动反华情绪, 中国驻韩使馆表态". 环球时报.

李开盛. 2015.02.09. "部署"萨德", 将损中韩关系底线". 环球网.

项昊宇. 2022.04.08. "韩国对华政策切莫被"选举民粹"绑架". 中国国际问题研究院.

Pan, Binbin. 2022. "The Value of Quantitative Analysis of Diplomatic Rhetoric in International Political Economy Research – An Example of Chinese Diplomatic Rhetoric Toward South Korea". The Journal of Asian Studies, Vol.25, No.4.

제6장 중국의 공공외교:
'매력외교' 강화와 실천적 플랫폼 마련 _이은주(李恩周)

김상규. 2022. "중국의 아세안 공공외교 전략이 한국에 주는 함의". 『현대중국연구』, 제24권 제2호.

김태환. 2022. "강대국 소프트파워 경쟁과 공공외교의 역할". 『주요국제문제분석』, 2022-31.

백우열, 함명식. 2017. "중국의 대한국 공공외교 성과와 한계 분석". 『한국정치학회보』, 제51집 제5호.

이하얀. 2023. "유럽에서의 중국 공공외교에 관한 연구: 유럽 내 공자학원 현황과 갈등 사례를 중심으로". 『한국과 국제사회』, 제7권 제6호.

연합뉴스. 2023.12.25. "中유학붐 '시들'…중국으로 떠난 한국 유학생 6년 만에 1/5 토막".

　　　　https://www.yna.co.kr/view/AKR20231222107900530

중앙일보. 2023.09.04. "구금되면 어떡해…관광객 발길 끊긴 中 '외국인 보면 신기'".

　　　　https://www.joongang.co.kr/article/25189705.

매일경제. 2023.07.10. "반중·혐한 정서에 中유학 '뚝'… 2년새 3만명 짐싸 돌아왔다".

　　　　https://www.mk.co.kr/news/society/10781193

한겨레. 2022.06.14. "일대일로 9년…중국 영향력·호감도, 아프리카서 미국 제쳤다". https://www.hani.co.kr/arti/international/international_general/1046913.html

北京市人民政府. 2016. "北京市外国留学生'一带一路'"奖学金项目管理办法(试行)". http://www.beijing.gov.cn/zhengce/zhengcefagui/201905/t20190522_59637.html

国家发展改革委, 外交部, 商务部. 2015. "推动共建丝绸之路经济带和21世纪海上丝绸之路的愿景与行动". https://www.fmprc.gov.cn/wjb_673085/zzjg_673183/gjjjs_674249/gjzzyhygk_674253/ydylfh_692140/zywj_692152/201503/t20150328_10410165.shtml

教育部. 2016. "教育部：推进共建'一带一路'教育行动". https://www.yidaiyilu.gov.cn/p/2397.html

陕西省人民政府办公厅. 2020. "陕西省'一带一路'建设2020年行动计划".
　　https://www.yidaiyilu.gov.cn/p/121633.html
陕西省人民政府办公厅. 2019. "陕西省'一带一路'建设2019年行动计划".
　　https://www.yidaiyilu.gov.cn/p/82513.html
曲星. 2010. "公共外交的景点含义与中国特色".『国际问题研究』, 第6期.
唐小松. 2006. "中国公共外交的发展及其体系构建".『现代国际关系』, 第2期.
钟龙彪, 王俊. 2006. "中国公共外交的演进：内容与形式".『外交评论』, 第89期.
经济日报. 2017.05.12. "'一带一路'沿线国家在华留学生已达20多万".
　　https://www.yidaiyilu.gov.cn/p/12752.html
中国教育新闻网. 2022.07.18. "打造留学服务体系升级版". http://www.jyb.cn/
　　rmtzcg/xwy/wzxw/
202207/t20220718_701596.html
中国一带一路网. 2017.03.01. "文化部印发『文化部"一带一路"文化发展行动计
　　划』（2016—2020年）".
　　https://www.yidaiyilu.gov.cn/p/8917.html
新华社. 2016.04.29. "中共中央办公厅'国务院办公厅印发『关于做好
　　新时期教育对外开放工作的若干意见』". https://www.gov.cn/
　　zhengce/2016-04/29/content_5069311.htm
学习时报. 2018.04.11. "中国进入公共外交新阶段". http://theory.people.com.
　　cn/n1/2018/0411/c40531-29918421.html

Cull, Nicholas John. 2009. Public diplomacy: Lessons from the past. Los
　　Angeles, FigueroaPress.
Economist. 2019.05.24. "China's $10bn annual spending on soft power has
　　bought little of it".
　　https://www.economist.com/graphic-detail/2019/05/24/chinas-10bn-
　　annual-spending-on-soft-power-has-bought-little-of-it
Pew research center. 2022. "Negative Views of China Tied to Critical Views
　　of Its Policies on Human Rights". https://www.pewresearch.org/

global/2022/06/29/negative-views-of-china-tied-to-critical-views-of-its-policies-on-human-rights/

제7장 한중 청년문화의 비교: '갓생'을 중심으로 _추이루루(崔茹茹)

강은진. 2022.11. "청년 니트(NEET)의 사회적 자원 획득을 위한 커뮤니티 만들어가는 사단법인 니트생활자백수만 출근 가능한 회사가 있다고요?". 사랑의 열매.

권보경. 2023. "환경 역동성, 구조적 안정성, 그리고 조직성과: 한국 대학조직 분석".『한국사회와 행정연구』, 제34권 제1호.

권혁중. 2023.12.17. "MZ세대 새해 목표는 '갓생':'현금 챌린지'로 허리띠 졸라매고 '미러클 모닝'으로 자기 계발". 월간중앙.

김기덕. 2020. "신자유주의, 관리주의 그리고 사회복지-푸코의 통치성 이론을 중심으로".『한국사회복지학』, 제72권 제2호.

김홍중. 2015. "서바이벌, 생존주의, 그리고 청년 세대: 마음의 사회학의 관점에서".『한국사회학』, 제49집 제1호.

니트생활자 홈페이지. http://neetpeople.kr/about.

이미아, 이유재, 정나영. 2023. "혁신지향성이 중소기업의 성과에 미치는 영향: 비즈니스모델혁신과 환경역동성의 역할을 중심으로".『경영학연구』, 제52권 제1호.

조유신, 라유빈, 이효준. 2023. "소명으로서의 갓생: 유튜브 갓생 브이로그 담론 분석". 한국사회학회 사회학대회 발표 논문.

王金林. 2018. "佛系：反消費症候或内置式出走".『探索与争鸣』, 第4期.

辜慧英, 侯凡跃. 2022. "表征与抵抗：青年群体的时代焦虑：以"躺平"现象为例".『重庆文理学院学报（社会科学版）』, 第1期.

张萌. 2018. "亚文化谱系中的"佛系"网络流行语研究".『中国青年研究』, 第8期.

张丽军. 2022. "从'觉醒' 佛系' 躺平到新觉醒：百年中国青年问题的现实流变与

未来路径".『广州大学学报（社会科学版）』,第4期.

梁丽芬. 2024.07.31. "年轻人的苦, 寺庙都清楚". 暨南大学新闻与传播学院官方 澎湃号.

DT商业观察. 2024.06.11. "2024最拥挤赛道：离职博主".

杨菁, 刘俊娜. 2024.03.27. "青年与城市共荣相生：中国青年发展型城市的现代 化意涵". 中国青年报.

PENALOZA L., PRICE L. L. 1993. "Consumer resistance : a ceonceptual overview". Advances in consumer research. 20-1.

ZAVESTOSKI S. 2002. "The social-psychological bases of antic consumption attitudes". Psychology and Marketing. 19-2.

제8장 한중 문화산업의 비교: 웹소설의 IP화를 중심으로 _김하나(金恩惠)

강건해. 2020. "스낵컬처(snackculture) 시대의 새로운 이야기 양식, 웹드라마의 서사 구조에 관한 연구".『드라마연구』, 제60호.

김미라, 장윤재. 2015. "웹드라마 콘텐츠의 제작 및 서사 특성에 관한 탐색적 연 구: 네이버 TV 캐스트 웹드라마 분석을 중심으로".『한국언론학보』, 제59 권 5호.

김하나. 2024. "중국 웹소설 수출 관련 연구의 문제점 및 제언-한·중·일 웹소 설의 키워드 공유 사례를 중심으로".『글로벌문화콘텐츠』, 제60호.

김희경. 2020.『스낵컬처 콘텐츠』. 서울: 커뮤니케이션북스.

류수연. 2022. "웹소설, 댓글, 그리고 독서 스토리스케이핑과 변화된 '읽기'의 감 각".『비교한국학』, 제30권 3호.

류유희, 이승진. 2016. "한국웹툰의 수출입 시장분석을 통한 발전방안 연구".『만 화애니메이션연구』, 42호.

명관도, 김경희. 2017. "2차 창작의 스토리텔링 유형 분석 - 함대컬렉션의 사례 를 중심으로 -".『일본어문학』, 제76권.

박찬수, 유준우, 김연배. 2016. "핵심역량 관점에서 IP 비즈니스의 특성 분석". 『상품문화디자인학연구』, 제11권 3호.

이용준, 최연. 2017. "외국 웹소설의 현황과 특성을 통해 본 국내 웹소설 발전의 시사점". 『한국출판학연구』, 제43권 3호.

조원진, 김홍엽. 2019. "IP 비즈니스를 위한 전략적 캐릭터 네이밍 연구 – 상표권 획득을 위한 캐릭터 네이밍 식별성 확보 방향 중심으로". 『상품문화디자인학연구』, 제58권.

한혜원, 김유나. 2015. "한국 웹콘텐츠의 동향 및 유형 연구". 『이화어문논집』, 제35집.

김정태. 2022. "동남아시아 웹툰 시장의 현황". 『디지털만화규장각』. https://www.kmas.or.kr/webzine/cover/2022120025.

내외방송. 2023.01.29. "웹소설·웹툰 시장 규모 날로 몸집커져...문체부 저작권 보호 정책 마련".

넷마블. 2024.02.13. "넷마블, RF 온라인 IP 웹소설 〈배드 본 블러드〉 웹툰 제작 결정".

문화일보. 2024.07.08. "K – 웹툰 1조8290억 시장 일군 창작열… 150개국 1억 7000만명 이용-['포스트 디즈니' 꿈꾸는 K-웹툰]".

연합뉴스. 2023.09.07. "'IP씨앗' 웹소설, 587만명이 본다…산업 규모 1조원 넘겨".

전자신문. 2022.12.14. "웹툰·웹소설 기반 영상콘텐츠 40편 '훌쩍'".

조선일보. 1996.07.23. "MBC 대형 기획드라마 만든다".

퇴마록. https://series.naver.com/comic/detail.series?productNo=6745207.

한겨레. 1996.07.08. "'아이싱' 만화로 나와".

한국민족문화대백과사전. "번안소설(飜案小說)". https://encykorea.aks.ac.kr/Article/E0022517

邵燕君, 李强. 2023. 『中国网络文学编年简史』, 北京: 北京大学出版社.

東浩紀. 2007. 『ゲーム的リアリズムの誕生~動物化するポストモダン2』. 東京: 講談社現代新書.

金恩惠. 2022. "多媒体环境下网络文学生产机制比较研究——以中国 韩国 日

本为中心". 北京大学博士学位论文.

邵燕君. 2020. "为什么网文不等于网络文学？". 『文艺报』, 02期.

时文宏. 2019. "从文本阅读到文化社群——粉丝经济下的网络文学生态发展简
述". 『网络文学评论』, 02期.

邵燕君. 2020. "以媒介变革为契机的"爱欲生产力"的解放"——对中国网络文
学发展动因的再认识". 『文艺研究』, 10期.

汪永涛. 2022. "Z世代网络文学的阅读方式:以注意力经济为视角". 『中国青年研
究』, 10期.

Statistia. 2024. "Number of users of OTT video worldwide from 2020 to
2029m". https://www.statista.com/forecasts/1207843/ott-video-users-
worldwide.

中国互联网络信息中心. 2024. 第53次《中国互联网络发展统计报告》.

阅文集团. "发展历程". https://www.yuewen.com/about/?part=development.

腾讯. 2018.04.23. "泛娱乐升级新文创 腾讯五大文创业务集中发布". https://
www.tencent.com/zh-cn/articles/2100009.html.

新华网. 2024.07.12. "中国网络文学市场营收规模达383亿元 业态模式持续创
新". https://app.xinhuanet.com/news/article.html?articleId=06dd21f218c
93847209f350af11100cd.

제9장 한중 인구정책 비교: 저출산 · 고령화 문제를 중심으로

_위뤄잉(于若莹)

KBS 뉴스. 2024.01.03. "경북 의성군, 전국서 노인 인구 비중 1위… 지난해 기준
44.7%".

경향신문. 2021.12.26. "전국 시군구 42% 초고령사회 진입…경북, 전남, 강원 순".

농업경제연구원. 2024. 『2024년 농업전망 Ⅰ』. 농업경제연구원출판.

뉴시스. 2021.07.16. "농촌 고령화율 도시보다 높지만 '절반이 돌봄 사각지대'".

대한민국 정부. 2020. 「제4차 저출산 · 고령사회 기본계획(2021~2025)」.

연합뉴스. 2024.07.11. "'초고령사회' 진입 눈앞…꽉 늙어가는 한국사회 돌파구는".

이상림 외. 2018. 『지역 인구공동화 전망과 정책적 함의』. 한국보건사회연구원.

이재호 외. 2024. 「2차 베이비부머의 은퇴연령 진입에 따른 경제적 영향 평가」. BOK 이슈 노트 제2024-17호.

최슬기. 2023. "인구 영역의 주요 동향". 『한국의 사회동향 2023』. 통계청 통계개발원.

통계청. 2022. 「2022년 고령자 통계」.

통계청. 2023a. 「2023년 고령자 통계」.

통계청. 2023b. 「장래인구추계: 2022~2072년」.

第一财经. 2024.01.13. "人口老龄化给'银发经济'发展带来的机遇与挑战".

第一财经. 2021.09.06. "中国城市老龄化大数据：149城深度老龄化, 集中在这些省份".

国家卫生健康委员会老龄健康司. 2021. 「2020年度国家老龄事业发展公报」.

新华网. 2021.05.11. "第七次人口普查数据结果十大看点".

中国发展研究基金. 2020. 『中国发展报告2020: 中国人口老龄化的发展趋势和政策』. 中国发展出版社.

中国国家统计局. 2024.01.18. "人口总量有所下降, 人口高质量发展取得成效".

中新社. 2021.05.13. "国务院第七次全国人口普查领导小组办公室负责人接受中新社专访".

Greenfield, E. A., et al. 2012. A conceptual framework for examining the promise of the NORC program and Village models to promote aging in place. Journal of Aging Studies, 26(3).

Herrero, A. Garcia. 2024. "China's Aging Problem Will Be Much More Serious When Urbanization is Completed". China Leadership Monitor, Summer Issue 80.

Lacovo, F. Di & O'Connor, D. 2009. Supporting policies for social farming in

Europe: Progressing multifunctionality in responsive rural areas. Arsia.

Kaplan, M., Sánchez, M., & Hoffman, J., Intergenerational Pathways to a
Sustainable Society(Cham: Springer, 2017).

Lui, C. W., et al. 2009. What makes a community age-friendly: A review of
international literature. Australasian Journal on Ageing, 28(3).

Marston, H. R., & van Hoof, J. 2019. "Who doesn't think about technology
when designing urban environments for older people? A case study
approach to a proposed extension of the WHO's age-friendly cities
model". International Journal of Environmental Research and Public
Health, 16(19).

OECD, OECD Family Database.

The New York Times. 2023.1.18. "A Shrinking, Aging China May Have Backed
Itself into a Corner".

The New York Times. 2023.12.2. "Is South Korea Disappearing?".

United Nations Department of Economic and Social Affairs. 2022. 「2022
Revision of World Population Prospects」.

United Nations Department of Economic and Social Affairs. 2024. 「2024
Revision of World Population Prospects」.

Wiles, J. L., et al. 2012. "The meaning of 'aging in place' to older people". The
Gerontologist, 52(3).

World Bank. 2024. 「Growing Beyond Property: Cyclical Lifts and Structural
Challenges」.

제10장 한중 산업정책의 비교: 조선산업을 중심으로 _신지선(申智善)

김윤태. 2012. 『한국의 재벌과 발전국가, 고도성장과 독재, 지배계급의 형성』. 도
서출판 한울.

박종환, 양종서, 이준범. 2018. "서남권 중형 조선산업 발전전략 연구". 『한국은행

지역본부 공동연구보고서 모음집』.

배석만. 2023. "1950년대 이승만 정권의 대한조선공사 경영 정상화 추진 과정과 귀결". 『석당논총』, 제85호.

배석만. 2018. "조선산업-수출전문산업으로의 극적 전환". 『역사비평』, 제122권.

배석만. 2011. "현대중공업의 초창기 조선기술 도입과 정착과정 연구". 『한국경영사학회』, 제26권 제3호.

이명수. 2007. "IMF외환위기 전후의 국가역할변화에 관한 연구". 『한국동북아논총』, 제44권.

조한나. 2023. "한국 조선산업정책의 변화 분석". 『한국과 국제사회』, 제7권.

현대중공업. 2022. 『현대중공업 50년사』, 현대중공업그룹.

陳夕. 1999. "156項工程與中國工業的現代化". 『黨的文獻』, 第5期.

大連船舶重工集團有限公司. 2018. 『光輝歲月--大連船舶重工集團有限公司成立一百二十周年』. 大連重工業.

『大連造船廠史』篇委會. 1998. 『大連造船廠史（1898.6-1998.6）』, 大連船舶印刷制.

胡文龍. 2019. "中國船舶工業70年:歷程 成就及啟示". 『中國經貿導刊（中）』, 第11期.

李剛强, 尚保國, 李曉峰 編. 2021. 『中國油船研發史』. 上海交通大學出版社.

羅平漢. 2019. 『偉大的改革開放』. 四川人民出版社.

牛軍. 2018. "輪回：中美關系與亞太秩序演變（1978-2018）". 『美國研究』, 第32期.

席龍飛. 2016. 『甲板上的中國揭秘當代中國十大名船』. 大連海事大學出版社.

上海外高橋造船有限公司主編. 2019. 『成長歲月：上海外高橋造船有限公司成立二十周年幾年文獻』. 上海交通大學出版社.

王東, 謝偉. 2015. "中國建立初期蘇聯工業模式對我國工業化的影響". 『歷史教學』, 第8期.

王正毅. 2022. 『國際政治經濟學通論』, 第二版, 北京大學出版社.

遼寧省檔案館檔案開放鑒定處. 2016. "我國第一艘萬噸遠洋貨輪'躍進號'". 『蘭

台世界』, 第17期.

赫佳妮. 2022. "第二十二章 : 中國世界觀的變遷:從改革開放到經濟全球化". 載
　　王正毅 主編. 『反思全球化 : 理論' 歷史與趨勢』. 社會科學文獻出版社.

Arrighi, Giovanni. 1994. The Long Twentieth Century: Money, Power, and the
　　Origins of Our Times. Verso.

Carroll, Toby. 2017. "Late Capitalism and the Shift from the 'Developmental
　　State' to the Variegated Market State". In Asia After the Developmental
　　State: Disembedding Autonomy. Cambridge University Press.

Cumings, Bruce. 1984. "The Origins and Development of the Northeast Asian
　　Political Economy: Industrial Sectors, Product Cycles, and Political
　　Consequences". International Organization vol.38, no.1.

Hong, Paul C., Park, Young Soo, Hwang, David W., Sepehr, Mehrdad Jalali.
　　2024. "A growth theory perspective on the competitive landscape of
　　shipbuilding : a comparative study of Japan, Korea, and China". Maritime
　　Economics & Logistics. no.26.

IMO. 2023. "2023 IMO STRATEGY ON REDUCTION OF GHG
　　EMISSIONS FROM SHIPS". at https://wwwcdn.imo.org/localresources/
　　en/MediaCentre/PressBriefings/Documents/Clean%20version%20of%20
　　Annex%201.pdf

Kurth, James R. 1979. "The Political Consequences of the Product Cycle:
　　Industrial History and Political Outcomes". International Organization.
　　vol.33, no.1.

Meyskens, Covell. 2015. "Third Front Railroads and Industrial Modernity in
　　Late Maoist China". Twentieth-Century China. vol.40, no.3.

Moore, Thomas G. 2002. China in the World Market: Chinese Industry and
　　International Sources of Reform in the Post-Mao Era. Cambridge
　　University Press.

The Shipbuilders' Association of Japan. 2024. "Shipbuilding Statistics". https://

www.sajn.or.jp/e/press/view/51850c9499db7815c45e38368b876
9a788579882.

Yusuf, Shahid. 2001. "The East Asian Miracle at the Millennium". In Joseph
Stiglitz and Shahid Yusuf eds., Rethinking the East Asian Miracle. Oxford
University Press.

제11장 한국인이 바라보는 한중관계:
주변국 설문조사(2007~2023)를 중심으로 _조현주(趙賢珠)

김범수 외. 2023. 『2023 통일의식조사』. 서울대학교 통일평화연구원.

김한권. 2022. "한중 외교관계 30년: 회고와 전망". 『국제지역연구』, 31권 2호.

동아시아연구원. 2023.09.25. "[EAI 여론브리핑] 2023년 EAI 동아시아 인식조
사 ②: 중국과 한중관계".

서울신문. 2022.8.17. "한중 무역 50배 늘어난 '경제 동반자'…북핵·사드 이견에
관계 균열".

신종호. 2022. "한중관계 30년 평가와 한국 신정부의 대중국정책 전망". 『국가전
략』, 28권 2호.

연합뉴스. 2022.8.16. "[한중수교 30년] ③ 47배 급성장해 최대 교역상대로…앞
으로는".

이동규, 강충구. 2023. "한국 청년 세대의 대중 인식 악화와 대응". 아산정책연
구원.

이동률. 2022. "한중 관계 30년 역사와 '북한 문제'에서의 중국 역할". 『현대중국
연구』, 24권 1호.

이희옥. 2022. "한중 '전략적 협력동반자 관계'의 딜레마-한중수교 30년의 평
가". 『중국학연구』, 제100집.

정상미. 2024. "주요국제문제 분석 2015~2024 한국인의 대중국 인식 분석". 국
립외교원.

최규빈. 2020. "주변국과의 관계 인식". 『2019 통일의식조사』. 서울대학교 통일

평화연구원.

한국리서치. 2024. "[2024 대중인식조사] 중국 이미지와 한중관계 전망".

황재호. 2020. "수교 이후 한중관계의 평가와 신형관계(新型關係)를 위한 정책 제언". 『아시아문화연구』, 제53집.

Song, Esther. 2024. "Why aren't South Koreans studying in China anymore?". East Asia Forum.

Wenting, Xie & Leng, Shumei. 2024. "More than 80% respondents hope China, South Korea to maintain friendly ties, cooperation: GT surve". Global Times.

제12장 북한의 대중(對中) 인식과 정책: 자주와 편승에서 자율성 확보로

_황상필(黃常弼)

김정은. 2013.6.15. "김정은원수님, 생일 60돐을 맞이한 습근평총서기에게 축전". 조선신보.

김지영. 2018.12.19. "〈격동의 해 2018년을 더듬어 3〉 나라와 민족의 리익을 위한 국제적환경 조성". 조선신보.

로동신문. 2013.1.24. "조선민주주의인민공화국 외무성 성명".

로동신문. 2022.2.18. "위대한 령도자 김정일동지의 탄생 80돐 경축행사 중국주재 우리 나라 대사관에서 진행".

리경수. 2013.2.2. "날강도적인《제재결의》는 이중기준의 극치". 로동신문.

문흥호. 2018. "시진핑 집권 2기 중국의 대북정책 : 선택적 균형전략의 최적화와 공세적 한반도 영향력 경쟁". 『현대중국연구』, 제20집 3호.

이상만 외. 2021. 『북중관계: 1945~2020』. 경남대학교 극동문제연구소.

이상숙. 2008. "북미관계 개선 이후 북한의 대중정책 : 미중관계 변화를 중심으로". 『북한학연구』, 제4권 1호.

이상숙. 2010. "김정일-후진타오 시대의 북중관계: 불안정한 북한과 부강한 중국의 비대칭협력 강화".『한국과 국제정치』, 제26권 4호.

이상숙. 2022.『김정은 시기 북중관계와 북한의 대중(中)정책(2012-2021)』. 외교안보연구소.

이영학. 2019. "시진핑 시기 중국의 신(新)북핵 정책 동향 및 시사점". 문흥호 (편).『동아시아 공동번영과 한반도 평화』. 한울.

이정균, 양문수. 2023. "중국과 주변 접경국 간 경제 관계를 통해 본 북·중 경제 관계 평가".『동북아경제연구』, 제35권 2호.

이종석. 2000.『북한-중국관계: 1945-2000』. 중심.

한관수. 2017. "북중관계의 지속과 변화: 시진핑-김정은 시대를 중심으로".『통일 전략』, 제17권 2호.

황상필. 2021. "시진핑-김정은 시기 북·중 전략적 협력의 유인과 한계: 대미 관계를 중심으로".『국제정치연구』, 제24집 제3호.

황상필. 2023. "김정은 시기 중국의 대북정책에 대한 북한의 대응 전략".『국제정치연구』, 제26집 2호.

황지환. 2014. "북중관계와 북한의 대중정책".『성균차이나브리프』, 제2권 3호.

环球时报. 2013.5.23. "社评：金正恩特使来访，中国应坚守立场". https:// opinion.huanqiu.com/article/9CaKrnJACrb (2024.7.15.).

人民网. 2019.3.28. "习近平同金正恩举行会谈". http://politics.people.com.cn/ n1/2018/0328/c1024-29892772.html (2024.8.8.).

外交部. 2013.6.21. "杨洁篪会见朝鲜外务省第一副相". https://www.fmprc.gov. cn/web/wjdt_674879/gjldrhd_674881/201306/t20130621_7710974. shtml (2024.8.2.).

中国共产党新闻网. 2013.5.24. "习近平会见金正恩特使崔龙海". http://cpc. people.com.cn/n/2013/0524/c64094-21608402.html (2024.9.2.).

中国共产党新闻网. 2019.6.20. "习近平同朝鲜劳动党委员长 国务委员会委员长金正恩举行会谈". http://cpc.people.com.cn/n1/2019/0620/c64094-31171611.html (2024.8.16.).

中华人民共和国交通运输部国际合作司. 2013.2.21. "关于执行联合国安

理会第2087号决议的通知". 环球时报. https://china.huanqiu.com/
article/9CaKrnJForU (2024.7.29.).
中华人民共和国驻朝鲜民主主义人民共和国大使馆. 2013.7.26. "金正
恩会见李源潮". http://kp.china-embassy.gov.cn/zcwj/201307/
t20130726_1074022.htm (2024.8.18.).

Choi, Jang-Ho and Choi, Yoo-Jeong. 2024.3.20. "North Korea's 2023 Trade
with China: Analysis and Forecasts". World Economy Brief.

Chung, Jae-Ho and Choi, Myung-Hae. 2013. "Uncertain allies or
uncomfortable neighbors? Making sense of China-North Korea Relations,
1949~2010". *Pacific Review*. vol.26, no.3.

Mansourov, Alexandre. 2003. "Giving Lip Service with an Attitude: North
Korea's China Debate". Asia-Pacific Center for Security Studies.

Pierson, David and Choe, Sang-Hun. 2024.6.20. "Russia and North Korea's
Defense Pact Is a New Headache for China". The New York Times.
https://www.nytimes.com/2024/06/20/world/asia/china-russia-north-
korea.html (2024.8.11.).

Scobell, Andrew. 2004. *China And North Korea: From Comrades-in-Arms To Allies
At Arm's Length*. US Army War College Press.

Shen, Dingli. 2006. "North Korea's Strategic Significance to China". China
Security.

Snyder, Scott and Park, Kyung-Ae. 2022. *North Korea's Foreign Policy: The Kim
Jong-un Regime in a Hostile*. Rowman & Littlefield.

Womack, Brantly. 2006. *China and Vietnam: The Politics of Asymmetry*.
Cambridge University Press.

Yun, Sun. 2022. "The Restoration of Special Sino-North Korean Relations and
Xi Jinping-Kim Jong-un Summitry". in Snyder, Scott and Park, Kyung-
Ae (eds.). *North Korea's Foreign Policy: The Kim Jong-un Regime in a Hostile*.
Rowman & Littlefield.

제13장 한중관계에 영향을 미치는 제3변수: 세계화 쇠퇴, 강대국 경쟁, 핵심 이익 _ 민루이(闵锐)

유재광. 2021. "복합적 위협인식과 유보된 수용: 한국의 대중 외교 · 안보 전략을 중심으로". 『국제정치논총』, 제61집 2호.

조선일보. 2024. "中에 이미 추월당한 韓, 격차 더 커질 수밖에 없는 이유". [사설]

조선중앙통신(KCNA). 2024. 《조선민주주의인민공화국과 로씨야련방사이의포괄적인 전략적동반자관계에 관한 조약》.

지만수. 2024. "한중 경제협력 환경의 변화와 대응전략". 『한국금융연구원 연구보고서』.

최영종. 2022. "미국의 인태전략과 제도적 균형 그리고 한국에의 함의". 『대한정치학회보』, 제30집 3호.

한국무역협회. 2024. "최근 대중국 무역수지 적자 원인 진단과 평가". 연구보고서.

《台湾问题与新时代中国统一事业白皮书》.

《中华人民共和国和俄罗斯联邦在两国建交75周年之际关于深化新时代全面战略协作伙伴关系的联合声明》.

阎学通. 2013. 『历史的惯性. 北京: 中信出版社.

人民网. 2024. "以落实三大全球倡议为战略引领 —— 推动世界走向和平'安全'繁荣'进步的光明前景".

观察者网. 2023. "外交部回应尹锡悦涉台言论: 解决台湾问题不容他人置喙".

新华网. 2023. "中央军委副主席张又侠在第十届北京香山论坛的主旨发言".

中共中央对外联络部. 2021. "朝鲜劳动党八大强调'振兴经济', 称挑战依然存在".

Brooks, Stephen G. & Wohlforth, William C. 2015. "The Rise and Fall of the Great Powers in the Twenty-First Century: China's Rise and the Fate of America's Global Position". International Security, Vol.40, No.3.

Cha, Victor D. 2020. "Allied Decoupling in an Era of US-China Strategic

Competition". The Chinese Journal of International Politics, Vol.13, No.4.

The White House. 2022. "FACT SHEET: Indo-Pacific Strategy of the United States".

The White House. 2023. "Joint Readout of the Inaugural U.S.-ROK Nuclear Consultative Group Meeting".

Walt, Stephen M. 1987. The Origins of Alliances. Ithaca: Cornell University Press.

제14장 동북아 평화를 위한 한중 협력: 북한 문제를 중심으로 _고승화(高升华)

김나율, 강내영, 김민우. 2024. "공급망 분석을 통해 살펴본 한·중 무역구조 변화와 시사점". 『Trade Focus』, 제24호.

김보미. 2023. "핵무력정책법 제정 이후 한미연합훈련 기간 북한의 대응 특징". 『INSS 전략보고』, 제230호.

김보미, 이성훈. 2024. "주변국 및 북한의 극초음속 무기개발 경쟁과 대응 방안". 『INSS 이슈브리프』, 제533호.

김진호. 2024. "미중패권과 한중관계의 변화와 도전: 구동존이에서 화이부동으로 -미중관계·한중관계·양안관계를 중심으로-". 『평화학연구』, 제25권 제2호.

대한민국시도지사협의회. 2023.03.08. "한중수교 30주년 한중지방정부 교류백서".

박병광. 2023. "윤석열 정부 출범 1년과 한중관계". 『국가안보전략연구원 이슈브리프』, 435호.

박병광. 2024. "중국의 대미정책과 북한 문제". 『KDI 북한경제리뷰』, 제26권 제2호.

외교비서관실. 2022.11.15. "한중정상회담 결과 보도자료". 대외협력비서관실.

이동률. 2024. "'중국은 싫지만 한중관계는 중요' 한국의 대중 정책 방향은?". 『EAI 이슈브리핑』.

이상숙. 2022. "김정은 시기 북중관계와 북한의 대중 (中) 정책 (2012-2021)". 『IFANS 정책연구시리즈』, 제18호.

이석. 2024. "2024년 북한경제와 선택의 길". 『KDI 북한경제리뷰』, 제26권 제7호.

이성훈. 2022. "북한 핵능력 고도화에 따른 위협 양상과 한국의 대응방향". 『국가안보전략연구원 연구보고서』, 제17권.

이후량, 여유경. 2024. "중국의 강대국 지위 추구 속 북핵 인식 변화: 학계의 북핵 담론에 대한 구조토픽모델 분석". 『국제정치논총』, 제64집 제3호.

임방순. 2024. "시진핑 주석의 2024년 한국 방문, 실현되기 어렵다. 차선책을 강구해야 한다". 『KIEP 중국전문가포럼』.

정은찬, 김재현. 2023. "코로나 이후 북한의 사회통제 강화와 주민 의식변화". 『통일문제연구』, 제35권 제2호.

정형곤. 2024. "한국 반도체 산업의 수출입 구조 및 글로벌 위상 분석". 『[KIEP] 오늘의 세계경제』, 제24권 제1호.

조선일보. 2024.10.08. "국방장관 '우크라 공습에 북한군 사망 사실인 듯'…추가 파병 가능성".

차두현, 이동규. 2023. "중국의 대한국 압박, 어떻게 대응할 것인가?". 『아산정책연구원 이슈브리프』.

한겨레. 2023.06.02. "[단독] 중국 '시진핑 방한 기대 말라'…4대 불가 방침 통보".

한겨레. 2024.07.23. "북한, 트럼프 친분 과시에 '공은 공, 사는 사' 거리두기".

황재호. 2020. "수교 이후 한중관계의 평가와 신형관계(新型關係)를 위한 정책제언". 『아시아문화연구』, 제53집.

BBC. 2024.06.19. "China is the true power in Putin and Kim's budding friendship".

Global Fire Power. "2024 South Korea Military Strength".

Indo-Pacific Defense Forum. 2024.05.26. "중국, 위험한 기동 통한 대북제재 집행 방해".

KOTRA. 2024. "2023년 북한 대외무역 동향". 『KOTRA 해외시장뉴스』.

Moon, Chung-in. 2023.03.31. "Coming to Terms with North Korea's Nuclear Strength". Asia-Pacific Leadership Networks.

Organski, A. F. K. 1958. *World politics*. New York: Alfred A. Knopf.

Organski A. F. K. & Kugler, Jacek. 1980. *The war ledger*. Chicago: University of Chicago Press.

The Diplomat. 2024.06.15. "Reality Check: South Korea and China Face More Complex Economic Dynamics".

VOA. 2023.09.09. "중국, 북한 제재 위반 방조·방관 사례 급증…해상·무역 등 여러 분야 망라".

VOA. 2024.09.17. "우크라이나 '북한 무기 지원이 러시아와의 전쟁에 가장 큰 위협'".

Wike, Richard. 2013.06.05. "Americans and Chinese grow more wary of each other". Pew Research Center.

Zhao, Tong. 2022.02.04. "How Beijing Views Seoul's Role in Its Competition with Washington in the Indo-Pacific". Stimson.

한중 청년 학자 14인의 양국 관계 분석과 발전 제안

한중 미래의 접점 찾기
探 寻 中 韩 未 来 的 交 汇 点

초판인쇄 2024년 12월 31일
초판발행 2024년 12월 31일

엮은이 황재호
펴낸이 채종준
펴낸곳 한국학술정보(주)
주 소 경기도 파주시 회동길 230(문발동)
전 화 031-908-3181(대표)
팩 스 031-908-3189
홈페이지 http://ebook.kstudy.com
E-mail 출판사업부 publish@kstudy.com
등 록 제일산-115호(2000. 6. 19)

ISBN   979-11-7318-122-1 93340